该项目系首都师范大学"211"规划项目
本著作得到首都师范大学文学院"211"
工程项目出版资助

首都师范大学文艺学博士文库

第一辑

葛兰西与文化研究

GRAMSCI AND CULTURAL STUDIES

和 磊◎著

中国社会科学出版社

图书在版编目（CIP）数据

葛兰西与文化研究/和磊著．—北京：中国社会科学出版社，
2011. 4

ISBN 978－7－5004－9417－1

Ⅰ.①葛…　Ⅱ.①和…　Ⅲ.①葛兰西，A.（1891—1937）
—哲学思想—思想评论　Ⅳ.①B546

中国版本图书馆 CIP 数据核字（2010）第 258903 号

责任编辑　史慕鸿
责任校对　周　昊
封面设计　回归线视觉传达
技术编辑　李　建

出版发行　中国社会科学出版社

社　　址	北京鼓楼西大街甲 158 号		邮　编	100720	
电　　话	010—84029450（邮购）				
网　　址	http://www.csspw.cn				
经　　销	新华书店				
印　　刷	北京君升印刷有限公司		装　订	广增装订厂	
版　　次	2011 年 4 月第 1 版		印　次	2011 年 4 月第 1 次印刷	
开　　本	650×960　1/16				
印　　张	21.25		插　页	2	
字　　数	272 千字				
定　　价	38.00 元				

序　言

　　和磊即将出版他的博士论文，作为导师，我感到由衷的高兴。

　　和磊的论文是研究葛兰西和文化研究的关系的，或者说，文化研究是如何利用葛兰西的理论资源而得到发展的。

　　20 世纪 60 年代，文化研究甫一诞生，便在思想界、学术界产生了重大影响，并迅速由英国延伸至世界各地，成为一种国际学术思潮。文化研究有着多样、复杂的知识谱系和发展路径，因此要对文化研究进行全面梳理和阐述几乎是不可能的。但是，在文化研究的历史发展中，有几个关键的转折和核心人物是梳理其发展演变脉络时无法绕开的，其中就包括葛兰西。

　　葛兰西虽然是一个政治家、革命家，但也是杰出的理论家。他的文化领导权（或霸权）理论对文化研究产生了巨大影响，甚至形成了文化研究中的所谓"葛兰西转向"（the Turn to Gram-sci，翻译为"转向葛兰西"更准确）。因此，选取葛兰西作为进入文化研究的一个切口，是适宜的。以葛兰西为轴心，把转向前和转向后接通，并探究其内在变化理路，不失为进入文化研究堂奥的一个极佳选择。

　　葛兰西带给我们的最大启发，是他对权力的理解。他从一种单向压制式的权力观，转向一种双向谈判式的权力观，这对我们理解当今世界的权力形态与统治方式，特别是发达资本主义国家的权力与统治，具有重要意义。这一权力观是葛兰西深入细致地考察当代西方资本主义社会的重大发现。

葛兰西把资本主义社会的上层建筑分为"市民社会"和"政治社会"（或国家）两部分。市民社会由政党、工会、教会、学校、学术文化团体和各种新闻媒介构成，而政治社会（或国家）则是由军队、监狱等暴力机构构成。在葛兰西看来，西方资本主义社会，尤其先进的、具有较高民主化程度的资本主义社会，其统治方式已不再是简单使用暴力和强制，而是通过意识形态国家机器赢得其在文化、道德和精神方面的领导地位，让广大人民接受他们的一系列法律制度或世界观，从而达到统治的目的。这就是葛兰西所说的"文化领导权"。文化领导权的核心问题，是你的"领导"能否被大众自愿接受，能否赢得合法化的问题，也就是统治阶级和被统治阶级能否达成"共识"。这就点出了文化领导权的实质。统治阶级在赢得大众同意过程中，充满着双方的谈判，以及谈判中的让步、妥协或折中平衡，最终达成一个可以共同接受的方案。在此基础上，统治阶级的领导也就获得了其合法性。围绕着领导权，葛兰西还提出了一系列概念，比如常识、健全的见识、有机知识分子、历史集团、阵地战，等等，这些概念都对文化研究产生了重大影响。作者在这本书第一章对这些概念给予了清晰的阐释。

事实上，葛兰西对文化研究的影响体现在许多方面，比如在大众文化研究领域，许多学者［如托尼·本内特（Tony Bennett）］借助葛兰西的文化霸权理论，把大众文化看作是一个冲突的场所，是国家意识形态与大众相互斗争、相互协商和谈判的场所。这样，既扬弃了那种把大众文化看作麻醉剂，看作腐蚀愚弄大众的工具的观点（以法兰克福学派为代表），也摒弃了盲目乐观的大众文化理论（以文化民粹主义为代表），使我们对大众文化的理解更为全面和丰富。此外，在媒介研究、种族研究、女性研究、知识分子研究、后殖民主义研究等方面，都有葛兰西的文化领导权理论的身影存在。因此我们可以说，葛兰西的文化领导权理论几乎影响了文化研究的各个领域。本书对此进行了尽可能周全的介绍和评述。

在理论的梳理与结构的安排上，本书以历史为线索来组织，在详细阐述葛兰西的文化领导权理论的基础上，集中阐述了英国文化主义、伯明翰学派、斯图亚特·霍尔、后马克思主义、后殖民主义、费斯克等文化研究中的重要派别或代表性人物与葛兰西的密切关系，阐述了它们对葛兰西的文化领导权理论的运用与挪用，以及由此而对文化研究发展的推动。也正由此，本书特别重视理论发展的历时性线索，在阐述本书所涉及的看似散乱的理论家、理论派别中，力求准确把握其承继性与变异性，为我们理解葛兰西理论的再阐发与文化研究的发展之间的复杂关系，提供一个较为清楚的线索。我们看到，从最初的英国文化主义到当代的费斯克的大众文化理论，乃至后霸权理论，文化研究在运用葛兰西的理论中基本上走了一条由阶级（传统马克思主义的阶级斗争理论）到话语（后现代主义理论）、由话语到文化政策、由革命到日常生活、由历史集团到零散的个体、由宏观政治到微观政治，甚至由霸权到后霸权的道路。在这样的历史发展过程中，各种理论相互碰撞与交织，本书的一个重要贡献，就是理清了这些理论之间的复杂关系。

除了在整体上强调理论发展的历史性之外，在每一部分的阐述中，作者都注重对当时理论语境的详细梳理，这对我们理解理论的演进与变化具有重要意义，而语境化正是文化研究的特色所在。比如第二章在阐述文化研究的兴起时，作者全面分析了当时英国的政治、社会、文化背景，尤其分析了英国传统的文化主义的顽固与不足，这就使我们能更全面、深入地理解文化研究为什么会极力寻求其他的理论支持。在对伯明翰学派的阐述中，作者详细阐述伯明翰学派接受葛兰西文化领导权理论的过程，并指出伯明翰学派接受葛兰西的一个基本特点，是在接受葛兰西的过程中融合进了结构主义理论，从而使其对葛兰西理论的运用显得与众不同。其他文化研究的分支对葛兰西的接受同样如此。比如，后马克思主义在运用葛兰西的霸权理论时结合了话语理论，后殖民主义理论则更多地借鉴了福柯的权力理论及后现代主义理论。这样的分析对我们理解理论杂交及发展具有重要意义，因为任何理论并不具有所谓的纯粹性，往往会渗透着其他的理论，因此分析与辨析理论的融合和变异，对我们理解理论的发展无疑具有重要意义。也正是在葛兰西的文化领导权理论与其他理论的不断融合中，文化研究才获得了不断的发展。

当然我们也看到，葛兰西的文化霸权理论随着社会的发展也遭到了质疑，尤其是随着世界全球化的推进以及新社会运动的蓬勃发展，人们对葛兰西的霸权理论，尤其是其宏观革命倾向，提出了这样那样的挑战，转而提出"后霸权"概念，以此来阐释当今世界的权力变化。本书在结论部分对此做了较为详细的阐述。不过本书也认为，后霸权虽然在当今社会有着突出的表现，但霸权在当今世界同样存在，葛兰西的霸权理论并未过时。

总体上看，本书通过梳理文化研究对葛兰西的接受史，对许多复杂的理论问题提出了自己富有创建的见解，对我们理解文化研究的发展具有重要的参考价值。尤其是本书所运用的材料基本上都是第一手材料，涉及数量庞大的文化研究论著，这样的治学精神是值得充分肯定的。

当然，由于论题的范围和难度，本书不可能对葛兰西与文化研究这个论域的所有方面都进行深入全面的阐释，比如关于葛兰西与后现代主义、关于后霸权等问题。和磊自己说他还要继续沿着这个思路前行，我相信以后他会对这些问题有更为详细精彩的阐释。

在结束本篇序言之际，我要说几句学术之外的话。通过几年的师生交往，我深感和磊是一个正直憨厚、痴迷学术的人，多年来他心无旁骛，勤勤恳恳、老老实实地做学问，从来不投机取巧、哗众取宠。我和他师生情谊甚笃，并多次合作，每次都十分愉快。

最后，我要献上我深深的祝福，为他的学术前程，为他的美好生活。

陶东风

2010 年 11 月 12 日于首都师范大学

目　　录

绪　论

"葛兰西产业"与文化研究

　　如果从 1964 年伯明翰当代文化研究中心（CCCS）成立算起，文化研究的发展史也不足 50 年，但它已然成为了"目前国际学术界最有活力，最富于创造性的学术思潮之一"①，在社会科学或人文学术界产生了重大影响，对世界人文学术的发展起到了极大的推动作用，甚至被认为已进入了西方社会科学与人文科学的中心；而许多国家的大学也开设了专门的文化研究课程或相关课程，并授予学位。大约在 20 世纪 80 年代末 90 年代初，文化研究登陆中国②，立即对中国人文学科，尤其是中国文艺学的发展产生了重大影响，显示出了其巨大的理论生命力。直到目前，文化研究仍然在中国人文学界产生着重大影响。由此，了解文化研究，了解文化研究的发展史，对我们理解世界人文学术的发展，理解文化研究对中国学术的影响具有重要的意义和价值。

　　而在文化研究的历史发展中，有一个重要人物是我们所无法绕开的，他就是安东尼奥·葛兰西（Antonio Gramsci，1891—1937）。葛兰西是意大利著名的政治活动家、革命家和文化学者，

---

　　①　罗钢：《文化研究读本·前言》，载罗钢、刘象愚编《文化研究读本》，中国社会科学出版社 2000 年版，第 1 页。

　　②　可参阅陶东风《文化研究：西方与中国》，北京师范大学出版社 2002 年版。

他在政治、历史、文化、文学、语言、教育、哲学等各个方面都对人文及社会科学产生了重大影响，留下了深刻的印记，以至于有学者称其"已成为一个需要去阅读的'经典'"①。

一　葛兰西及其理论简述

葛兰西②出生于意大利撒丁岛的一个小市镇，在岛上度过了20年的时光。1911年，他进入当时处在革命风暴中心的都灵求学，并加入社会党，开始撰写政论文章和戏剧评论。1919年，他与陶里亚蒂等人创办《新秩序》周刊，宣传马列主义。1921年，葛兰西与一批志同道合者退出社会党而创立意大利共产党，并于1924年担任总书记直到1926年被当时的墨索里尼法西斯政府逮捕。在审讯中，官方检察官要求审判官"必须让这个大脑停止工作20年"。在狱中，葛兰西以惊人的毅力和敏锐的思维写下了32本2000多页的札记，后被整理，以《狱中札记》出版。1937年，葛兰西从监狱获释不久就在医院去世。

葛兰西在学术界以"文化领导权"（hegemony）③理论著称。他试图关注传统马克思主义所忽视的文化问题，但又不是把文化和意义问题还原为一个由经济基础所决定的上层建筑。他的文化领导权概念致力于去理解统治集团是如何能通过大众的同意来组织他们的统治的。但这其中充满着斗争、谈判、妥协与让步。这样，统治者

---

①　Kate Crehan, *Gramsci, Culture, and Anthropology*, Berkeley: University of California Press, 2002, p. VIII.

②　关于葛兰西的传记性著作很多，可参阅朱佩塞·费奥里的《葛兰西传》，吴高译，人民出版社1983年版；约尔的《"西方马克思主义"的鼻祖——葛兰西》，郝其睿译，湖南人民出版社1988年版；隆巴尔多‐拉第斯和卡尔朋的《葛兰西的生平》，黄荫兴译，世界知识出版社1957年版；毛韵泽的《葛兰西：政治家、囚徒和理论家》，求实出版社1987年版等。

③　hegemony也可译为"霸权"、"文化霸权"，不过本书主要使用"文化领导权"这一译法。但在强调这一概念的压制一面时，也使用"霸权"的译法，如霸权与反霸权（counter‐hegemony）。台湾有的学者翻译为"争霸"，显然是强调这一词语的动态意义。

与被统治者之间就不是简单的单向的压制与被压制的关系，而是一个动态的相互制约的过程，统治者也会不断受到挑战。围绕着文化领导权理论，葛兰西提出了许多极富创建性的概念或命题，比如"常识"（common sense）、"健全的见识"（good sense）、"有机知识分子"（organic intellectual）、"历史集团"（historic bloc）、"阵地战"（war of position），等等。所有这些对包括文化研究在内的世界人文学界如政治学、语言学、历史学、国际关系、教育学等，都产生了重大影响，甚至出现了像"葛兰西主义"（Gramscianism）①、"葛兰西式的"（Gramscian）、"新葛兰西式的"（neo-Gramscian）② 等新词汇。也正由此，有学者把由葛兰西所形成的学术场域称之为"葛兰西产业"（Gramsci Industry）③，足见其影响之广。

对葛兰西的研究始于对其著作的出版（其实早在葛兰西在世之时，就已开始了对他的研究，如陶里亚蒂的文章）。自 20 世纪四五十年代开始，葛兰西的著作陆续在意大利和国际上出版，1971 年在英语世界出版的《狱中札记》是比较经典的葛兰西札记的选本。④ 而也就是在 20 世纪 70 年代，葛兰西经由伯明

① 参阅 David Harris, *From Class Struggle to the Politics of Pleasure: The Effects of Gramscianism on Cultural Studies*, London and New York：Routledge, 1992.

② 参阅约翰·斯道雷《文化理论与通俗文化导论》（第二版），扬竹山等译，南京大学出版社 2001 年版，第五章。

③ Steven Jones, *Antonio Gramsci*, London：Routledge, 2006, p. 121.

④ 1948—1951 年，意大利艾纳乌迪（Einaudi）出版社按照以下顺序出版了《狱中札记》：《历史唯物主义与贝内德托·克罗齐的哲学》（1948）、《知识分子与文化组织》（1949）、《民族复兴运动》（1949）、《论马基雅弗利、政治学和现代国家》（1949）、《文学与民族生活》（1950）、《过去与现在》（1951）（参见萨尔沃·马斯泰罗内主编《一个未完成的政治思索：葛兰西的〈狱中札记〉》，社会科学文献出版社 2001 年版，第 1 页）。在英语界，从 20 世纪 50 年代起就陆续出版了大量的关于葛兰西著作的选本，其中就以昆丁·郝尔（Quintin Hoare）和杰弗里·N. 史密斯（Geoffrey Nowell Smith）1971 年编辑翻译的《狱中札记》（*Selections from the Prison Notebooks of Antonio Gramsci*, London：Lawrence & Wishart）最具影响力和权威性。此书中文译本是曹雷雨等翻译的《狱中札记》，由中国社会科学出版社 2000 年出版，但有所节略。据不完全统计，截止到 2009 年，全世界共有约 15000 种关于葛兰西的出版物出版（http：//www. internationalgramscisociety. org/resources/recent_ publications/index. html），出版语言种类超过 26 种（http：//dragon. soc. qc. cuny. edu/gramsci/writings/introself. html）。

翰当代文化研究中心（CCCS）的吸收和改造，在文化研究和人文学界产生了愈来愈大的影响，甚至形成了文化研究中的"葛兰西转向"（the Turn to Gramsci）。[①]

二　"葛兰西转向"与文化研究

1976 年，托尼·本内特（Tony Bennett）在《大众文化与"转向葛兰西"》（Popular Culture and the "Turn to Gramsci"）[②] 一文中，就明确使用"葛兰西转向"这一概念，并分析了大众文化研究中的这一现象。本内特指出，大众文化研究通过转向葛兰西，转向葛兰西的领导权理论，否定了大众文化领域中的结构主义和文化主义的简单视野，把大众文化视为一个斗争的场所，一个权力和反权力斗争的动态过程，由此而为大众文化"提供了一个整合框架"，"开拓了大众文化领域"，为大众文化，为文化研究带来了新的视野和看问题的方式，极大地促进了大众文化研究的发展。他还明确评价了"转向葛兰西"对文化研究的影响，一是反文化的阶级本质主义，这就使文化获得了更为广阔的认识与理解；二是深化了对大众文化的研究；三是指出了意识形态的多元性与历史性；四是将差异和矛盾看作是文化和意识形态存在的基本方式。[③] 这可以说是比较明确地阐述葛兰西对文化研究的

---

①　也有学者使用"Gramscian Turn"或"Gramsci's Turn"，在网上可搜索到，但并不常见。实际上，"the Turn to Gramsci"应译为"转向葛兰西"，即求助于葛兰西来解决自身的问题而非葛兰西自身的转向。但也许"葛兰西转向"在叫法上比较顺口，所以就这样叫了，如罗钢《文化研究读本·前言》，载罗钢、刘象愚编《文化研究读本》，第 15 页。

②　见 Tony Bennett et al.（eds），*Popular Culture and Social Relation*，Milton Keynes：Open University Press，1976，pp. xi - xix。中文译文可见陆扬、王毅编《大众文化研究》，上海三联书店 2001 年版，第 59—68 页。

③　Tony Bennett et al.（eds），*Popular Culture and Social Relation*，p. xvi。亦可参见葛莱姆·特纳对此的概述，Graeme Turner，*British Cultural Studies：An Introduction*，New York：Routledge，2003，p. 180。

影响了。

1980 年，斯图亚特·霍尔（Stuart Hall）在《文化研究：两种范式》①中，在比较详细地阐述了文化研究中的两种范式——文化主义和结构主义各自的优缺点之后，也清楚地指出了文化研究向葛兰西转向的路线。霍尔指出，文化研究的这两种范式虽然有着各自的活力，对文化研究也产生了重要影响，但两种范式的对立以及由此而带来的不可通约的弱点，又为文化研究的发展带来了很大的阻碍，"不能做到最大程度地满足文化研究的需要"②，"不足以将文化研究构造成一个有明确概念和充分理论根据的领域"③，由此也就不能很好地推进文化研究的深入发展。正是在这种情况下，霍尔希望通过寻找到另一种理论来克服这两种范式的对立与不足，以使文化研究获得更大的发展。霍尔最终找到了葛兰西，找到了葛兰西的"领导权"理论。他说："在我看来，文化研究的路径已经尝试借助葛兰西确立的一些术语，从文化主义与结构主义两者中汲取最好的因素以推进自己的思考，这一路径最接近于满足文化研究领域的需要。"④ 由此而形成了文化研究中的"葛兰西转向"。⑤

此外，葛雷姆·特纳（Graeme Turner）在《英国文化研究导论》的《意识形态》一章中，专门阐述了文化研究中"转向

---

① Stuart Hall, "Cultural Studies: Two Paradigms"，最初发表于 1980 年，后收入多种文化研究读本。本书所采用的原文收录于 John Storey（ed.），*What Is Cultural Studies?: A Reader*, London: Arnold, 1996, pp. 31—48。本文的中文翻译有两个节译的版本，一是陶东风的译文，载陶东风等主编《文化研究》第 1 辑，天津社会科学院出版社 2000 年版，第 43—54 页；二是孟登迎的译文，载罗钢、刘象愚编《文化研究读本》，第 51—65 页。本文在引用时参照了这两个译文，也对照了英文原文。

② 陶东风译文，见陶东风等主编《文化研究》第 1 辑，第 53 页。

③ 孟登迎译文，见罗钢、刘象愚编《文化研究读本》，第 61 页。

④ 陶东风译文，见陶东风等主编《文化研究》第 1 辑，第 53 页。

⑤ 罗钢：《文化研究读本·前言》，载罗钢、刘象愚编《文化研究读本》，第 15 页。

葛兰西"现象，分析了葛兰西的领导权理论是如何整合阿尔都塞的结构主义理论，解决文化主义/结构主义对立的。① 安德鲁·米纳（Andrew Milner）在《重塑文化研究：文化唯物主义的前景》中也用"转向葛兰西"（Turning to Gramsci）这一词语阐述了英国文化研究后期向葛兰西的转向及其意义。② 通过这些人的阐述，我们能清楚地看到文化研究中的确存在着"转向葛兰西"这一现象，而"转向"一词再清楚不过地显示了葛兰西对文化研究的重大影响。不过在更多情况下，很多文化研究学者并没有明确使用"转向葛兰西"或"葛兰西转向"这样的词语或概念，但几乎没有人会忽视葛兰西在文化研究发展中的重大作用。如约翰·斯道雷（John Storey）在《文化理论与通俗文化导论》中，就以"新葛兰西派文化研究"之名阐述了葛兰西对文化研究所产生的重大影响。斯道雷指出，葛兰西的领导权指的是"一种正在进行中的条件，在这种条件下，某个居支配地位的阶级（与其他阶级或阶级的一部分结成了联盟），不仅统治着一个社会而且还通过其在道德和精神方面的领导地位引导着这个社会"③。这句话可以说准确地点明了葛兰西领导权理论的实质，即一方面葛兰西领导权理论是通过同意（道德和精神引导）进行统治；另一方面，这"正在进行中"也指出了作为过程、作为两种力量斗争过程的领导权的特征，这也就是斯道雷所说的，"霸权理论使得我们可以将通俗文化看作是意念与反意念之间'谈判'所产生的一个混合体；是一种既'自上而下'又'自下而上'产生的，既是'商业化的'

---

① Graeme Turner, *British Cultural Studies: An Introduction*, New York: Routledge, 2003, pp. 177 - 181. 中文译本参阅唐维敏翻译的《英国文化研究导论》，台北：亚太图书出版社 1998 年版，第 244—249 页。

② Andrew Milner, *Re-imagining Cultural Studies: The Promise of Cultural Materialism*, London: Sage, 2002, pp. 86 - 90.

③ 约翰·斯道雷：《文化理论与通俗文化导论》（第二版），第 169 页。

又是'真实的'文化；是抵抗和融合之间一种不断变化的力量平衡"①。可以说斯道雷比较准确而全面地抓住了葛兰西领导权思想的精髓。

麦克盖根（Jim McGuigan）在《文化民粹主义》中，在强调了领导权不是依赖强制，"而是靠一种复杂的获取对现存制度的认可的方法"②的特征后，又指出了领导权所残留的某种还原论倾向，即"至少仍需要部分依赖受阶级关系理论支持的历史唯物主义，不管是怎样的非还原主义"③。这一点在拉克劳（Ernesto Laclau）和墨菲（Chantal Mouffe）那里给予了具体而详细的阐述和批评（参阅第五章）。

另外，克里斯·巴克（Chris Barker）在《文化研究：理论与实践》中也指出，20 世纪 70 年代到 80 年代的大众文化讨论是围绕着葛兰西的"领导权"概念展开的，这一概念具有持久的意义，它已超越了当时的阶级的含义而扩大到性别、种族、人种、年龄、民族认同等中的权力关系之中，并同女性主义、后殖民理论、种族政治、怪异理论等紧密相连。④

三　国内葛兰西研究状况

就国内的葛兰西研究状况来看，相比西方，还处于起始阶段。国内最早出版的关于葛兰西著作，也许是葆煦从俄文翻译过来的《狱中札记》，由人民出版社 1983 年出版。同年，吕同六编译了葛兰西的《论文学》，由人民文学出版社出版。这应该算

---

①　约翰·斯道雷：《文化理论与通俗文化导论》（第二版），第 172 页。

②　吉姆·麦克盖根：《文化民粹主义》，桂万先译，南京大学出版社 2001 年版，第 72 页。

③　同上书，第 75 页。

④　Chris Barker, *Cultural Studies: Theory and Practice*, London: Sage, 2000, pp. 350 – 352. 中文译本参阅罗世宏等翻译的《文化研究：理论与实践》，台北：五南图书出版股份有限公司 2004 年版，第 435—437 页。

是比较早的对葛兰西作品的翻译与介绍。1992 年，由中共中央马恩列斯著作编译局、国际共运史研究所编译、人民出版社出版了《葛兰西文选 1916—1935》。1990 年，徐崇温译介了葛兰西《狱中札记》中的《实践哲学》（重庆出版社），进一步深化了对葛兰西的学术研究，而 2000 年根据英文 1971 年版翻译的《狱中札记》（曹雷雨等译，中国社会科学出版社）则可看作是对葛兰西研究的深入，因为这本书是列在"知识分子图书馆"丛书中的，把葛兰西看作是知识分子而不仅仅是政治家，这是伴随着中国文化研究热潮而兴起的。而台湾在 1988 年由谷风出版社出版了《狱中札记》，位列"哲学丛书"。

就研究著作来看，于文秀于 2004 年根据其博士论文出版了《文化研究思潮导论》（人民出版社），其中有关于葛兰西对文化研究的影响的阐述，但更多的是借鉴了他人，如斯道雷的观点，缺少一定的独创性。其他的有黄伊梅的《葛兰西的文化领导权理论及其当代意义》、孙晶的《文化霸权理论研究》博士论文，以及仰海峰的《实践哲学与霸权——当代语境中的葛兰西哲学》（北京大学出版社 2009 年版）等，但这些论文都是哲学专业的论文，侧重于哲学与政治学的研究。

就发表的关于葛兰西与文化研究的文章来看，除了罗钢先生的《文化研究读本·前言》外，还有萧俊明的《文化研究的发展轨迹》（《国外社会科学》2002 年第 1 期，后收录于《文化转向的由来》，社会科学文献出版社 2004 年版，第 9 章 1—3 节）。在这篇文章中，作者从文化研究的起源与初期阶段、文化研究的制度化与范式危机阶段、文化研究中的"葛兰西转向"等三个方面对文化研究的发展轨迹作了一次回顾。在本文中，作者明确指出并阐述了文化研究中"葛兰西转向"的重要意义，即"扭转了文化研究的结构主义趋势，同时又没有回到人道主义的老路……使文化研究走出了文化主义与结构主义的范式之争，开始去建立一种摆脱还原主义和本质主义的理论"①。这可以看作是对霍尔的"两种范式"的具体阐述，但并没有具体分析英国文化研究到底是如何接受葛兰西的。南帆在《文学批评与文化研究》[《镇江师专学报》（社会科学版）2001年第4期]中，也指出了"葛兰西的理论开启了另一个新的空间"，即文化研究不再是单纯地从作品之中分析某一个阶级的本质属性，摆脱了过于狭隘的阶级视角，从而进入了更为广阔的大众文化领域。该文肯定了葛兰西在"文化研究对象的转移"中的重要作用，但依照的还是斯图亚特·霍尔《文化研究：两种范式》中的提法；而且该文的着眼点并不就在文化研究，而是文化研究对文学研究的影响。陆道夫于2002年发表《葛兰西的霸权理论与大众文化研究》（《河南社会科学》2002年第5期）一文，可以说正是从文化研究角度阐述葛兰西对大众文化研究的影响。

陶东风先生收录于《文化研究：西方与中国》的文章《葛兰西论文化领导权理论与有机知识分子》，则从葛兰西的一元论哲学出发，深入分析了葛兰西的领导权理论，指出了领导权这一概念的"精微与深刻之处在于：葛兰西感觉到了现代西方资产阶级民主社会（或市民社会）中支配方式的新形态，即它比以赤裸裸的武力为基础的统治权力更为含蓄、复杂、多元，尤其是它暗示了新的统治形式常常是以被统治者的默许与乃至配合为基础的。这种默许与配合建立在文化领导权的基础上"②。可以说，这是对葛兰西领导权概念的准确阐述。

除此之外，单纯关于葛兰西的文章，很早就有了，如1980年《国外社会科学》第5期译介了N. L. 列拉的文章《葛兰西和法律》，1981年《国外社会科学动态》第7期译介了戴维·麦克莱兰的文章《葛兰西思想评述》，1982年上海《社会科学》第1

---

① 萧俊明：《文化转向的由来》，社会科学文献出版社2004年版，第238页。
② 陶东风：《文化研究：西方与中国》，第321页。

期发表了丁珊的《葛兰西政治理论简介》一文。实际上关于葛
兰西的文章一直不断，而且涉及葛兰西的许多方面，有他的文化
观［如俞吾金《葛兰西的文化观及其启示》，《复旦学报》（社
会科学版）1986 年第 4 期］，他的实践哲学（如徐崇温的《葛
兰西实践哲学辨析》，《人文杂志》1990 年第 4 期），意识形态
理论（如俞吾金的《葛兰西的意识形态学说》，《毛泽东哲学思
想研究》1992 年第 4 期），知识分子理论（如戚吟的《知识分
子与革命：论葛兰西的知识分子理论》，《江淮论坛》1996 年第
1 期）等。在这其中我们看到最多的是关于对他的文化领导权及
实践观的论述，如王雨辰的《略论葛兰西的市民社会与文化领
导权理论》［《广西大学学报》（哲学社会科学版）2001 年第 3
期］，王昭锋的《如何理解葛兰西的"领导权"理论》（《教学
与研究》1998 年第 12 期），孙晶的《葛兰西的文化领导权思
想》（《马克思主义研究》2002 年第 3 期），等等。这些研究文
章对我们理解葛兰西具有重要的参考价值。①

　　可以说，葛兰西已经在世界范围内产生了重大的影响，他
以极为细腻的笔触关注文化在现代社会发展中的重要作用，在批
评庸俗马克思主义的经济还原论中，倡导文化领导权维护与争夺
的重要意义。他看到了现代（资本主义）社会的复杂性，力图
去理解现代社会复杂的内在关系，尤其是权力关系，为我们提供
了一个认识世界的广阔视角。围绕着文化领导权所形成的一系列
极富内涵的概念，如权力、下属、统治与压制、身份、种族、美
国主义与福特主义以及知识分子理论等，都极大地促进了文化研
究的发展。

　　此外，我们也应当看到，文化研究在借鉴运用葛兰西的文化
领导权理论的过程中，往往结合或融入了其他的文化理论，如阿

---

　　①　关于葛兰西研究状况（包括国外），可参阅仰海峰《葛兰西研究七十年：回
顾与反思》，《河北学刊》2009 年第 3 期。

尔都塞的结构主义、福柯的知识—权力理论等,这就使得文化研究中的"葛兰西"并不是原始意义的葛兰西。因此,本书所要考察的不仅仅是葛兰西如何影响文化研究的问题,同时也是文化研究在运用葛兰西的理论中又是如何挪用甚至改造葛兰西的。这是一个双向的促进过程。

四 本书的主要结构与思路

本书力求以历史为线索来组织结构和材料,这里的历史既是文化研究的发展史,也是文化研究的葛兰西接受史。正是通过史的线索,我们可以清楚地看到葛兰西在文化研究的发展过程中是如何被不断地借用、挪用甚至改写的。但这里有几个我们需要思考的问题:葛兰西的文化领导理论可以被无限制地挪用和改写吗?它是否可以一直成为文化研究发展的持续动力甚至救命稻草?在更为复杂的 21 世纪,我们又将如何看待和运用葛兰西的文化领导权理论?所有这些问题将贯穿整部书的写作,推动着本书不断深入葛兰西与文化研究的复杂关系。

在第一章中,我将着重分析葛兰西的文化领导权理论。在葛兰西那里,领导权并不就是一种单纯的权力争夺,它应当以人民大众的解放与进步为根本目标,以创造新文明、新人类为指归,这就使得葛兰西的领导权理论具有了极强的启蒙色彩,而也由此保障了领导权争夺的方向,使得革命的目的不再是为夺权而夺权。这是我们理解葛兰西的领导权所必须注意的。此外,葛兰西的领导权理论是一个整体,其中涉及许多方面,既有经济的,也有政治的、文化的,但后来人们在运用葛兰西的领导权理论时,往往忽视了这一点,使领导权理论单一化。这是我们在本书中所要考察和反思的。

在第二章中,我将分析文化研究中的文化主义传统对葛兰西领导权的接受。文化主义在自身发展过程中的困境促使着文化研

究开始转向葛兰西以寻求解决之法，雷蒙德·威廉斯便是其中的
典型代表。但威廉斯对葛兰西领导权的接受更多的是一种挪用，
即把领导权看作是一种"文化"，这与伯明翰学派结构地运用领
导权有着根本的不同。

对于伯明翰学派（第三章）来说，其对葛兰西的领导权理
论的运用有一个发展变化的过程，即由早期结合传统马克思主义
阶级斗争而强调主体的同质性到强调主体的异质性，由强调霸权
一方的统治到强调反霸权一方的能动性。这一点显然也体现在伯
明翰学派的中坚人物霍尔身上。霍尔对撒切尔主义的分析以及对
接合理论的阐述，为发展葛兰西的领导权理论做出了重大贡献。
而从霍尔身上，我们甚至也可以窥见文化研究发展的轨迹，这也
是我们把霍尔单列一章（第四章）的原因。

在第五章中，我将通过分析后马克思主义的代表性学者拉克
劳、墨菲的话语理论，具体阐述他们是如何在话语中重新认识和
理解葛兰西的领导权理论的。在拉克劳、墨菲那里，领导权是一
种话语接合实践，相当于他们话语理论中的"关节点"（nodal
points）或一个"空的能指"（empty signifier），这样，领导权并
没有一个有着确定内容或本质的主体（如阶级），领导权仅仅是
一个平台，一个各种能指被暂时汇聚在一起的平台，而不是一个
可以发出指令的主体。应该说，拉克劳、墨菲对葛兰西领导权的
重构，是基于他们对新社会运动（如女权运动、环境保护主义
运动等）的认识，体现了他们激进、自由与多元的民主革命思
想，但他们把一切条件都还原为话语条件，把主体还原为"主
体位置"，无疑在很大程度上消解了反霸权主体的能动性，从而
使葛兰西的反霸权实践变得更为困难。这样的困难也体现在后殖
民主义理论中。

后殖民主义（第六章）把葛兰西为文化领导权理论从民族
国家内部的阶级（历史集团）斗争运用到国家之间的关系上，
这无疑拓宽了领导权理论的使用范围。但后殖民主义在运用葛兰

西的理论时，更多地融入了福柯的知识—权力理论，在反霸权主体上强调一种无固着的"主体效应"（subject-effect）。这就使得后殖民理论在大力倡导反本质主义中又削弱了反霸权主体的力量，反霸权主体在历史的"细语"被大大地消解了，这一点在费斯克的"在资本主义社会中的大众文化理论"那里得到了最为典型的体现。

费斯克的大众文化理论（第七章）过分强调了大众的反抗及反抗的快感，忽视了与大众相对的体制的压制，体制在费斯克那里，一直处在背景之中，成为一个理所当然且不可抗拒的对象。费斯克虽然试图通过区分宏观政治和微观政治为自己的大众文化理论辩解，但他的这种"不加批判的民粹主义"仍然招致了很多人的批评，并由此而引发了关于文化研究范式危机的讨论。在应对这种危机的策略中，很多人提出要回到葛兰西，回到他的领导权理论中去，这是有一定积极意义的，但如何回去，怎样回去，这仍是一个需要深入思考的问题，尤其是随着世界全球化一体的快速推进，许多学者提出了"后霸权"（post-hegemony）的概念，试图超越甚至否定葛兰西的霸权概念，这是我们所必须面对和思考的（见"结论"部分）。

最后一章我将通过比较阐述葛兰西的知识分子理论，因为知识分子是文化研究实践的主体，尤其在现代社会，知识分子——有机知识分子甚至关系到文化研究的发展及命运。在结论部分，我将通过分析近年来出现的"后霸权"理论，阐述葛兰西领导权理论在当今世界的命运及其意义。

第一章

葛兰西的文化领导权理论

葛兰西的文化领导权理论是一个整体，它既包括葛兰西的文化观，也包括葛兰西对与领导权相关的知识分子、历史集团、意识形态等方面的阐述。可我们很多人在理解葛兰西的领导权理论上，往往把它给单一化了，只突出了文化领导权中的权力斗争特性（虽然这很重要），而忽视了这其中的文化因素。实际上，正是葛兰西的文化观保证了领导权斗争的内容与走向。文化，是葛兰西政治思想理论的出发点。由此，我们本章将从葛兰西的文化观入手，结合他的哲学观、历史观，来具体阐述他的领导权思想，阐述领导权的含义、来源、发展及争夺等内容。

一 葛兰西的文化革命理论

（一）文化启蒙与新文明、新人类的创造

早在 1916 年初，葛兰西就写下了《社会主义与文化》一文，阐述了他对文化的理解。对于这篇文章，很多学者并没有给予必要的重视，只是把它看作是葛兰西早期具有唯心倾向的不成熟的作品。实际上我们看到，从 1911 年葛兰西离开家乡来到都灵这个革命浪潮的中心后，尤其是在他加入了社会党，经历了一系列的国内及国际大事——如工人大罢工、关于第一次世界大战意大利立场的辩论以及社会党内部问题的争论等之后，葛兰西的

思想逐渐成熟了起来。我们虽不能就说此时的葛兰西已完全从一个狭隘的"撒丁主义"者走向了一个成熟的社会主义者，诞生了一个"'新'葛兰西"①，但葛兰西此时的确在逐渐形成他独有的思想，并奠定了他今后的发展道路，这也表现在他对文化的认识上。葛兰西在这篇文章中说：

> 我们需要使自己摆脱这样的习惯，即把文化看成是百科全书式的知识，把人看作仅仅是塞满经验主义的材料和一大堆不连贯的原始事实的容器，这些材料和原始事实必须在头脑中编排保存，就如同字典的条目一样，使得它的所有者能够对来自外部世界的各种刺激作出反应。这种形式的文化确实是危险的，特别是对无产阶级来说。……这种文化只能用来造成一种罗曼·罗兰曾经加以无情痛斥的虚弱和苍白的唯理智论……②

反对知识式的文化，是葛兰西对实证论的否定；而实证论在当时影响很大，甚至渗透到了整个的人文学科，正如费奥里所说的："当时流行的社会主义在思想上是受实证主义哲学支配的。"③这种流行思想所造成的后果，就是把人看成了机械的、物质的、没有精神自主性的物品。葛兰西反对知识式的文化就是要与当时的这种主流思想决裂。根据陶里亚蒂的回忆，在1914年左右，葛兰西已抛弃实证论这一点是肯定的。④

当然，葛兰西反对实证论并不是简单地反对科学，反对科学的认知方法或研究社会的科学方法。实际上，葛兰西是很重视科

---

① 朱佩塞·费奥里：《葛兰西传》，第96页。
② 《葛兰西文选 1916—1935》，中共中央马克思恩格斯列宁斯大林著作编译局、国际共运史研究所编译，人民出版社1992年版，第4—5页。
③ 朱佩塞·费奥里：《葛兰西传》，第81页。
④ 同上书，第96页。

学的，从他后来在《狱中札记》中对"福特主义"的论述中可以看出这一点。① 葛兰西反对的是在人文科学中硬套科学公式，用科学知识去分析人文问题的做法。这种认识问题的方式突出地体现在当时许多人对南方问题的认识上，就是从生物学、人种论上去分析南方落后的原因②，葛兰西对此是坚决反对的。在《狱中札记》中，葛兰西就对那种把人的差别归结为生物上的差别的观点予以了批判。③

这样，葛兰西就从实证论的禁锢中解脱出来，走向了更为广阔的人的精神世界、意识世界，这就是葛兰西所主张的文化：

> 文化是与此完全不同的一种东西。它是一个人内心的组织和陶冶，一种同人们自身的个性的妥协；文化是达到一种更高的自觉境界，人们借助于它懂得自己的历史价值，懂得自己在生活中的作用，以及自己的权利和义务。但是，这些东西的产生都不可能通过自发的演变，通过不依赖于人们自身意志的一系列作用和反作用。如同动物界和植物界的情况一样，在那里每一个品种都是不自觉地，通过一种宿命的自然法则被选择出来，并且确定了自己特有的机体。人首先是精神，也就是说他是历史的产物，而不是自然的产物。④

这一段可以说比较集中而典型地体现了葛兰西以后所进一步发展的文化思想。首先，葛兰西强调文化是人认识自己的途径。这也就是他所引用的诺瓦利斯的话："文化的至高无上的问题是赢得

① 可参阅安东尼奥·葛兰西《狱中札记》，葆煦译，人民出版社 1983 年版，第 383—417 页。

② 葛兰西：《南方问题的一些情况》，载《葛兰西文选 1916—1935》，第 229—230 页。

③ 葛兰西：《狱中札记》，曹雷雨等译，中国社会科学出版社 2000 年版，第 267—269 页。

④ 《葛兰西文选 1916—1935》，第 5 页。

一个人先验的自我，同时又是他本人的自我"，以及那句"了解你自己"的话。而这就使得葛兰西的文化定义有了浓厚的启蒙色彩。正如费奥里所说："葛兰西怀着传播文化的热情重温了启蒙运动的经验。正是这种愿望和需要使他一开始就成为文化的鼓动者，他无论研究任何问题都是如此。"① 葛兰西在《狱中札记》中进一步指出了"认识你自己"作为批判性研究的出发点。他说："世界观的自我批判，就意味着使之成为一个融贯一致的统一体，并把它提升到世界上最高层次的思想水平。所以，它意味着对一切既往哲学之批判……这种批判性的研究以对人究竟是什么的意识为出发点，以'认识你自己'是历史过程……的产物为出发点。"②

但在这里我们需要注意的是，我们所强调的葛兰西的文化启蒙与西方启蒙运动中传统意义上的启蒙思想并不相同。西方启蒙运动的目的是把人从宗教桎梏中解放出来，提倡人的理性，呼吁个性解放，宣扬自由、平等、博爱的口号，最终趋向的是个体的权利。但葛兰西的文化启蒙并不是单纯的自我反思或觉醒，或来自一种天赋的人权，而是要在整个的现实生活中，在与他人的关系之中去思考自己，即要"懂得自己的历史价值，懂得自己在生活中的作用，以及自己的权利和义务"。在这篇文章结尾部分，葛兰西更是明确提出，要"通过别人更好地认识自己，通过自己更好地认识别人"③。由此，葛兰西思考的个体是着眼于群体或集体的，是从群体或集体来讨论人的启蒙或解放的，而不是单纯地从个体出发去宣扬人的权利。可以说，葛兰西的个体与集体是密不可分的，这是葛兰西启蒙观的独特之处。凯特·柯里汉（Kate Crehan）也指出，在《社会主义与文化》中，葛兰西

---

① 朱佩塞·费奥里：《葛兰西传》，第 109 页。
② 葛兰西：《狱中札记》，曹雷雨等译，第 233—234 页。
③ 《葛兰西文选 1916—1935》，第 8 页。

强调文化是自我认知的机制，但不是个人主义，而是在与他者的关系中，在历史中认识自己，包括权利和义务。① 在《狱中札记》中，葛兰西也一直在强调集体中的人或"集体人"（collective man）。② 革命作为一项集体性的事业，需要的也正是这种集体以及集体中的个人。过分强调集体会忽视个体的能动性；但过分强调个体自我，显然也不利于革命事业的整体发展。

（二）创造性：文化的功能性体现

知识式的文化是静态的、静止的，而葛兰西一直强调的是文化的功能性、物质性，这就是文化的"创造性"。

在《狱中札记》中，葛兰西通过解读马克思关于"人是社会关系的总和"的论断，指出："应该把人设想成纯粹个人的、主观的要素，和个人与之保持能动关系的、群众的、客观的或物质的要素这两者构成的一个历史集团。改造外部世界，各种关系总的体系，就是发挥人们自身的潜能，就是发展自身。认为伦理上的'改善'是纯粹个人的，这是虚妄的，也是错误的：构成个性的要素的综合固然是'个人的'，但如果没有指向外面的活动，如果没有改变同自然和在不同程度上同他人——从人们生活在其中的各种社会集团，直到包括整个人类的最大的关系——的外部关系，它就不可能得到实现和发展。正由于这个原因，人们可以说，人在本质上是'政治的'，因为人正是通过改造和有意识地指导其他人的活动而实现他的'人性'，实现他的'人的本质'的。"③ 在《狱中札记》的另一处，葛兰西更是明确指出："真正的哲学家是而且不能不是政治家，不能不是改变环境的能动的人。"④

---

① Kate Crehan, *Gramsci, Culture, and Anthropology*, p. 73.
② 见《狱中札记》，曹雷雨等译，第 198、233 页等处。
③ 葛兰西：《狱中札记》，曹雷雨等译，第 274 页。
④ 同上书，第 265 页。

实际上，"创造"是葛兰西政治哲学的一个核心的概念，也正由此他把自己的哲学——实践哲学称之为"创造性"哲学。而葛兰西之所以把自己的哲学称为"创造性"哲学，意在反对唯物和唯心的"一元论"哲学。因为不管是唯物主义的物质一元论哲学还是唯心主义的精神一元论哲学，都是"有限的和狭隘的"①，都只强调了物质或精神的某一方面而忽视了另一方面，由此而容易陷入或者是物质决定论，或者是唯心思辨论的泥潭中，最终所忽视的是人，是作为活生生的人的主动性和创造性。对于葛兰西来说，人的创造性才是哲学的核心。而创造需要行动，进一步，葛兰西又把这种创造性哲学称为行为哲学，但这种行为哲学，又"不是'纯粹'行为哲学，而是在最粗俗和最世故意义上的真正的'不纯粹'的行为哲学"②。强调行为哲学的"不纯粹"性，意在反对那种纯粹的思辨哲学或纯粹的唯物哲学，力求把人放置在不纯粹的、具体的社会发展过程中，因为唯有在历史中，在不纯粹中，人才会创造。

与创造紧密相连的概念是"进步"和"生成"。创造的结果和目的是进步而不是退步，也不是创造旧有的东西，但进步观念又往往被庸俗化（庸俗进化论），因此葛兰西又突出强调了与之相关的概念——"生成"，认为两者是不可分离的。因为在"生成"概念中包含了一种"辩证的运动"，代表了一种"深度的发展"③。这里的辩证运动和深度发展，实际上就是葛兰西所强调的创造的必然结果，进一步说，也就是葛兰西所一直致力于建立的一种新文化、新文明，乃至新人类，而这正是葛兰西文化启蒙的核心目标。葛兰西曾对文艺复兴有过经典性的分析。他说，文艺复兴并不是发现了"人"，而应该说是"创造了新文化或新文

---

① 葛兰西：《狱中札记》，曹雷雨等译，第 257 页。
② 同上书，第 287 页。
③ 同上书，第 272 页。

明"。葛兰西解释说："假使说，文艺复兴是一场伟大的文化革命，那并不是因为过去是'微不足道'的所有人，现在确信他们已经变成了'一切'，而是因为这种思想方式广为流传，成为普遍现象。并没有'发现'人，而是出现了文化的新形式，即在统治阶级中造就新型的人必需的力量。"① 在这里，葛兰西显然反对那种把文艺复兴看作是对人的"发现"的普遍观点，坚持一种创造观。因为发现仅仅是发现原有的、原来的，而不是你所创造的新的东西，从而也否定了人的能动性与创造性。由此，由"认识你自己"出发所达到的不是一种纯粹个体的自我权利与自由，而是在个体创造性的活动中，在与他人和集体的关联中，共同创造出新文化、新文明，乃至新人类。葛兰西的这一文化启蒙观为他的革命理论、革命实践奠定了坚实的基础。早在1917 年年末，他与其他四人所建立的"道德生活俱乐部"，虽然只存活了不到 100 天（到 1918 年年初），但它的目的显然就具有强烈的启蒙色彩，力求促进社会主义文明的建立。②

与葛兰西的创造性哲学紧密相关的是他的绝对历史主义。葛兰西把他的历史主义称为"绝对历史主义"，足可见他对历史的重视。葛兰西说："人们忘记了在涉及一个非常普通的用语〔历史唯物主义〕的情况下，人们应当把重点放在第一个术语——'历史的'——而不是放在具有形而上学根源的第二个术语上面。实践哲学是绝对的'历史主义'，是思想的绝对的世俗化和此岸性，是一种历史的绝对人道主义。"③

在这里，葛兰西以"绝对的世俗化和此岸性"宣告了他的历史主义的最根本的特征，这就是最根本的现实性和当下性。而也正是这种现实性和当下性，才使葛兰西的理论具有了生命活

---

① Gramsci, *Selection from Cultural Writings*, edited by Forgas, D. et al., Cambridge: Harvard University Press, 1985, p. 217.

② Carl Levy, *Gramsci and the Anarchists*, Oxford: Berg, 1999, pp. 97 – 98.

③ 葛兰西：《狱中札记》，曹雷雨等译，第 383 页。

力。巴尼奥利曾指出，葛兰西的理论是一整套的，而"这一整套思想是极为鲜活的"，之所以如此则在于"葛兰西确定了历史的具体性，把历史理解为这样一种范畴，即'它涉及到活生生的人以及与世界上所有的人相关连的所有那一切，因为人在社会中是联系在一起的，他们劳动、斗争并不时完善自己'"①。这种理解是准确的。

葛兰西的绝对历史主义强调一切都是历史的，都是延续着的，都要到历史中去检验，所以，一切就都具有了未完成性。这也就从根本上批判和否定了那种盲目相信历史发展必然性的认识。葛兰西确信人类历史必然有一个前行的方向，但却未必一定就朝着这个方向前进，因为这中间有倒退，有曲折。葛兰西在谈到政治与基础的关系时说："事实上，在任何既定时刻，政治都是基础中的发展趋向的反映，但这些趋向却并不必定会得到实现。"② 也就是说，反映与实现、方向与结果并不总是一致的，基础也许能保障大致的方向，但并不能决定这方向的具体结果。在谈到对所谓客观规律的认识中，葛兰西又说："由于……坚信历史发展中存在着与自然规律近似的客观规律，以及信仰与宗教一样预先确定的目的论：因为有利条件不可避免地要出现，而这些有利条件将很神秘地引发轮回事件，显然，任何预先安排和计划这些情况的有意活动不仅无益，甚至有害。"③ 也就是说，因为相信客观规律的必然到来而忽视乃至否定了人的能动性，这显然是荒谬的。这也就是葛兰西所问的那句话："既然向来存在着剥削者和被剥削者、财富的创造者和自私的消费者，为什么社会主义尚未实现呢?"④

---

① 萨尔沃·马斯泰罗内主编：《一个未完成的政治思索：葛兰西的〈狱中札记〉》，社会科学文献出版社 2001 年版，第 78 页。

② 葛兰西：《狱中札记》，曹雷雨等译，第 322 页。

③ 同上书，第 131 页。

④ 《葛兰西文选 1916—1935》，第 5 页。

　　葛兰西在谈到政党时说："人们的确可以说一个党永远不会彻底和完全形成，意指每一次发展都会创造新的任务和功能，又指对某些政党而言，下面这句似是而非的话是正确的：他们的彻底和完全形成之时就是他们不复存在之时——即他们的存在已经成为历史累赘的时候。"① 的确，完成是时间的停止和历史的终结，而对葛兰西来说，这不仅在客观上不可能，从人类斗争的历史上看也是不可能的，因为斗争是永远不会停止的，最多只是暂时的停止，接下来的是另一场战斗，而一切都需要在这种斗争中去争取，由此，任何东西都不是先在的、被预先保证的，这也就是葛兰西所着力阐述的领导权斗争的本质。

（三）文化分层与文化对抗

　　文化的创造性功能并不是自发的，那么如何才能创造一种新的文化，或者由此创造一种新文明、新人类呢？在葛兰西那里，首先涉及的是文化的分层问题，这是文化创造与建构的基础和动力。

　　1917 年年末，葛兰西写下了《博爱主义、健全的见识和组织》一文，进一步阐述了他的文化观。在这篇文章中，葛兰西提出了他后来已理论化的"常识"（common sense）和"健全的见识"（good sense）的概念以及进行文化建构的构想。葛兰西说：

　　　　我赋予文化这样的意义：思想的操控、普遍观念的获取、把因果联系起来的习性。对于我来说，每个人都早已被文化化（cultured）了，因为每个人都思考，每个人都会把因果联系起来。但他们是经验地、原始地被文化化了，而不是有机地。他们由此会随着场合和情境而变动、被弱化

---

　　① 　葛兰西：《狱中札记》，曹雷雨等译，第 115 页。

（soften）或变得暴力、无耐心、爱争吵。①

　　在这里，"每个人都早已被文化化"就是一种常识，但这种常识却是"经验地、原始地……而不是有机地"，因此"会随着场合和情境而变动、被弱化（soften）或变得暴力、无耐心、爱争吵"，而之所以如此，其根本原因是常识还没有被提升到健全的见识的层面，而健全的见识在葛兰西那里，"意味着完美地思考"、"思想自由"。在《狱中札记》中，葛兰西通过与宗教、哲学的区分，进一步阐发了他对常识和健全的见识的理解。在葛兰西看来，常识指的是任何现存社会所共有的、一般人所持有的一套并非融贯一致的假设和信念②，健全的见识则与之相对，与哲学相吻合，是对宗教和常识的批评和取代，是一种"智识秩序"，具有统一性和一致性，以一种融贯一致的思考方式去认识、理解和把握世界（包括认识自己），从而摒弃常识状态中的散漫、无序、易变以及经验化等特点。

　　葛兰西对"常识"和"健全的见识"的区分并不是简单的文化层次的区分，而是把它们与社会阶层与文化对抗结合了起来。葛兰西认为，下层人民的文化世界根本就不是系统的，而是非连续的混杂的，是以一种零碎的方式随时间而堆砌起来的，或者说正处于一种常识状态。也正由此，葛兰西强调必须对下层人民进行文化的提升，使下层民众由常识状态进入到一种健全的见识状态，而不是固守所谓的民间文化。也正由此，葛兰西批判了那些宣扬要保护下层人民文化的民俗学者。在葛兰西看来，所谓保护民间文化在一定程度上是在保护特权阶级、统治阶级或官方文化的特权，压制乃至阻碍下层人民改变现状，提升革命意识的可能。这在葛兰西看来也是造成社会不平等的一个根源。正如柯

---

①　Gramsci, *Selection From Cultural Writings*, edited by Forgas, D. et al. , p. 25.
②　葛兰西：《狱中札记》，曹雷雨等译，第 232 页。

里汉所说的："对葛兰西来说，不平等的一个关键维度是下层人民不能系统地去解释他们所生活的世界，而这些解释就有可能以有效的方式去挑战现存的霸权解释。"① 由此，民俗文化所体现出来的不是传统与现代的关系，而是统治与被统治的关系。由此我们也可以看到，葛兰西并不是从时间的方面去理解民俗，而是从空间的角度，从阶层（阶级）对抗的角度去理解（比如他对语言的理解）。这是葛兰西理解问题的一个重要特点，正由此形成了他的革命理论的阐释结构。

那么在文化的对抗中应建立或创造一种什么样的文化呢？葛兰西为此提出了"民族—人民"（national-popular）的文化这一概念。② 葛兰西在分析意大利当时的文艺现状时指出，当时意大利充斥着大量的外国作家的作品，尤其是法国作家的作品，意大利民众也优先阅读这些外国作家的作品。这其中的原因显然是意大利本土作家不能创造出适合意大利民众阅读的文艺作品，而根本原因则是"意大利知识界远离人民……远离'民族'"，有些知识分子虽然"出身于人民，却并不自觉与人民相联系，不知道人民，不了解人民的需要和渴望、人民藏在心里的情感；知识分子对人民的关系是割断的悬空的等级关系，而不是人民本身组成的部分，体现其有机地固有的职能"，或者说意大利作家"不以人民的感情为自己本身的感情而生活，并且不起'民族的—教育的'作用"③。在这种情况下，意大利知识分子又如何能创造出适合意大利民众阅读的文艺作品来？进一步，意大利知识分子又如何教育大众，真正把大众从常识状态提升到健全的见识状态，实现对民众的启蒙？由此，葛兰西明确提出要建立"民族—人民"的文化，以此来实现对大众的教育与启蒙。不能建立起真正属于意大利民

---

① Kate Crehan, *Gramsci, Culture, and Anthropology*, p. 104.

② 可参阅大卫·弗格斯《"民族—人民的"：一个概念的谱系学》，载陶东风主编《文化研究精粹读本》，中国人民大学出版社 2006 年版。

③ 葛兰西：《狱中札记》，葆煦译，第 470—475 页。

族大众的文化，在文化领导权的争夺中是不可能取胜的，如此也就不可能取得社会主义革命的胜利。对于这一点，葛兰西是非常清楚的。也正如此，葛兰西特别强调知识分子的重要作用，并专门提出了"有机知识分子"（organic intellectual）的概念。①

葛兰西所提出的有机知识分子这一概念具有复合含义，它既指知识分子与国家、无产阶级政党的有机性，也指与人民大众的有机性。由此，知识分子作为一个重要的中介，才能真正启蒙大众，进行社会革命。正如柯里汉所说的："在葛兰西的眼中，知识分子对于一种主要的新文化——一种代表着一个即将出现的阶级的世界观的文化得以形成的过程来说，是很重要的。正是知识分子把那些生活在特定阶级位置的人的非系统化的、碎片化的'感受'转变为一种对世界的系统的、理性的解释，这一世界是从那一位置所呈现的样子。"②

（四）文化启蒙与革命的非功利性

坚持对民众进行文化启蒙，把下层民众从常识状态提升到健全的见识的高度，使民众真正看清自己、看清世界，这正是作为一个政治家和革命家的葛兰西的独特之处，而这也正形成了他的非功利性的革命目的论。在葛兰西那里，文化与政治是密不可分的，文化是其政治问题的暗线。③ 正如巴尼奥利所指出的："如果脱离作为政治建设的不可缺少、不可违背的前提条件的文化概念的话，那我们就无法理解葛兰西思想的生机及其丰富性。文化与政治的关系不仅是一种必不可少的实用性的关系，而且也是一种更为广泛的、更加细密的关系。"④ 而这种"细密关系"不仅

① 关于葛兰西的知识分子理论，参阅本书第八章。
② Kate Crehan, *Gramsci, Culture, and Anthropology*, pp. 129 – 130.
③ Gramsci, *Selection from Cultural Writings*, edited by Forgas, D. et al. , p. 13.
④ 萨尔沃·马斯泰罗内主编：《一个未完成的政治思索：葛兰西的〈狱中札记〉》，第76页。

体现在政治保障了文化的发展，它甚至就是启蒙的一种结果。正如卡尔·利维（Carl Levy）在《葛兰西与无政府主义》中所指出的：“葛兰西把社会主义政治看作是一种文化启蒙的扩展（extension）。”[①] 由此我们可以看到，在葛兰西的心中，革命行动或政治实践并不以夺取政权为最终目的，而是要通过革命对民众进行启蒙，也就是创造新文化、创造新文明、创造新人类。也正如此，葛兰西“并不为党本身着迷，并不把兴趣放在创造一种职业精英去统治大众上，并不把政治教育仅仅局限于革命中的工具地位上”[②]。葛兰西经常使用的“历史集团”（historic bloc）这一概念，在一定程度上也体现了葛兰西对单纯政党政治、阶级政治的淡化。

在葛兰西那里，历史集团不是由某种单一的社会力量所组成的，而是由不同的社会力量所组成的，这既包括阶级，也包括许多从阶级中分化出来的亚集团，如农业集团、工业集团等。这样，历史集团就形成了一个比阶级或阶级联合更为复杂的结构，从而也就“不能被还原为一种单纯的政治联合”或阶级联合[③]，这就决定了历史集团的“异质性”。正如雷德克里斯南所说的：“集团作为一个概念，是对一个空间的描述，而不是对一件事物或一种本质的描述。这种集团只能由异质性因素构成”，“它寻求多种立场、多种决定因素以及多种联盟，而不是寻找一种单一的统一原则或本质，例如，正统马克思主义语境中的‘阶级’这一概念”[④]。可以说，葛兰西历史集团概念的提出，一方面是出于革命形势的要求，即资产阶级力量还

---

① Carl Levy, *Gramsci and the Anarchists*, p. 99.

② Walter L. Adamson, *Hegemony and Revolution: A Study of Antonio Gramsci's Political and Cultural Theory*, Berkeley: University of California Press, 1980, pp. 100 – 101.

③ Anne Showstack Sassoon, *Gramsci's Politics*, London: Hutchinson, 1987, p. 121.

④ 布鲁斯·罗宾斯编著：《知识分子：美学、政治与学术》，王文斌等译，江苏人民出版社 2002 年版，第 118 页。

非常强大，只有争取多种力量，才可能取得领导权，获得最终的革命胜利；但在另一方面，显然也体现出了葛兰西对传统政党政治的淡化。因为在葛兰西的心目中，革命的最终目的并不是简单的一个阶级对另一个阶级的胜利，或一个所谓"新"政权的建立，而是一种新文化的启蒙，新文明的创造。在这一意义上，革命的含义显然不能简单地局限于政党、阶级、政权这些传统意义上的革命要素上。

　　就领导权的谈判与争夺来看，葛兰西强调文化的启蒙作用，实际上也是在保障领导权谈判的方向。也就是说，谈判与斗争虽然有向各种方向发展的可能，但这种可能并不是任意的、没有任何定向的，而应当有一个明确而清晰的方向，那就是启蒙的方向：为人民创造新文化、创造新文明，促使大众走向解放与进步，至于如何最终实现，则不必是一种方式，而是多样的。雷德克里斯南曾指出葛兰西与福柯在政治上的区别："葛兰西不会接受一种没有方向的政治：'放任或狂放的政治'或与整体无关的'特殊的政治'都不是他能接受的。"① 葛兰西所接受的方向实际上就是一个启蒙的方向。许多学者在阐述或运用葛兰西的文化领导权理论时，往往只强调了领导权中的斗争因素而忽视了葛兰西领导权的这一文化启蒙的根基；可如果没有文化启蒙的保障，领导权的争夺或谈判往往就会走向简单的夺权运动，这显然绝不是葛兰西的革命目的。

　　卡鲁索在谈到葛兰西的思想发展时曾指出，面对法西斯的得逞与猖狂，葛兰西"不再是为了进行共产主义革命必须重新塑造意大利人，而是为了重新塑造意大利人必须进行一场共产主义革命"②。这里的"重新塑造意大利人"，即如我们前面所指出

<hr />

①　布鲁斯·罗宾斯编著：《知识分子：美学、政治与学术》，王文斌等译，第112页。

②　萨尔沃·马斯泰罗内主编：《一个未完成的政治思索：葛兰西的〈狱中札记〉》，第121—122页。

的，创造新文化，创造新文明，创造新人类。这正是葛兰西革命的目的。如果我们不理解这一点，那就很容易把他看成是一个单纯的革命功利主义者，而这是对他的严重误解。即便革命成功后，葛兰西依然强调国家对民众的启蒙教育功能。葛兰西指出："在我看来，关于伦理国家、文化国家，可以提到的最合理和具体的一点就是：每个国家都是伦理国家，因为它们最重要的职能就是把广大国民的道德文化提高到一定的水平，与生产力的发展要求相适应，从而也与统治阶级的利益相适应。"① 在这里我们看到，国家的作用并不完全以统治阶级的利益为基准，也是以提高民众的道德文化水平为目的，如果两者能很好地统一起来，在葛兰西看来就是最为合理的国家：统治阶级既能获得领导权，同时也提高了民众的道德文化水平。在《狱中札记》另一处，葛兰西对国家的作用做出了非常明确的界定："国家具有教育和塑造的作用，其目的在于创造更高级的新文明，使'文明'和广大群众的道德风范适应经济生产设备的继续发展，从而发展出实实在在的**新人类**。"② （黑体为引者加）在这里我们再次看到了葛兰西一贯坚持的文化启蒙思想。对葛兰西来说，文化启蒙是一个长期的艰巨的任务，并不以政权的建立与否来决定，不仅仅在革命之前要进行，就是革命之后，同样需要进行。在这一意义上，葛兰西的"阵地战"也是针对文化启蒙、文化建设而言的。启蒙就是一个长期的任务，绝不是一蹴而就的。

由上所述，葛兰西从其开始革命始，就非常强调文化的功能，关注文化对人的启蒙和塑造作用。正是通过文化启蒙，葛兰西力求把大众从常识状态提升到健全的见识高度，从而使大众能更为清楚地看清自己，也看清世界，这为革命打下一个坚实的基础，保障了革命的方向和远大的目标，也保障了他后来所提出的

---

① 葛兰西：《狱中札记》，曹雷雨等译，第214页。
② 同上书，第198页。

文化领导权的方向，使得葛兰西的革命不是一种功利式的简单的夺权运动。在葛兰西那里，革命并不以夺取政权为根本目的，夺取政权只是革命发展的一种手段。革命在某种意义上，只是文化启蒙的扩展，其最根本的目的是在更高层次上教育大众，使大众成为真正的人——新人，这也是国家的最根本任务。为此，葛兰西从自身出发，亲自参与文化的传播与教育工作，力求教育群众、争取群众，在提高他们的思想文化水平的同时，争取他们的支持。

葛兰西对文化的重视和强调，有着西方资本主义社会发展和统治方式转变的大背景。西方资本主义社会经过工业革命之后，生产力获得了巨大发展，而随着生产力的提升，经济的发展，资本主义社会的统治方式也开始发生转变，以前的那种强势镇压、武力统治的方式开始慢慢被抛弃，它们通过推进福利国家政策，进一步扩大社会福利覆盖面，甚至涵盖工人无产阶级，从而极大地提升了这些曾经是社会最底层者的生活水平，这也在很大程度上分化或淡化了工人阶级的阶级身份，而工人自身也在慢慢与统治阶级靠近，这就使得资本主义社会的革命斗争变得更加复杂和艰难。在政治领域，资本主义社会大力推进民主建设，采取一系列方式吸收或收编工人阶级，使得工人阶级在政治上渐渐认同资本主义社会，从而使得工人阶级在资本主义社会中的地位和影响力逐步下降。此外，在文化领域，资本主义社会极力倡导和发展大众文化，在制造一片歌舞升平中，软化了工人阶级的革命斗争（这也就是法兰克福学派对文化工业的批判），使得工人阶级的革命斗争变得更为艰难。正是在这种情况下，葛兰西看到了在资本主义社会国家外围，已经形成或构筑了一道坚固的防线，这就是"市民社会"。由此，葛兰西强调文化，强调通过文化领导权的争夺战，重新集结工人阶级的力量，在一场阵地持久战中，攻破资本主义社会铸就的防线，取得最后的胜利。

二　葛兰西的领导权

（一）　葛兰西之前文化领导权概念的演变

葛兰西曾指出自己受到列宁的领导权理论的影响，是列宁首先提出了领导权理论。他说："正是列宁本人在反对各种'经济主义'倾向时，重新估价了文化斗争阵线的作用，正是列宁本人提出了领导权（统治加思想和道德的领导）的理论作为对国家—武力（无产阶级专政）理论的补充，作为马克思理论的当代形式。这一切，意义是明确的：统治（强制）是一种行使政权的方法，是一定历史时期所必需的，而领导权则是保障以广泛赞同为基础的政权的稳定性的方法。"① 其实在列宁之前，无论是作为一个词语还是作为一个概念，文化领导权已经出现并使用。

有学者从词源学的角度，指出领导权"hegemony"一词源于古希腊语，其基本含义是用来描述一个联合体，在这个联合体中，一个国家拥有军事和政治上的领导地位。这样一个联合体具有四个基本要素：一是具有双重结构，包括居于领导地位的国家或霸权体及其联合体，而他们彼此在结构上相互独立；二是这个联合体缺少一种普遍范围的共同身份，每一方都有自己的身份标准；三是联合体中的成员具有流动性，一方加入或退出联合体是自由的；四是联合体有可能变革而转变成为一个帝国。②

18 世纪末 19 世纪初，俄国马克思主义者围绕着社会民主党的领导地位问题展开了讨论，文化领导权（gegemoniya）一词成为俄国当时社会民主运动最为核心的政治标语之一。根据佩里·安德森（Perry Anderson）的考证，文化领导权的观念最早出现

---

① 转引自朱佩塞·费奥里《葛兰西传》，第 262 页。

② Benedetto Fontana, "Hegemony and Power in Gramsci", in Richard Howson and Kylie Smith (eds), *Hegemony: Studies in Consensus and Coercion*, New York and London: Routledge, 2008, pp. 81 – 82.

于 1883—1884 年普列汉诺夫的著作中。普列汉诺夫认为，俄国工人阶级不仅要在经济上与雇主斗争，还要在政治上反对沙皇。在 1884 年他所创立的工会解放（Emancipation of Labour Group）的章程中，认为俄国资产阶级还太弱小，因此工人阶级应当承担起资产阶级民主革命的重担。在这些文本中，普列汉诺夫使用了一个含混的词语"统治"（domination），认为无产阶级应当支持资产阶级，而后者则在革命中最终成为领导阶级。

1889 年之后，普列汉诺夫的观点有所改变，强调工人阶级要获得"政治自由"。而后来，亚历山大（Axelrod）则走得更远，认为工人阶级应当在反对专制主义的斗争中扮演一个独立的角色，俄国社会民主党在这种斗争中能够获得领导权。由此，年青的马克思主义理论家便立即采用了这一概念。工人阶级在俄国革命中的"真正的领导权"就被提了出来。[1] 在这其中，列宁的阐述最为详尽。

列宁在《怎么办？》（1901—1902）中虽然没有明确提出"领导权"的概念，但其思想却显然具有领导权的思想。他说："社会民主党人如果不只是口头上主张必须全面发展无产阶级的政治意识，那就应当'到居民的一切阶级中去'……我们应当既以理论家的身份，又以宣传员的身份，既以鼓动员的身份，又以组织者的身份'到居民的一切阶级中去'。"[2] 孟什维克和布尔什维克在他们争论自主性问题上使用了这一术语。

在《社会民主党在民主革命中的两种策略》（1905）中，列宁则直接使用了领导权的概念。如他说："马克思主义教导无产者不要避开资产阶级革命，不要对资产阶级革命漠不关心，不要

---

[1]　Perry Anderson, "The antinomies of Antonio Gramsci", in James Martin（ed.）, *Antonio Gramsci: Critical Assessments of Leading Political Philosophers*（Vol. 2）: *Marxism, philosophy, and politics*, London: Routledge, 2002.

[2]　《列宁选集》（第 1 卷），中共中央马克思恩格斯列宁斯大林著作编译局编，人民出版社 1995 年版，第 366 页。

把革命中的领导权交给资产阶级，相反地，要尽最大的努力参加革命，最坚决地为彻底的无产阶级民主主义，为把革命进行到底而奋斗。"① 还有："我们的目的是使无产阶级群众和非无产阶级群众的起义服从于我们的影响和我们的领导，并利用它来为我们自己谋利益。所以我们的目的是在起义时既领导无产阶级，又领导革命的资产阶级和小资产阶级（'非无产阶级的集团'），就是说，由社会民主党和革命资产阶级'分掌'起义的领导权。"② "如果我们按照——哪怕部分地，哪怕一分钟——我们参加临时政府会迫使资产阶级退出这样一种想法行事，那我们就会因此把革命领导权完全让给资产阶级。我们会因此把无产阶级完全交给资产阶级去支配（虽然还保留了充分的'批评自由'！！）。"③

在这里，列宁的领导权主要是一种革命战略，强调无产阶级在推翻沙皇统治中始终保持对革命的领导。实际上，这里强调的是"领导"，而不是是否能获得这种领导"权"，即不是在根本上去论证领导权的获取是否合法，而是预先就确定了无产阶级及其政党在革命中的核心地位，然后去实施。而究其原因，则在于在列宁看来，无产阶级、工人阶级本身天然地具有先进的政治和社会知识。④ 由此列宁的领导权就有了无产阶级专政的含义，而政党在这革命中理所当然、责无旁贷地担当起了先锋队的作用，其领导权的合法性几乎是不容置疑的。⑤ 这与葛兰西的领导权显

---

① 《列宁选集》（第 1 卷），中共中央马克思恩格斯列宁斯大林著作编译局编，第 558 页。

② 同上书，第 581 页。

③ 同上书，第 600 页。

④ Benedetto Fontana, "Hegemony and Power in Gramsci", in Richard Howson and Kylie Smith（eds）, *Hegemony: Studies in Consensue and Coercion*, p. 84.

⑤ 关于列宁的领导权问题，可参阅 Perry Anderson, "The Antinomies of Antonio Gramsci", in James Martin（ed.）, *Antonio Gramsci: Critical Assessments of Leading Political Philosophers*（Vol. 2）, pp. 348 – 351; Paul Ransome, *Antonio Gramsci: A New Introduction*, New York: Harvester & Wheatsheaf, 1992, pp. 133 – 135; 波寇克：《文化霸权》，田心喻译，台北：远流出版事业股份有限公司 1991 年版，第 33—35 页等。

然是不同的。①

（二）葛兰西领导权的含义

首先，领导权不是一个争夺"领导"的问题，而是一个争夺领导"权"的问题，是你的领导能否被接受，能否合法化的问题。正如霍布斯班（Eric J. Hobsbawn）所说的："领导权的基本问题不是革命者如何夺取权力的问题（虽然这很重要），而是革命者如何不仅被接受为政治上存在的或不再被替代的统治者，而且被接受为指导者或领导者的问题。"② 由此，葛兰西在这里对我们一直看作是理所当然的东西（如无产阶级领导）从根本上给予了质疑，强调了一切都不是预先给定的，都需要通过去争取，去证明，然后才能拥有。这与他的绝对历史主义是紧密相关的，因为当一切都需要在历史中被检验时，也就没有什么是预先决定的，一切都需要在实践中去争取和获得。这是葛兰西领导权最根本的含义。

由此我们说，列宁的领导权与葛兰西的领导权实际上是不在一个层面上的。列宁是先在地确定了无产阶级的领导地位，然后通过宣传，通过阶级联合去实施领导，推翻国家，由此他对大众的道德教育就放在了政权建立之后。而葛兰西则直接从领导权的合法性上去探讨，由此文化教育就放在了夺取政权之前，虽然在这合法性的获取中有一定的政策宣传作用，但目的是不同的，这就使得葛兰西的领导权有了更多的空间——谈判和协商的空间，而在列宁那里，我们几乎是看不到这样的谈判空间的。可以说，葛兰西关注的是如何获得领导"权"，而列宁关注的是如何实施

---

① 关于领导权概念的比较详细的演变过程，包括葛兰西之后对于"后霸权"的阐述，参阅佩里·安德森《霸权之后？——当代世界的权力结构》，《文化纵横》2010 年第 1 期，以及本书的结论部分。

② Eric J. Hobsbawn, "Gramsci and Marxist Political Theory", in Anne Showstack Sassoon（ed.）, *Approaches to Gramsci*, London：Writers and Readers, 1982, p. 30.

领导。

当然，我们说，获得合法性和进行宣传教育是同时进行的，可实际上这两者的出发点是不一样的，从而导致行动方式的不同。这就是说，如果你预先确定了领导权，然后进行教育，那这教育就成了宣传党的纲领，由此而容易造成的结果是：如果你不同意，他或者是不予理睬，或者就很容易以无产阶级专政之名转向压制的一面，从而也就根本不可能与你谈判。而葛兰西的领导权则是以谈判以及在谈判中的创造为中心的，其最终所获得的是不同于斗争双方的东西，是一种如墨菲所说的"更高综合的创造"①，否则领导权就失去了其谈判的意义，或者变成简单的政策实施，甚至变成一种单纯的压制，这显然不是葛兰西的本意。

葛兰西对领导权的理解和阐述有一个过程，在其狱前的文章中就已出现领导权这一概念。② 葛兰西第一次明确使用领导权概念是在《南方问题的一些情况》中。葛兰西说："都灵共产党人具体地提出了'无产阶级领导权'的问题，即无产阶级专政和工人国家的社会基础问题。当无产阶级成功地建立一个能动员劳动群众大多数去反对资本主义和资产阶级国家的阶级联盟制度时，它能够成为领导和统治的阶级。这就是说，无产阶级在意大利现存的实际阶级关系中要成功地取得广大农民群众的拥护。"③在这里，葛兰西的领导权还带有无产阶级专政的特性，但比列宁更为明确地强调了要"取得广大农民群众的拥护"这一点，因为唯有取得他们的拥护才有可能成为"领导和统治的阶级"，也就是说才能获得领导权，而这实际上也就是葛兰西后来所强调的

① Chantal Mouffe, "Hegemony and Ideology in Gramsci", in Chantal Mouffe (ed.), *Gramsci and Marxist Theory*, London: Routledge & Kegan Paul, 1979, p. 184.

② 可参阅 Richard Howson, "Hegemony in the Preprison Context", in Richard Howson and Kylie Smith (eds), *Hegemony: Studies in Consensue and Coercion*.

③ 《葛兰西文选 1916—1935》，第 229 页。

领导权的"同意"这一点。

在《狱中札记》第一册（这册的副标题是"上台执政之前和之后的阶级的政治领导"）中，葛兰西进一步明确指出："必须把自己的研究建立在这样一种历史—政治标准之上，即：一个阶级的统治地位体现为两种方式，也就是说，它既是'领导的'阶级也是'统治的'阶级。对于同盟阶级而言，它是领导阶级，对于敌对阶级而言，它则是统治阶级。因此，一个阶级在上台执政之前可能已经是'领导'阶级（而且应该是领导阶级），当它上台之后，则变成既是统治阶级但也继续是领导阶级。"① 这里就比《南方问题的一些情况》更明确地指出了葛兰西的这两个层次，把"统治"（压制）和"领导"区分开来，并进一步强调了"领导统治"，但这种强调的语气还不那么决断和肯定，以后的语气就肯定得多了："一个社会集团能够也**必须**在赢得政权之前开始行使'领导权'（这就是赢得政权的首要条件之一）；当它行使政权的时候就最终成了统治者，但它即使牢牢地掌握住了政权，也**必须**继续以往的'领导'。"② （黑体为引者加）从这里我们可以看出葛兰西一步步向领导权的迈进。

在《狱中书信》中，葛兰西通过克罗齐也强调了这一点。他说："一个独特的发现是，克罗齐在他的历史政治活动中，排他性地强调了在政治中被称为通过同意，也就是通过文化领导的'领导权'这一方面，而与通过法律和警察而实施暴力、抑制和政府干预这一方面区分开来"，而"最现代的实践哲学的本质特征，恰恰就在于'领导权'这种历史—政治学的概念"③。这也是葛兰西从克罗齐那里受到的启发。这也告诉我们，到1932年

---

① 转引自萨尔沃·马斯泰罗内主编《一个未完成的政治思索：葛兰西的〈狱中札记〉》，第82页。

② 葛兰西：《狱中札记》，曹雷雨等译，第38页。

③ *Gramsci's Prison Letters*, edited by Hamish Henderson, London: Zwan Publication, 1988, pp. 213–214.

5 月，"他的政治思想已经牢固地把领导权问题视为中心问题，把它看作是解决知识分子问题和知识分子承担的'文化领导'问题的中心点"①。

葛兰西领导权的同意与压制两方面的统一，也是他从马基雅弗利的半人半兽那里获得的启示，就是"强制和认可、强权和领导权、暴力和文明、个人阶段与普遍阶段（'教会'和'国家'）、煽动与宣传、战术与战略，等等"②。

那么葛兰西的领导权在哪些方面超越了列宁而形成了他的独特性呢？约翰·霍夫曼（John Hoffman）在《葛兰西派的挑战：马克思主义政治理论中的压制与同意》中指出，一般认为葛兰西的领导权有两个不同于列宁的新颖之处，一是由无产阶级扩展到资产阶级，从而使之"变成了一种普遍的阶级统治的特征"；二是葛兰西向这一概念注入了特定的文化、道德和智力活动。作者指出，这两方面在经典马克思主义那里是找不到的。③

（三）赢取领导权的条件

那么如何才能获得这种领导的合法权呢？这就是通过赢得对方的同意，而不是通过压制或暴力来获得，这已成为现代资产阶级国家统治大众的共识，正如比基－格鲁克斯曼（Buci-Gluckamann）所认为的："领导权不是暴力……不是被强加的：它通过一种特殊的和知识的道德维度来获取。"④ 葛兰西也说："下面的事实对于领导者与被领导者之间的关系起决定作用：领导者维护

---

① 萨尔沃·马斯泰罗内主编《一个未完成的政治思索：葛兰西的〈狱中札记〉》，第 87 页。

② 葛兰西：《狱中札记》，曹雷雨等译，第 133 页。

③ John Hoffman, *The Gramscian Challenge: Coercion and Consent In Marxist Political Theory*, New York: Blackwell, 1984, p. 55.

④ Buci-Glucksmann, "Gramsci and Consent: A Political Strategy", in Anne Showstack Sassoon (ed.), *Approaches to Gramsci*, p. 120.

被领导者的利益，因此'应该'获得他们的同意……关键的问题不是被领导者消极的和间接的同意，而是单独个人的积极的和直接的同意。"①

而要让对方同意，就必然有着双方的谈判，有谈判也就有让步或折中平衡的问题，正如葛兰西所说的："毫无疑问，考虑被领导集团的利益和倾向是获得领导权的前提，必须达成一定的折衷平衡，"② 也就是说当事双方都要做出一定的牺牲。葛兰西在谈到要成功组织一个新的政治经济历史集团时说，这"需要改变某些必须吸收的力量的政治方向。由于两种'相近的'力量只能通过一系列的妥协或武力要么互相结成联盟，要么强行使一方服从另一方，方能接入新机体，此处的问题是一方是否具有某种力量，使用这种力量是否'富有成效'。如果两种力量的联合旨在击败第三方，诉诸于武力和胁迫（即使假定它们可行）不过是假设的手段；唯一具体的可能是妥协"③。

但在这里我们需要注意的是，谈判和妥协的当事双方是不是处在同一个层面上，或者说他们的地位是否是平等的。如果一方通过压制而与对方"谈判"，并最终赢得了对方的"同意"，那么，这种同意是不是也是一种葛兰西意义上的同意呢？比如说他垄断了某种东西（比如生活必需品），并以一种不公平的待遇向你推销，而你又必须得到这种东西，由此你"同意"了他的条件。这其中似乎也有"谈判"和"同意"，但这是一种真正意义上的谈判和同意吗？

由此，我们必须要具体分析"同意"的复杂性。比基－格鲁克斯曼在《领导权与同意：一种政治策略》中就区分了西方政治思想中的两种同意形式，一是由相互独立的个体组成的市民

---

① 葛兰西：《狱中札记》，葆煦译，第231—232页。
② 同上书，第124页。
③ 同上书，第131—132页。

社会所给予的同意；二是由法律、标准、意识形态价值及权力等暴力所创造的同意。① 约瑟夫·V. 费米亚（Joseph V. Femia）则区分了四种同意，一是被迫的，二是习惯性的参与，三是有意识的参与，与合法性相关，四是出于使用目的的同意。费米亚指出，这些同意往往会交织在一起，从而使得同意变得错综复杂。② 由此，我们需要具体分析同意是如何产生的，需要把同意与压制综合起来考虑领导权，而不应一味地强调同意而忘记了压制，似乎所有的同意都是自愿的、民主的。可现在的许多文化研究者往往就过分强调了同意而忘记了压制。对于葛兰西来说，他也并没有一味强调同意而忽视了压制的存在。葛兰西所理解的国家是"强制力量保障的霸权"③，或翻译为"披着甲胄的领导权"。也就是说，国家的实质在"总体上等于独裁＋霸权"④，这才形成了一个"完整（完全）的国家"（integral state）。

要获得领导权，除了要赢得大众的同意外，争取领导权的一方也必须具备一定的条件。葛兰西通过三个阶段阐述了要获得领导权自身所必须具备的条件，这就是：经济社团阶段、经济合作阶段及最终的领导权阶段。经济社团阶段是最低阶段，在这一阶段，行业集团只意识到了自身的团结和同质性，但并没有走出自己的圈子与其他圈子相联合。第二个阶段是他们虽然觉悟到了相互之间的团结的重要性，但还只是仅限于经济领域。这个阶段虽然已提出了国家问题，但仅限于"争取与统治集团在政治和法律上的平等；要求参加立法和行政管理的权力，甚至是在这些方面改革的权力，但是限于现存的基本结构内部"⑤。

---

① Buci-Glucksmann, "Gramsci and Consent: A Political Strategy", in Anne Showstack Sassoon (ed.), *Approaches to Gramsci*, p. 117.

② Joseph V. Femia, *Gramsci's Political Thought: Hegemony, Consciousness, and the Revolutionary Process*, Oxford: Clarendon Press, 1981, p. 42.

③ 葛兰西：《狱中札记》，曹雷雨等译，第218页。

④ 同上书，第195页。

⑤ 同上书，第144页。

　　第三个阶段就是领导权阶段，葛兰西称之为"最纯粹的政治阶段"。葛兰西说："这是最纯粹的政治阶段，标志着从经济基础到复杂的上层建筑领域的关键性过渡；就在这一阶段，从前产生的各种意识形态变成不同'政党'，互相对峙和冲突，直到其中一个或至少一种联合开始盛行、占上风，并在社会中传播——不仅带来经济和政治目标的一致，也引起精神和道德的统一，产生各种问题。围绕这些问题风行的斗争不是建立在团体的基础上，而是建立在'普遍的'基础上，从而造成某个基本社会集团对一系列从属社会集团的领导权。"①

　　在这里我们看到，要争夺及获得领导权，就要超越自身的经济利益，做出某种经济社团性质的牺牲，建立在"普遍的基础上"，也就是要在文化或上层建筑领域去获取领导权。在这里，葛兰西指出了美国为什么不能在西方国家获得领导权的原因，就是美国不能超越自身的经济利益。葛兰西指出，美国占主导地位的阶级"没有真正的上层建筑，没有文化的自觉，没有自我批评。[美国]还没有在市民社会的框架内创造一种世界观和领导人民的知识分子集团"。也就是说，美国没有生产出超越经济主义的一种世界观和哲学，"它的整个文化对许多西欧的知识分子来说是平庸的和低级的"，从而也就无法去领导那些接受良好教育、有较高文化修养的西欧人，这也就使其在"二战"后"只能使用武力或经济压力去推行它的意志"②。

　　但葛兰西并不由此而把领导权与经济、与经济基础割裂开来。他说："尽管领导权属于伦理政治的范畴，它同时也必须属于经济的范畴，必须以领导集团在经济活动的根本中心所执行的决定性职能为基础。"③ 也就是说，领导权是超越了经济范畴，

---

　　① 葛兰西：《狱中札记》，曹雷雨等译，第 144 页。

　　② 转引自 Robert Bocock, *Hegemony*, Chichester: Ellis Horwood Ltd, 1986, p. 46。

　　③ 葛兰西：《狱中札记》，曹雷雨等译，第 124 页。

但并不是否定、抛弃或隔绝了经济基础，因为经济基础会制约双方达成折中平衡的程度，也就是决定谈判双方的谈判底线。而在一定意义上说，通过控制生产过程，也有可能获得领导权，这就是葛兰西在早期大力提倡工厂委员会的理论根据，虽然他在那个时候并没有明确意识到领导权的问题。葛兰西在《狱中札记》中谈到知识分子要作为建设者、组织者和"坚持不懈的劝说者"时指出，知识分子要"从作为工作的技术提高到作为科学的技术，又上升到人道主义的历史观"①，也就是从经济技术领域开始到上层建筑领域，然后才成为"领导者"即专家＋政治家，这也是英文译者对此的注释所说的："通过控制劳动过程而取得无产阶级文化霸权的可能性。"

比基－格鲁克斯曼曾指出："葛兰西的几篇关于福特主义——作为一种生产体系和作为一个整体的社会的理性化的组织的笔记，倾向于从领导权的上层建筑分析转回到它在工厂中的基础根源。正如葛兰西在第一本笔记中所指出的'领导权诞生于工厂'。"② 在这里，葛兰西并不是要把领导权拉回到经济基础，而是从根源上强调领导权的经济基础，强调不要把领导权完全归于上层建筑。可以说，领导权的斗争是在上层建筑展开的，但这并不是一个独立的领域，而是有着经济的基础。这似乎退回到了马克思主义的经济基础决定上层建筑，但葛兰西在这里强调的并不是决定性的问题，而是控制生产领域对夺取领导权的重要作用。也就是说，葛兰西不是抽象地去谈经济基础的作用，而是强调要实际地控制生产，这也就是"领导权诞生于工厂"的含义。

由此我们可以说，葛兰西的领导权是全面的，它不仅仅是一个文化或政治的问题，也是一个经济问题。在这里我们需要注意

---

① 葛兰西：《狱中札记》，曹雷雨等译，第5页。

② 转引自 Christine Buci-Glucksmann, *Gramsci and the State*, London：Lawrence and Wishart, 1980, p.76。

的是葛兰西的思维方式，就是葛兰西在分析问题时，往往以双重视角的方式去分析它，如文化/经济、同意/压制、有机/传统、阵地战/有机战、政治社会/市民社会，等等。这就使人们在借鉴和运用葛兰西的理论时，往往只注重了葛兰西所强调的某一方面而忽视了另一方面。实际上，葛兰西的理论是一个整体，葛兰西之所以以双重视角的方式分析它只是为了更清楚地分析问题，或者说，这只是一种方法论而不是一种认识论。陶里亚蒂在谈到葛兰西的统治与专制、文明社会与政治社会的概念时说："区别不是实质性的，而是方法上的。"① 沙逊也指出，葛兰西的国家—市民社会、统治—领导等的双重概念"从来没有完全分离"②，葛兰西始终用双重视点看问题，但这只是一种方法上的运用，在认识论上葛兰西从未把他们完全分开。这其实也就告诉我们，对任何问题都要从两方面去考虑，全面地去分析问题，唯有这样，我们才能更为清楚地认识到问题的实质。

（四）意识形态与领导权

领导权的斗争在葛兰西那里，也是一场意识形态的斗争。葛兰西的意识形态观对文化研究的影响也很大，但葛兰西的意识形态含义比较宽泛，正如英文版《狱中札记》的编者在注释中所指出的："葛兰西在各种意义上使用'意识形态'。"③ 那么，葛兰西在哪些意义上去使用意识形态呢？葛兰西在《狱中札记》中指出：

> ……我们在这里遇到了任何世界观，任何演变成为一种文化运动、一种"宗教"、一种"信仰"的哲学，任何曾经

---

① 恩内斯托·拉焦尼埃里编：《陶里亚蒂论葛兰西》，人民出版社1983年版，第207页。

② Anne Showstack Sassoon, *Gramsci's Politics*, London: Hutchinson, 1987, p. 112.

③ 葛兰西：《狱中札记》，曹雷雨等译，第236页注释2。

产生了一种把哲学当做潜在的理论"前提"而包含在其中的理论活动或意志的东西，所面临的基本问题。在这里，人们可以说"意识形态"，但必须是在世界观——它含蓄地表现于艺术、法律、经济活动和个人与集体生活的一切表现之中——的最高意义上使用此词。这个问题是保持整个社会集团——意识形态使之凝聚并使之统一——的意识形态上的统一的问题。①

很显然，葛兰西在这里是中性地使用意识形态这一概念的，而不是像马克思那样把它作为资产阶级的虚假意识来看待。这一区分的重要性在于拓展了意识形态的作用，让我们更为真确地看清资产阶级统治的隐蔽性。

葛兰西在《狱中札记》中还区分了两种意识形态：一是为特定结构所必需的意识形态，二是特定个人的随意的意识形态。葛兰西指出：

> 在意识形态是历史所必需的这个意义上，它们是"心理学的"；它们"组织"人民群众，并创造出这样的领域——人们在其中进行活动并获得对其所处地位的意识，从而进行斗争。而从意识形态是随意的这个角度，它们只创造个人的"运动"、论战等等。②

这段话可以说比较典型地体现了葛兰西的意识形态观念。首先，从意识形态的范围上看，传统的马克思主义往往只从统治阶级角度去考察意识形态，把它看作是统治阶级强加于被统治阶级，以使其统治合法化的工具。但葛兰西的意识形态显然从统治阶级这

---

① 葛兰西：《狱中札记》，曹雷雨等译，第238—239页。
② 同上书，第292页。

一狭窄的视角转向了所有的阶级或集团，既包括统治阶级也包括被统治阶级，甚至也包括个人。克里斯·巴克由此指出："边缘和处于从属地位的集团也有其意识形态，用以组织和使他们关于自身及世界的观念正当化。"① 这样，意识形态也就不再仅仅是阶级的反映，这就把意识形态从阶级还原论中解放了出来。或者说，意识形态本身具有了一定的独立性，而这种独立性表现在其物质性功能这一点上。

意识形态的物质性体现在其组织人民群众进行斗争这一点上。西蒙（Roger Simon）指出，意识形态并不是"飘在空中，超越于男人和女性的政治与其他活动之上的东西"，"它为人们提供了实践活动和道德行为规则"②。而葛兰西也通过对马克思的大众信念的阐述进一步明确了意识形态的物质性特征。葛兰西说：

> 一个大众的信念往往具有物质性力量或某种那样的东西所具有的同样的能量，这一点也很有意义。我认为，对于这些命题的分析，倾向于加强历史集团的概念——在这一概念里，正是物质力量是内容，而意识形态是形式——虽然形式和内容之间的这种区分只有纯粹的训导价值——因为如果没有形式，物质力量在历史上就会是不可设想的，而如果没有物质力量，意识形态就只会是个人的幻想。③

在这里，意识形态与物质力量是统一的，而意识形态的物质性对历史集团的形成具有重要的作用，因为它的物质性保证了对人民群众的动员与组织。这也就彻底否定了传统马克思主义把意识形

---

① Chris Barker, *Cultural Studies: Theory and Practice*, p. 63.
② Roger Simon, *Gramsci's Political Thought: An Introduction*, p. 58.
③ 葛兰西：《狱中札记》，曹雷雨等译，第 292 页。

态看作是"虚假意识"的观点，而把意识形态看作是积极的、主动的。另外，意识形态的物质性所带来的斗争，使得意识形态成为一个斗争的场所，而这成为文化研究的一个重要的命题，尤其在伯明翰当代文化研究中心不断提及。①

墨菲在《葛兰西中的领导权与意识形态》总结了葛兰西对马克思主义意识形态的贡献，这包括，一、首次强调意识形态的物质特性；二、否认了意识形态的虚假意识；三、否定了还原主义原则，即认为所有意识形态因素都有其阶级归属。② 也正是这三点，对后来的文化研究产生了重要的影响。

三 领导权的维护与争夺

(一) 危机与领导权

詹姆斯·马丁 (James Martin) 曾指出，"危机"是我们理解《狱中札记》的起点，葛兰西就是在意大利政体的断裂与危机处开始建构他自己的理论的。③ 事实正是如此。葛兰西从童年时候起，就因自身的疾病而时时刻刻感受和体验着危机，后来在激烈的对外和对内的政治斗争中，葛兰西对危机的体会更加深刻了。所以，葛兰西总是用一种危机的眼光去观察问题、分析问题，并提出解决问题的办法。1924 年，葛兰西就以《意大利的危机》为题探讨了意大利由于中产阶级的衰微和法西斯主义的兴起而给意大利所带来的具有"整个国家崩溃的尖锐形式"的危机。在这个时候，葛兰西认为工人阶级"未能用自己的手段

---

① 关于葛兰西的意识形态观以及马克思主义的意识形态论，可参阅巴克《文化研究：理论与实践》，罗世宏等译，第 68—80 页。

② Chantal Mouffe, "Hegemony and Ideology in Gramsci", in Chantal Mouffe (ed.), *Gramsci and Marxist Theory*, p. 199.

③ James Martin, *Gramsci's Political Analysis: A Critical Introduction*, Houndmills: Macmillan Press, 1998, p. 129.

实现建立一个能满足意大利社会整个民族需要的国家的任务"①，这也使工人阶级的领导权问题陷入危机。面对这样的危机该怎么办呢？葛兰西以比较冷静和乐观的语气说："不管危机马上会怎样演变，我们所能预见的只是工人阶级政治地位的提高，而不是胜利的夺取政权的斗争。我们党的首要任务是争取工人阶级的多数。我们正在经历的这个阶段与其说是为夺取政权而进行直接斗争的阶段，毋宁说是向夺取政权过渡的准备阶段。"② 葛兰西在这篇文章中并没有提到领导权或领导权危机，但他说的"整个国家崩溃"实际上与他后来所说的全面危机、权威危机或领导权危机是相通的，他对法西斯如何掌权的分析与他对获取领导权的分析也几乎是一致的。他说："法西斯主义的特征表现在它成功地建立了一个小资产阶级的群众组织，这是历史上第一次发生的现象。法西斯主义的独创性是在于它为一个社会阶级找到了合适的组织形式，而这个阶级向来没有任何结合的能力或统一的思想。这种组织形式就是战场上的军队。"③ 在这里，葛兰西看到了法西斯取得成功的一个根本原因是建立了一个统一的"群众组织"，而这与他后来通过赢得大众同意来实施统治的领导权思想是相通的。对于葛兰西为共产党应对危机所采取的措施，如培养群众的组织者和领导者，吸收工人加入工会，开展工厂运动等这些"争取工人阶级的多数"的行动，无疑是一条朝着领导权方向前进的途径。由此，危机在葛兰西那里实际上是一种领导权的危机，而应对危机的办法就是要争取到领导权，要为领导权而斗争。在此我们看到了葛兰西以后发展的理路。

　　在《狱中札记》中，葛兰西区分了两种危机：接合的或一时的（conjunctural）危机和有机的（organic）危机。前者是表

---

① 《葛兰西文选 1916—1935》，第 206 页。
② 同上书，第 215 页。
③ 同上书，第 210 页。

面的、偶然的甚至是意外的，这不是葛兰西特别关注的。后者是相对持久的，是葛兰西所特别关注的。这"有机的危机"实际上也就是领导权的危机或权威危机。葛兰西指出：

> 每个国家的过程各不相同，但是内容却一致，都是统治阶级领导权的危机。危机的原因要么是统治阶级在某些重要的政治事业中失利，而为了实现这番事业，它曾经要求或强征广大群众的认可（如战争）；或者因为广大的群众（尤其是农民和小资产阶级）突然从被动的政治状态转入一定的积极状态，他们提出某些要求，而这些要求虽然没有构成有机的体系，统筹考虑却相当于一场革命。人们提到的"权威危机"就是领导权危机，也就是国家的普遍危机。①

也就是说，领导权的危机在于群众不同意统治阶级所造成的（不管统治阶级采取什么样的方式），由此统治阶级也就"不再发挥'领导'作用，只能'统治'，实施强权，这就意味着广大群众已经脱离了传统的意识形态，失去了从前的信仰等等。（于是出现危机。）危机说明旧制度垂而不死，新制度一时又不能落地"②。而危机就是一个"新旧交替的时期"，一个解构和重构，破坏和建设的过程。葛兰西曾指出："人们机械地看待破坏，而不是把它作为破坏/建设来看待。"③ 因为在这危机的时刻，"敌对的力量就在这个基础上组织起来。这些力量试图证明已经存在充分必要条件，因此完成某些历史任务不仅可能、也绝对必要"④。这敌对的力量实际上也就是促使危机向新生方向转变的力量。

葛兰西的危机观与巴赫金对拉伯雷小说中双重体的分析有着

---

① 葛兰西：《狱中札记》，曹雷雨等译，第167—168页。
② 同上书，第230页。
③ 同上书，第131页。
④ 同上书，第140—141页。

一定的相通性。巴赫金在《拉伯雷》中看到了许许多多介乎生与死的边缘时刻的事物。比如骂人的脏话具有贬低、扼杀与再生、更新之意①；粪便"是介乎活着的肉体与被分解、转换成土壤、肥料的死的肉体之间的一种中介"②，也即是活着与死去的更替；而"所有的殴打……同时既是杀害的（极而言之），又是赠与新生命的；既是结束旧事物的，又是开始新事物的"③，等等。而怪诞人体更是如此："它们全都是双重化的：毁灭、脱冕跟复活、更新相联系，旧事物的死亡跟新事物的诞生相联系；一切形象都被归于垂死世界与新生世界的矛盾统一体。"④ 巴赫金对这种双重体形象的阐述，实在也是强调一种危机中的转变与变革，对于如何转变，巴赫金只是强调通过对话，而葛兰西则更具现实性地建构了他的领导权理论。

（二）领导权实施的保障：知识分子的中介作用

葛兰西对知识分子很感兴趣，在葛兰西看来，知识分子居于国家、政党与大众之间的中介，担当着对大众的教育或启蒙作用。如果没有知识分子的这一中介，也就不可能发动起群众，不可能去争夺领导权或反霸权。由于我还将在第八章专门阐述葛兰西的知识分子理论，因此在这里不再赘述。

（三）领导权赢取的标志：历史集团的形成

在领导权的争夺过程中，"历史集团"（historic bloc）的形成是非常关键的，可以说，能否形成一个历史集团，是获取领导权的一个必要条件，虽然不一定是充分条件。

对于葛兰西来说，他更多的是使用"集团"这一概念而不

① 巴赫金：《拉伯雷研究》，河北教育出版社 1998 年版，第 20 页。
② 同上书，第 199—200 页。
③ 同上书，第 235 页。
④ 同上书，第 249 页。

是"阶级"来指称社会力量，如"社会集团"或"历史集团"等。因为在葛兰西看来，要赢得领导权并不是某一个阶级或某一种社会力量所能完成，需要多种社会力量在不断的谈判和斗争中逐渐形成一种综合的力量来完成的。在前面我们曾提到了领导权形成的三个阶段，对于这几个阶段，葛兰西指出："在真实的历史中，这些阶段相互——横向或纵向——隐含，也就是说，根据社会经济活动（横）或国家（纵）相互交织，以各种不同的方式结合或脱离。每一次结合都可以由自己的经济和政治组织来体现。也有必要考虑国际关系与这些国家内部关系相互交织、创造出独特和具有历史意义的新的结合。"① 可以说，赢得领导权的过程就是不同社会力量之间结合、解结合和再结合的过程，也正是在这一过程中形成了历史集团，并由此而赢得领导权。

由此，历史集团绝不是由某种单一的社会力量所组成的，而是由不同的社会力量所组成的，这既包括阶级，也包括许多从阶级中分化出来的亚集团，如农业集团、工业集团等。这样，历史集团就形成了一个比阶级或阶级联合更为复杂的结构，从而也就"不能被还原为一种单纯的政治联合"或阶级联合。② 这就决定了历史集团的"异质性"，正如雷德克里斯南所说的："集团作为一个概念，是对一个空间的描述，而不是对一件事物或一种本质的描述。这种集团只能由异质性因素构成"，"它寻求多种立场、多种决定因素以及多种联盟，而不是寻找一种单一的统一原则或本质，例如，正统马克思主义语境中的'阶级'这一概念"③。可以说，异质性是历史集团的一个根本特征，但这种异质性并不是单纯的相互排斥，而是有着共同性，这就是共同致力于争取领导权的目标趋向。由此，雷德克里斯南指出了历史集团的矛盾性，"一

---

① 葛兰西：《狱中札记》，曹雷雨等译，第 145 页。
② Anne Showstack Sassoon, *Gramsci's Politics*, p. 121.
③ 布鲁斯·罗宾斯编：《知识分子：美学、政治与学术》，第 118 页。

方面，它宣布了'同一性'这一经典概念的消亡；另一方面，它又共同塑造了一个战略同一性效果"①。如果说异质性取消了同一性的话，那么争夺领导权则显然就是一种战略的同一性，由此而形成了雷德克里斯南所指出的"同一性中的差异性"与"差异性中的同一性"这一矛盾的结合，而这对文化研究影响很大（可参阅第四章"霍尔的接合理论与领导权"一节）。

但历史集团对于葛兰西来说，不仅指上面我们所阐述的不同社会力量之间的综合，它也是基础与上层建筑的统一。葛兰西说："结构和上层建筑形成一个'历史的集团'。也就是说，复杂的、矛盾的和互不协调的上层建筑的总和是社会生产关系总和的反映。"② 这与前面我们所说的不同社会力量之间的联合构成了历史集团的两个方面，即如沃尔特·L. 安德森（Walter L. Adamson）所说的水平方面和垂直方面。水平方面是一种横向的不同社会力量的接合，而"一旦这些水平方面联合成功，一种历史集团就可在垂直维度上被理解为一种结构与上层建筑、社会生产、经济生活与它的政治、文化意识之间、社会的存在与其意识之间的相对的稳定的（'有机的'）关系"③。葛兰西在垂直或纵向上强调历史集团是结构与上层建筑的统一，意在强调历史集团体现了社会生产发展的要求，也就是体现了历史发展的必然规律，而唯有此，历史集团才可能真正获得领导权。单纯有横向上的力量联合，如果不能体现结构与生产关系的统一，那这样的历史集团即便暂时获得领导权，也绝不是长久的，比如法西斯。由此，葛兰西强调历史集团的这一垂直的维度，意在进一步限定历史集团的发展与走向，从而为获取真正的领导权打下基础。由以

① 布鲁斯·罗宾斯编：《知识分子：美学、政治与学术》，第118页。
② 葛兰西：《狱中札记》，曹雷雨等译，第280页。
③ Walter L. Adamson, *Hegemony and Revolution: A Study of Antonio Gramsci's Political and Cultural Theory*, p. 176.

上分析我们可以看到，历史集团是一个"描述性的范畴"①，指的是不同社会力量在争夺领导权的过程中，通过谈判而不断地接合和解接合与再接合（参阅第四章的相关阐述），最终所形成的一种综合性的社会力量。历史集团并不是一个同质的社会力量，而是由异质力量所组成的，并会随着社会及历史的发展变化而变化的。历史集团体现了经济基础与上层建筑的统一，由此而能够顺应历史的发展去赢得领导权。

（四）领导权争夺战：运动战和阵地战

对于领导权的争夺或反霸权斗争，葛兰西使用军事术语提出了两种战役："阵地战"（war of position）和"运动战"（war of movement）②。简单地讲，"运动战"是指正面地、直接地和迅速地攻击敌人；而"阵地战"则是指避免与敌人直接而正面的斗争，而采取迂回的策略不断而持续地打击敌人，在一步步扩大自己的优势中，不断侵蚀敌人的地盘，最终掌握领导权，击败敌人。

葛兰西之所以区分这两种战争，与他对西方资本主义国家的深入了解有着直接的关系。葛兰西指出，对于像俄国这样的国家，"国家就是一切，市民社会处于原始状态，尚未开化"③，所以市民社会根本不可能去保护国家，在有外来攻击的情况下就很容易崩溃。俄国革命就是这样通过"运动战"取得胜利的。

但在西方大部分国家中，尤其在先进的资本主义国家里，"'市民社会'已经演变为更加复杂的结构，可以抵制直接经济因素（如危机、萧条等等）'入侵'的灾难性后果。市民社会的

---

① 布鲁斯·罗宾斯编：《知识分子：美学、政治与学术》，第117页。

② 葛兰西有时也用"机动战"（war of manoeuvre）这样的术语，这与其常用的"运动战"的含义是一致的，都与"阵地战"相对。英文原文参阅 Quintin Hoare and Geoffrey Nowell Smith（eds）*Selections from the Prison Notelooks of Antonio Gramsci*，pp. 238–239。中文译文参阅曹雷雨等翻译的《狱中札记》，第194—195页。

③ 葛兰西：《狱中札记》，曹雷雨等译，第194页。

上层建筑就像现代战争中的堑壕配系。在战争中，猛烈的炮火有时看似可以破坏敌人的全部防御体系，其实不过损坏了他们的外部掩蔽工事；而到进军和出击的时刻，才发觉自己面临仍然有效的防御工事。在大规模的经济危机中，政治也会发生同样的事情"①。也就是说，资本主义国家已经形成了一套复杂而严密的抵御体系，或者说已建立了较高的民主系统，由此而可以抵制各种侵袭，包括大规模的经济危机。在这种情况下，采取直接而正面的攻击显然是不明智的，唯有通过长期而不断的斗争，才可能取得战争的胜利。在这里，葛兰西一方面否定了革命会自动到来的观点（即经济基础必然决定上层建筑），也否定了那种革命会在短期内解决问题的过分乐观主义态度。而所有这些，都是葛兰西对资本主义社会深入了解的结果。

　　正是基于在西方发达国家反霸权的艰巨性和长期性，葛兰西更强调阵地战，虽然"阵地战要求无限广大的人民做出巨大的牺牲"②。不过葛兰西在强调阵地战的同时并没有抛弃运动战。保罗·兰色姆（Paul Ransome）在《安东尼奥·葛兰西：新导论》中指出，阵地战与游击战是不可分离的，一方不能代替另一方，阵地战是一种全面的策略，游击战也必须建立在阵地战的基础之上，"阵地战也应当被看作是一种新的革命实践形式，这种革命实践在一个单一的整体战略中，把阵地战策略和正面进攻整合在一起"③。葛兰西在《狱中札记》中也指出了两者的关系。他说："不可能以集中和突发的暴动形式出现的群众干涉甚至也不会以'发散的'、毛细管状的间接压力的形式出现——尽管后者具有可能性，并且或许是前者必不可少的前提。……只要不具备长期的思想和政治准备，以便提前唤起群众的热情并使他们集

---

① 葛兰西：《狱中札记》，曹雷雨等译，第 191 页。
② 同上书，第 195 页。
③ Paul Ransome, *Antonio Gramsc: A New Introduction*, p. 148.

中起来发动暴动，集中和突发的形式就不可能存在。"①

　　在这里，葛兰西既强调了"唤起群众热情"的阵地战的形式，也肯定了"突发的暴动形式"的运动战，两者是相互作用的。没有阵地战，运动战不可能真正实现；而没有运动战争，阵地战也不可能取得真正的最后的胜利，"'阵地战'从来就不是纯粹的"②。由此，唯有把这两种战役结合起来，才有可能取得最后反霸权的胜利。

　　如果我们把文化研究看作是对社会现实中霸权力量的一种战争的话，那么这场战争显然就是一场"阵地战"。对于这场战争，我们当然不能期望能推翻国家，建立新政权，但对社会现实，尤其是对霸权力量持续不断的批判与攻击，应当成为文化研究的阵地战，这也就是陶东风先生所指出的文化研究的实践性、政治性、批判性，还有开放性。③ 唯有这样，我们的知识分子才真正成为大众的有机知识分子，才能引领他们看清现实，共同创造一种批判性的文化，一起展开向霸权或压制的攻击。唯有这样，我们的文化研究才会有生命力，否则文化研究就会在失去其批判这一根本特性中遁入学院的安乐窝，那将是文化研究的末路。

小　结

　　葛兰西以其丰厚的文化领导权理论对文化研究产生了深远的影响。首先，葛兰西领导权理论中的许多概念，比如霸权/反霸权、有机知识分子、阵地战、历史集团等，都已成为文化研究中的核心概念和命题，尤其是由霸权而引发出来的权力论，更为成为文化研究不可缺少的概念之一。我们在下面展开的章节中将不

———————————

① 葛兰西：《狱中札记》，曹雷雨等译，第80—81页。
② 同上书，第221页。
③ 陶东风：《文化研究：西方与中国》，第6—14页。

断提及和阐述葛兰西的这些概念。

其次，葛兰西的文化领导权理论被不断运用到众多文化研究的领域中，如大众文化研究、亚文化研究、后殖民理论、女性（女权）主义、媒介研究以及知识分子研究等。这些主题也将在下面的章节中逐步展开。

再次，从思维方式上，文化领导权理论让我们摒弃了任何一种单视角研究问题的方式，使我们在看待问题、分析问题时始终采取一种霸权与反霸权的双重视角，把研究对象始终看作是一个过程，一个斗争的过程，一个在斗争中不断建构的过程。葛兰西的领导权理论告诉我们，世界上的任何东西都不是先在的、必然的、理所当然的，而是斗争的产物，是双方乃至几方在斗争中相互妥协平衡的产物。这也就从根本上否定了宿命论，否定了本质主义，由此体现了一种反本质主义的思维方式（虽然这种思维方式在拉克劳、墨菲他们那里还认为是不彻底的。但反过来，完全的反本质主义其实又是不可能的，往往又会陷入另一种本质主义——"反本质"主义），在很大程度上避免了静态地分析问题的思维方式。与此相关，葛兰西特别重视差异性或异质性，因为既然一切都是在斗争中形成，因此事物也就没有绝对的统一或同一，因为要是这样的话，也就没有斗争和冲突了。葛兰西的"历史集团"概念就清楚地体现了这一点。这样的认识对差异政治产生了重要影响。

另外我们所必须注意的是，文化研究在借鉴运用葛兰西的文化领导权理论时，往往并不是单纯地移植其理论，而往往是结合了其他的理论，比如阿尔都塞的结构主义、福柯的后现代主义理论等，而也正是经由这些理论的"结合"，使得文化研究在运用葛兰西的文化领导权理论有一个发展变化的过程，这个过程表现在由葛兰西所强调的革命政治走向话语政治，由革命实践走向日常生活，或者说由宏观政治走向了微观政治；在反霸权主体上，由历史集团的建构走向了零散的自我个体。在下面的章节中，我们将逐步展示葛兰西的这样一个接受史。

第二章

葛兰西与英国文化主义

霍尔在《文化研究及其理论遗产》一文中曾指出："文化研究有着多种话语，有着许多不同的历史。在过去它有着不同的接合和注释。它包括不同类型的研究。……它总是一系列不稳定的型构。……它有许多轨迹，许多人有不同的关于它的轨迹，它是由许多不同的方法论和方法立场所建构的，而所有这些都处在争论中。伯明翰当代文化研究中心的理论工作更恰当地说应称之为理论的喧闹（noise）。它伴随着大量的坏情绪、争论、不稳定的焦虑和愤怒的沉默。"①

应该说，霍尔这一对文化研究历史的概述是准确的。哈特利（John Hartley）在《文化研究简史》中，就从六个方面概述了文化研究的历史。② 因此，文化研究并没有一个统一的历史。但这并不能说我们就无法把握它了。在这理论的"众声喧哗"中，我们能明确听到一个时断时续，但一直在持续着的声音，那就是葛兰西的声音。文化研究的历史在一定程度上也是一个不断接受和再接受葛兰西的过程。因此，葛兰西可以看作是我们理解文化研究发展的一个切入点。我们虽不能说葛兰西

---

① Lawrence Grossberg et al. (eds), *Cultural Studies*, New York: Routledge, 1992, p. 278.

② John Hartley, *A Short History of Cultural Studies*, London: Sage, 2003. 中文译本见季广茂译，金城出版社 2008 年版。

决定了文化研究的方向，但葛兰西往往在文化研究的困境与危机时刻出现，为文化研究的持续发展作出了贡献。首先我们要看的是英国文化研究。

一 葛兰西在英国的接受

根据大卫·福格斯（David Forgacs）和吉欧夫·艾利（Geoff Eley）等人的考察，葛兰西在英国的接受主要经历了三个阶段。

第一阶段是自 20 世纪 50 年代晚期开始到 60 年代中期。这一时期对葛兰西的接受更多的是出于政治上而非学术上的考虑，把葛兰西看作是一个非斯大林主义者，或一个反斯大林的真正的马克思主义者。这正如艾利所说的："起初，葛兰西受到欢迎更多的是其在非斯大林思想家的革命性的伟人殿堂中的位置，而不是他自己的知识贡献的独创性。"[1] 不过，葛兰西的许多概念"自 20 世纪 50 年代晚期以来，在所有阶段，成为英国马克思主义理论建构的中心"[2]。

在这一阶段，运用葛兰西的理论去分析英国社会现状比较有名的代表人物是尼尔（Toym Nairn）和安德森（Perry Anderson），并由此而形成了"尼尔—安德森命题"（Nairn-Anderson thesis）。福格斯从五个方面对此做了解说，简单地说，包括民族历史的独特性；把长期的历史分析与一种当前的形势诊断结合起来；与经验主义的明显的断裂而强调政治统治的文化和意识形态方面；意识到社会统治的偶然关系被永久化为"常识"；批判劳工运动不能由一种经济合作体系转变为一种霸权文化，也就是不

---

[1] Geoff Eley, "Reading Gramsci in English", in James Martin (ed.), *Antonio Gramsci*: *Critical Assessments of Leading Political Philosophers* (Vol. 4), p. 29.

[2] David Forgacs, "Gramsci and Marxism In Britain", in James Martin (ed.), *Antonio Gramsci*: *Critical Assessments of Leading Political Philosophers* (Vol. 4), p. 61.

能把自己置于新社会运动的前沿。① 这几个方面代表了早期人们从政治上接受葛兰西的特征。1966 年，安德森写了《当前危机的根源》（Origins of Present Crisis）一文，就运用了葛兰西的术语（如霸权、历史集团等）分析了英国资本主义发展的后果，强调有必要创造一种革命意识去挑战统治阶级以及占统治地位的意识形态。丹尼斯·德沃肯（Dennis Dworkin）说，这篇文章背后的真正精神是葛兰西的精神，"安德森的文章体现了在英国第一次支持在历史分析中使用葛兰西的观念的尝试。这大部分是因为尼尔的影响，他已熟悉葛兰西的著作"②。

第二个阶段是对大众文化的思考，主要就是 20 世纪 70 年代左右英国文化研究对葛兰西的接受。这是对葛兰西全面接受的时期，并产生了经典性的社会分析个案，如霍尔对撒切尔主义的分析。这一段接受葛兰西最主要的特征，是把葛兰西的理论看作是对还原主义的矫正，拒绝任何形式的"阶级本质主义"，这对文化研究的发展起到了巨大的推动作用。但福格斯也指出了这一时期接受葛兰西中存在的两个主要弱点，一是过分突出了葛兰西著作中的反经济主义，从而忽视了对现象的经济层面的分析。比如在对撒切尔主义的分析上，"他们不能把撒切尔主义作为一种经济的和社会的管理模式去分析它，来补充在政治和意识形态层面上对撒切尔主义的分析，也没有把它作为英国经济现代化的连贯策略和对社会生活的保守的重组来分析"③。由此第二，"当他们由分析的和政治的描述层面转向具体方案（prescription）和策略层面时，就显得无能为力了"④，也就是说缺少了具体的

---

① David Forgacs, "Gramsci and Marxism In Britain", in James Martin（ed.）, *Antonio Gramsci: Critical Assessments of Leading Political Philosophers*（Vol. 4）, p. 65.

② Dennis Dworkin, *Cultural Marxism in Postwar Britain*, Durham and London: Duke University Press, 1997, p. 110.

③ David Forgacs, "Gramsci and Marxism In Britain", in James Martin（ed.）, *Antonio Gramsci: Critical Assessments of Leading Political Philosophers*（Vol. 4）, p. 71.

④ Ibid., p. 72.

实践层面上的运作（对于这些问题，我们将在第四章中重点分析）。

第三阶段就是对经济变迁给予文化主义的解释，从 20 世纪 70 年代末到 80 年代一直延伸到 90 年代，这就是围绕着福特主义（Fordism）和后福特主义（post-Fordism）所展开的争论。这一时期接受葛兰西，主要就是随着社会政治、经济与文化的深刻变革，人们由生产开始向消费转变，由此而带来了人们对文化、政治与经济的关系的重新思考。这在霍尔对"新时代"（New Times）的分析中可以看出。①

二　英国文化研究的兴起

英国文化研究的兴起有很多复杂的原因。正如葛兰西的领导权理论起源于一种危机意识，英国文化研究的兴起，实际上也与当时英国的各种危机有着密不可分的关系。这些危机概括起来有三种，一是英国社会的危机，二是马克思主义的危机，三是知识分子自身的危机。而这三种危机是紧密相连的，是第一种危机引发了下面的两种危机，从而使当时的知识分子（当然主要是左派）在深深的忧虑和思考中寻求突围的出路。

具体说来，"二战"以后，英国社会在长时间的动乱中稳定下来，开始进行全方位的调整，走向现代化，由此而出现了福利国家；但同时也引发了一系列的社会混乱和道德秩序的失衡，尤其是随着美国大众文化的全面"入侵"，英国本土的传统文化遭受到了巨大的冲击，面临着严重的危机，这必然引起了人们，尤其是有着深刻忧患意识和责任感的知识分子的深切关注。如何面

---

①　参阅 Stuart Hall, "The Meaning of New Times", in David Morley and Kuan-Hsing Chen（eds）, *Stuart Hall: Critical Dialogues in Cultural Studies*, London: Routledge, 1996, pp. 223 – 237。亦可参阅吉姆·麦克盖根《文化民粹主义》，第44—46 页的分析。

对现实，如何解释当前的危机以及大众文化的兴起，成了最为紧要的问题。而利维斯主义的传统显然无法解决这一新的问题，它有的只是对现实的斥责和对逝去时光的惋惜。

另一方面，随着福利国家的发展，工人的生活水平得到了很大的改善，但其曾经拥有的激进的革命意识却消退了，从而直接导致了英国工人运动的消退。正如杜林所说的，工人阶级的身份在这时候被弱化了，以至于"人们渐减地把自己认同为工人"①。由此，社会主义革命受到了很大的挑战。而这实际上也就是马克思主义面临的重大危机，因为它的经济基础决定上层建筑的理论在这里似乎失去了效用，剥削依然存在，但反抗为什么消退了呢？这也就是葛兰西在《社会主义和文化》中所问的问题："既然向来存在着剥削者和被剥削者、财富的创造者和自私的消费者，为什么社会主义尚未实现呢？"②

另外，在国际上，苏联入侵阿富汗、东欧政治形势的变动，以及苏伊士运河危机，使左派知识分子对社会主义事业进一步陷入了极大的迷茫之中。这正如丹尼斯·德沃肯在《战后英国文化马克思主义》所指出的，"对于知识分子左派来说，20世纪50年代是一个失败的十年。它与陷入窘境的工人阶级运动，与冷淡的选举，与知识分子从政治中的后退，与一种打着'你从来不可能做得如此好'（You've never had it so good.）标语的英国保守党主义（Toryism）的复兴同义。统治了三四十年代的左翼知识文化，被一种沉闷的保守主义所控制"③。

正是在这种状况下，知识分子开始寻找对策，并逐渐聚合起来，形成了"新左派"（New Left）。新左派并不是一个同质的集团，他们是一伙围绕着苏伊士运河危机和匈牙利危机及共同致力

---

① Simon During（ed.），*The Cultural Studies Reader*，London：Routledge，1993，p. 4.

② 《葛兰西文选 1916—1935》，第 5 页。

③ Dennis Dworkin，*Cultural Marxism in Postwar Britain*，p. 45.

于核裁军运动（CND）而聚集起来的知识分子团体。新左派最初是以两份刊物《新理性人》（*The New Reasoner*）与《大学与左派评论》（*University and Left Review*）为阵地，1961 年，两份刊物合并为《新左派评论》（*New Left Review*）。新左派致力于批评专断的斯大林主义，强调社会主义人道主义，试图在沉闷的英国社会中，在普遍的知识分子的沉默中发出自己的声音，重新介入社会现实，夺回一度失去的话语权。而他们所实行的策略就是把文化与政治结合起来，全面超越利维斯主义的传统，对英国社会进行全面反思。正是在这种情况下，文化研究兴起。由此，"在当时，文化研究并不就被视为一门独立学科的兴起，而是一种文化政治层次的介入"①。

另外，文化研究的兴起与成人教育（adult education）也有着密切的关系。威廉斯在《现代主义的政治》中指出："早在 20世纪 40 年代晚期……甚至是在 30 年代，文化研究在成人教育中极其活跃"②，而"正是恢复了努力对大多数人进行的平民教育，这种规划（指文化研究——引者注）才完全获得了成功"③。也就是说，左派知识分子通过在成人教育中与广大的工人的接触，使他们更近地了解了下层人民的生活及更为广阔的社会，从而为

---

① 陈光兴：《英国文化研究的系谱学》，载陈光兴、杨明敏编《内爆麦当奴》，台北：岛屿边缘杂志社 1992 年版，第 9 页。

② 雷蒙德·威廉斯：《现代主义的政治》，阎嘉译，商务印书馆 2002 年版，第218 页。

③ 同上书，第 219 页。关于文化研究与成人教育的关系，亦可参阅汤姆·斯蒂尔（Tom Steele）的《文化研究的兴起》（*The Emergence of Cultural Studies 1945 - 1965: Cultural Politics, Adult Education and the English Question*, London: Lawrence and Wishart, 1997）一书，尤其是本书的第一章和结论部分。作者说："从独立的工人教育的余烬（embers）中，文化研究获得了新生。"（p.9）在全书的结论部分，斯蒂尔更是明确指出，文化研究自 19 世纪就是成人教育的一部分，文科教学，特别是英语文学在建构新兴民主阶级认同时起着显著作用。但这一过程并非正统马克思主义或福柯式地被当作强加的霸权，而是不平等权力集团相互协商的产物。这一过程也许会收编革命和强化资产阶级霸权，同时却也带来了社会变革，迫使霸权集团做出让步或妥协（p.201）。

他们批判现实提供了切身的资源。

总之，文化研究的兴起既有客观的社会现实的原因，也是左派知识分子自主的知识选择，只是这一次的选择使他们与社会、与现实形成了割不断的密切关系，也使他们在一个知识退败时期坚定地发出了自己的声音。首先我们看一下英国文化研究中的文化主义传统对葛兰西的接受。

三　文化主义的特征及其困境

英国文化研究的兴起虽然以 1964 年伯明翰当代文化研究中心（CCCS）成立为标志，但"文化研究作为一个独特的问题意识（problematic），出现于 50 年代中期"[1]，这与英国文化主义传统有着密切的联系。英国文化主义是英国文化研究的缘起，"英国文化研究的出现在很大程度上受惠于英国的文化主义传统"[2]。

而英国文化主义又有着渊源的历史，可上溯到阿诺德、艾略特，到利维斯；而往下则有霍加特、雷蒙德·威廉斯、汤普森等人，其代表作也有许多，包括《文化与无政府状态》（马修·阿诺德，1869)[3]、《伟大的传统》（F. R. 利维斯，1948)[4]、《大众文明与少数人的文化》（利维斯，1930)[5]、《识字的用途》（霍加特，1957)[6]、《文化与社会》（雷蒙德·威廉斯，1958)[7]、

---

① 陶东风等主编：《文化研究》第 1 辑，第 43 页。

② 萧俊明：《文化转向的由来》，第 220 页。

③ Matthew Arnold, *Culture and Anarchy*，中文译本可参阅韩敏中译，生活·读书·新知三联书店 2002 年版。

④ F. R. Leavis, *The Great Tradition*，中文译本可参阅袁伟译，生活·读书·新知三联书店 2002 年版。

⑤ 这其实是一单篇文章，最初以小册子出版。

⑥ Richard Hoggart, *The Uses of Literacy*, Harmondsworth：Peguin, 1958（初版是 1957 年)。

⑦ Raymond Williams, *Culture and Society 1780 – 1950*, Harmondsworth：Peguin, 1963（初版是 1958 年)。

《英国工人阶级的形成》（E. P. 汤普森，1963）[①]、《马克思主义与文学》（雷蒙德·威廉斯，1977）[②] 等。

　　对于这些作品及代表人物，本书并不作过多的阐述。[③] 本章要阐述的是文化主义的总体特征，尤其是关注这些特征所存在的问题或文化主义的理论困境，从而阐述文化主义为什么会转向葛兰西以寻求解决理论困境的办法。这尤以威廉斯为代表。对于英国文化主义传统，我们大致可分作三个发展阶段，一是由阿诺德和艾略特发展而来，以利维斯为代表的采取文化精英主义立场时期；二是以威廉斯、汤普森为代表的把文化看作是"整体的生活方式"时期；第三就是以威廉斯为代表的通过转向葛兰西而主动地寻求文化主义理论出路的时期。

　　第一时期很明显执行的是精英主义的立场，把文化看作是掌握在少数人手中的世界上最好的思想和言论，而大众根本就没有文化，是缺少教养的芸芸众生，因此需要对他们进行教育。但随着大众文化的兴起，这种精英立场逐渐被人们抛弃，威廉斯以"文化是普通的"（culture is ordinary）、文化是"整体的生活方式"的论断，把文化从少数人手里夺取了过来，放在了普通大众的手中，从而摆脱了利维斯的文化精英主义的立场，形成了文化主义的一次重要转折。威廉斯在《文化与社会》中指出："实际上并没有群众，有的只是把人看作群众的那种看法。"而之所以把人看作为群众，"是为了政治剥削或文化剥削的目的"。因此，"我们真正检验的是这个公式，而不是群众。如果我们记住我们自己也一直都被其他人聚集成群，将会有助于我们进行这种

---

　　①　E. P. Thompson, *The Making of the English Working Class*, Harmondsworth：Peguin, 1968（初版是 1963 年），中文译本可参阅钱乘旦等译，译林出版社 2001 年版。

　　②　Raymond Williams, *Marxism and Literature*, Oxford：Oxford University Press, 1977. 中文译本可参阅王尔勃、周莉译，河南大学出版社 2008 年版。

　　③　可参阅《文化研究读本·前言》，《文化理论与通俗文化导论》第二、三章，及《文化民粹主义》的相关部分等。

检验"①。由此，反对把人看作群众，并不是反对群众本身，而是反对那种有目的的看待人的方式，而打破这种看待人的方式或公式的根本目的，就是把所有的人都看成是一体的，从而取消人与人之间的差别，进而形成一个群众的"共同体"，一个文化的"共同体"，这显然就从根本上否定了高雅文化与大众文化的区分。

那么，以威廉斯为代表的英国文化主义在挥别过去的利维斯精英文化观之后，又有什么特征呢？霍尔在《文化研究：两种范式》中指出了文化主义的两个关键词，就是文化与经验。② 文化通过经验得以传达，并通过关注人是如何经验其生存条件，其社会实践，而把经验焊接到"整体的生活方式"中。这样，不同的社会的及文化的实践之间的区分就变得模糊了。③ 或者说，文化主义在作为一个整体生活方式的文化观照下，一切都被文化化或经验化了，从而取消了社会实践之间的差异与不同，把所有的实践都归结为"经验"，文化成了观看世界的唯一视角。而他们认为，如果没有"文化"这一维度，历史的变迁，过去与现在就"完全不能被充分地思考"，而这些社会变迁本身也是文化的。④ 由此，文化超越了所有的社会实践。这就是霍尔所指出的，在文化主义那里，"'文化'不是一种实践……它贯穿于所有的社会实践，是它们相互之间关系的总括"⑤。这就说明了，在文化主义内部并不是没有实践，但文化主义关注的不是实践本身——无论这实践是个人的社会实践还是社会的结构性的对立冲

---

① 雷蒙德·威廉斯：《文化与社会》，吴松江、张文定译，北京大学出版社1991年版，第379页。

② 罗钢、刘象愚编：《文化研究读本》，曹雷雨等译，第47页。

③ Michael Pickering, *History*, *Experience*, *and Cultural Studies*, New York：St. Martin's Press, 1997, p. 181.

④ Stuart Hall, "Cultural Studies：Two Paradigms", in John Storey（ed.）, *What Is Cultural Studies*？*A Reader*, London：Arnold, 1996, p. 32.

⑤ 罗钢、刘象愚编：《文化研究读本》，第53页。

突。文化主义分析实践也只是"为了把握一个特定时代、作为整个经验性存在的所有实践和社会形态之间相互影响的方式"①，由此，文化主义消解了"实践之间的区分"②，最终把实践还原成了经验，文化的经验。而这带来的结果是：文化是一个自然的生长过程而不是社会实践的斗争和发展变化的过程。威廉斯在《文化与社会》的《前言》中指出："围绕着'文化'一词意义的许多问题，的确都是由'工业'、'民主'、'阶级'**以其自身的方式**所代表的重大历史变迁所引起的。"③（黑体为引者加）在这里，"以其自身的方式"就体现了文化主义的文化是顺其自然这一根本特征。在《文化与社会》的最后一章，这一特征表现得就更明显了。威廉斯说："文化观念有个比喻：扶持自然的成长。确实，最终必须强调的就是成长，不论成长是比喻或者是事实。"④ 也就是说，文化并不是静止的，它也有一个发展变化的历史，但这一历史是一种自然的成长，社会中虽有社会实践与斗争，但都是文化发展的组成部分，是自然而然的，只是文化发展的逻辑体现。

正是针对威廉斯忽视社会实践，尤其是忽视社会斗争的过程，汤普森于 1961 年发表文章，批评威廉斯。⑤ 汤普森虽然承认威廉斯用一个整体的生活方式这一文化概念是为了避免马克思主义的还原论和决定论，但在被用到更大意义的社会过程时是不够的，因为在实践中，这一概念忽视了不平等、驯顺和权力关

---

① 罗钢、刘象愚编：《文化研究读本》，第 54 页。

② John Storey（ed.），*What is Cultural Studies？: A Reader*, p. 35.

③ 此段译文参阅中文译本《文化与社会》，第 19 页，但中文译本没有翻译出 "in their own way" 这一短语，据霍尔补出，见 *What is Cultural Studies？: A Reader*, p. 32.

④ 雷蒙德·威廉斯：《文化与社会》，第 413 页。

⑤ see Dennis Dworkin, *Cultural Marxism in Postwar Britain*, pp. 101 – 104. also see Jessica Munns and Gita Rajan（eds），*A Cultural Studies Reader：History，Theory，Practice*, London：Longman, 1995, pp. 175 – 185.

系，不能充分地表达冲突和过程。另外就是它缺少一种历史感。对于汤普森来说，文化不是"整体的生活方式"，而是"一种整体的冲突方式"，而"一种冲突方式就是一种斗争方式"①。

对于汤普森的批评，威廉斯直到 1979 年的《政治与书信》中才给予回击。威廉斯指出，汤普森混淆了"阶级冲突"和"阶级斗争"这两个概念，阶级冲突是资本主义生产模式的一种结构性的因素，是资本主义社会秩序内部所不可避免的；而阶级斗争是一种积极的自我意识的争夺形式，是一种公开的力量参与。或者说，阶级冲突是结构性的斗争，而阶级斗争则是主观能动的斗争。对于威廉斯来说，他承认自己忽视了阶级冲突，但并没有完全忽视斗争。② 不过，威廉斯实际上还是接受了汤普森的批评，这体现在他 1961 年的《漫长的革命》一书的写作中。

威廉斯的《漫长的革命》，试图从"文化与社会"的思想传统中走出来，"研究在一个整个的生活方式中各要素之间的关系"，"紧紧抓住作为一个整体的（文化发展的）过程，并以一种漫长的革命这样的新的方式去看待这一过程"③。也就是说，威廉斯注重了文化发展的内部复杂关系，强调文化的动态发展而不是自然的静态的生长，由此威廉斯特别强调了特定时期和特定地点的"活生生的文化"④，并分别阐述了民主斗争、工业发展、传播的延伸等英国社会变革对人们的思考和感受方式所带来的影响，而这些都使文化形成了一个活生生的过程。

---

① Jessica Munns and Gita Rajan（eds），*A Cultural Studies Reader*, p. 185.

② Raymond Williams, *Politics and Letters*: *Interviews with New Left Review*, London: Verso, 1979, p. 135. also see Jessica Munns and Gita Rajan（eds），*A Cultural Studies Reader*, p. 104.

③ Raymond Williams, *The Long Revolution*, London: Chatto & Windus, 1961, p. XIII.

④ Raymond Williams, *The Long Revolution*, p. 49. 中文译文见罗钢、刘象愚编《文化研究读本》，第 133 页。

从理论上，威廉斯借鉴阿尔都塞的"多元决定论"也意在于此，即反对僵化的基础对上层建筑的单一决定论，强调实践内部的复杂关系，而不是简单的决定与被决定的关系，从而显现出活生生的生活经验与发展过程，这正如威廉斯所说的："'多元决定'概念要比任何其他的作为一种理解历史地活生生的形势和真正的实践复杂性的概念更有用。"① 不过现在的问题是：多元决定中的这些相对自主力量之间是什么关系？或者说文化发展的各个因素之间是一种什么关系？有着什么样的内在动力？这些阿尔都塞的多元决定论并没有回答，也许正由此，威廉斯转向了葛兰西的领导权理论，去寻找文化发展的各种因素之间复杂关系的动力根源，这就是领导权的统治与从属。

四 雷蒙德·威廉斯的领导权

G. A. 威廉斯（Gwyn A. Williams）曾指出雷蒙德·威廉斯与葛兰西的渊源关系，指出两者潜在的思想节奏，以及对于持续性和综合性的直觉感，是非常相似的，而威廉斯的"团结"（solidarity）的概念②与葛兰西的"常识"概念相近。③ 但威廉斯何时开始阅读和接受葛兰西并不清楚。不过应该说，最晚在1961年的《漫长的革命》之后，威廉斯就已开始有意识地阅读和了解葛兰西了，并最终在1973年的《马克思主义文化理论中

① Raymond Williams, *Marxism and Literature*, p. 88. 此书的中文译本为王尔勃、周莉翻译，河南大学出版社2008年版。本章的译文和引用部分参阅了此译本的翻译，以下不再注明。

② 参阅雷蒙德·威廉斯《文化与社会》，第410—413页。

③ Gwyn A. Williams, "The Concept of 'Egemonia', in the Thought of Antonio Gramsci", in James Martin（ed.）, *Antonio Gramsci: Critical Assessments of Leading Political Philosophers*（Vol. 2）, pp. 238 – 239.

的基础和上层建筑》①（以下简称《基础和上层建筑》）一文和
1977 年的《马克思主义与文学》一书中得到集中体现。实际上，
从我们前面的分析中，我们也能感受到，从《文化与社会》到
《漫长的革命》，一直到他走向葛兰西，在某种程度上是威廉斯
的自主选择，是他学术道路的自动延伸；而从另一方面说，选择
葛兰西也是文化主义解决自身理论局限的一条出路。

（一）超越文化与意识形态的领导权

威廉斯在《关键词》"领导权"这一词条中考察了领导权
这一概念的词源与发展，指出领导权这个词最初来自希腊文，
指来自于别的国家的统治者；到了 19 世纪之后，它才被广泛
用来指一个国家对另一个国家的政治支配或控制（predomi-
nance）。而到了葛兰西手里，这个词又有了新的含义，被用来
描述社会各个阶级之间的支配关系。但这种支配或统治关系并
不局限于直接的政治控制，而是试图成为更为普遍性的支配，
包括特定的观看世界、人类特性及关系的方式。由此，领导权
不仅表达统治阶级的利益，而且渗透进了大众的意识之中，被
从属阶级或大众接受为"正常现实"（normal reality）或"常
识"（common sense）。这是领导权的深刻性之所在，而也正由
此，革命就不仅仅是一种政治或经济上的颠覆，也是对政治和
经济体制，对包括各种活跃的经验和意识形式的"完整"的阶
级统治形式的变革，这是社会革命或变革的一种必要的和决定
性的因素。②

---

①　"Base and Superstructure in Marxist Cultural Theory", in Meenakshi G. Gurham
and Douglas Kellner（eds）, *Media and Cultural Studies: Keywords*, Blackell Publisher,
2001, pp. 152－165. 中文译文参见《外国文学》1999 年第 5 期，胡谱忠译。本节参
照并部分使用了这一译文，但略有改动，不再特别注明。

②　Raymond Williams, *Keywords: A Vocabulary of Culture and Society*, New York:
Oxford University Press, 1985, pp. 144－146.

在这里，威廉斯强调了领导权的整体性和深度性。在《基础和上层建筑》中，威廉斯也指出："'霸权'假定真正整体的事物存在，它不仅仅是次要的或上层建筑的，像不充分意义上的意识形态，它存活在一种深度中，并以如此程度渗透于社会。"①"渗透于社会"，或者说深透进到大众的意识，并被大众接受为常识，这正是领导权深度性的体现。

在《马克思主义与文学》中，威廉斯在与"文化"和"意识形态"这两个概念的对比中指出，领导权超越了这两个概念：

> 领导权超越"文化"……在于它坚持把"整个的社会过程"和特定的权力分配及影响结合起来。说"人"（man）确定和形塑他们的整体生活，这只有在抽象中才是真实的。在任何真实的社会中，都有着特定的不平等，这体现在手段及由此而带来的实现这一社会过程的能力上。在一个阶级社会中，这些在根本上是阶级之间的不平等。葛兰西由此提出了认识统治与从属的必要性，然而这统治与从属还仍然被看作是处在一个总体的过程之中。正是在这种对过程的总体性认识中，"领导权"概念超越了"意识形态"。起决定作用的不仅是观念和信仰的意识系统，而且也是作为在实践上由特定的和占主导地位的意义和价值被组织起来的总体的活生生的社会过程。②

如果说威廉斯在《关键词》中对领导权的解说强调的是领导权实施的效果的话（即成为人们的常识），那么在这里，威廉斯强调的是领导权的内在运作特点，并由此超越了文化和意识形

---

① Meenakshi G. Gurham and Douglas Kellner（eds），*Media and Cultural Studies：Keywords*，p. 156.

② Raymond Williams，*Marxism and Literature*，pp. 108 – 109.

态概念。一方面，领导权的统治与从属关系所体现出的权力的不平等，带来了特定的权力之间的斗争，而这进一步形成了一种动态的社会发展过程，也就是一个他所说的活生生的过程，而不是像他在《文化与社会》中所说的一种静态的自然发展过程，这显然超越了他以前的文化概念。但这样的一个过程，仍然是一个总体的过程，是一个整体，而不是强调结构上的冲突与对立，乃至颠覆的意识形态概念，或表达某一特定阶级的利益，这就又超越了意识形态的概念。

总之，对威廉斯来说，领导权所强调的统治与从属之间的斗争，使社会的发展形成了一个活生生的过程，但这一过程最终作为一个整体而形成一个相对稳定的更为普遍性的统治，并渗透进人们的意识，从而达到统治阶级统治的目的。这可以看作是威廉斯对领导权的理解。

（二）领导权的运作

那么，领导权是如何运作的呢？根据威廉斯，领导权是通过"整合"（incorporation）作用来实施的。但威廉斯的"整合"并不是简单的一方对另一方的控制或主宰，而是一个统治与从属之间持续斗争的过程，领导权在这一过程中，不断受到来自从属者的挑战或抵制，而其本身则在这种挑战和抵制中不断地调整、修正、更新甚至重建自己，由此使其自身形成一个"真正而连续变化"的活生生的过程。在这里我们看到，威廉斯强调了领导权的自我调整的过程而不是一种固定的抽象价值。这正如威廉斯所说的："一种活生生的领导权总是一个过程。除非从分析上去看，它并不是一个系统或一个结构"①，其"内在结构高度复杂"，有着各种变异和冲突、多种选择和变化过程的模型，而也正由此，威廉斯强调要使用"领导权的"（the hegemonic）和

---

① Raymond Williams, *Marxism and Literature*, p. 112.

"主导的"（the dominant）这样的概念而不要用"领导权"或"主导/统治"这样的概念，因为前者是"实践性的"，具体的，不断变化的，而后者则往往被看作是"抽象的"，固定不变化。威廉斯对葛兰西领导权词语的改造，目的就在强调作为一个活生生的过程的领导权，而不是一个被拉回到上层建筑的相对简单、规范、静止观念的领导权，而这在威廉斯对领导权实施机制及过程的阐述中可以看出。

1. 领导权与文化过程

在威廉斯看来，领导权是通过文化过程的三个方面，即"选择性传统"（selective tradition）、"体制"（institutions）和各种"形构"（formations）来实施的。在这三个方面中，选择性传统可以说是领导权实施的机制之一，体制是领导权实施的途径，而各种形构在一定程度上形成了对领导权的挑战，构成了有效文化（effective culture）不可缺少的组成部分。

威廉斯指出，传统并不是简单的时间上"幸存下来的过去"，它有着巨大的整合作用，是"一种积极形塑的力量"（an actively shaping force），它"在实践上明显地表现出主导的和霸权的压力与限定"，是"收编的最有力的实践手段"，它形塑过去并先在地形塑现在，在社会及文化的界定和认同的过程中运作。也就是说，它确定某些东西而排除其他的东西。由此威廉斯指出："我们不仅仅把传统看作是'一种传统'，而是一种**选择性传统**。"① 在《基础和上层建筑》中，威廉斯也指出："选择性（selectivity）总是问题关键，过去与现在的全部可能领域中，以这种方式选择一些意义和实践进行强调，一些其他的意义和实践则被忽视和排除。甚至更为关键的是一些意义和价值被重新解释、歪曲，或者放入支持或起码在现行主导文化中不与其他因素

---

① Raymond Williams, *Marxism and Literature*, p. 115.

相冲突的形式中。"①

由此，传统的选择过程实际上也就是一个领导权实施的过程。而在较深的层面上，"传统"所具有的领导权意义为当代秩序提供了一种历史和文化的认证。② 它执行着领导权强大的"收编"作用，选择性传统就是一种"收编系统"，它位于社会的核心。

但选择性传统并不总是否定的和消极的，威廉斯指出，选择性传统既是有力的（powerful），也是脆弱的（vulnerable），"有力"体现在其排除和攻击那些他不想要的东西，而其"脆弱性"则在于它的许多另类的或对立的东西依然存在，其选择是与当代的压力和限定相连的，并不是任意的选择。

选择性传统的有效建立有赖于各种"认同体制"，这包括学校、教会、家庭、大众传播等。正是这些体制传播、巩固和延续着传统。在这里，威廉斯指出了传统的"社会化"（socialization）这一概念的不足。威廉斯指出，社会化是一个人人都依赖的抽象的过程，它忽视或隐藏了特定的社会收编的内容和意图，也就是忽视了社会的选择过程。由此威廉斯说："任何社会化过程当然包括这些所有人都应该学习的东西，但是任何特定的过程把这种必要的学习与一定选择范围内的意义、价值和实践联系在了一起，而这些意义、价值和实践在与必要的学习的紧密联系中构成了领导权的真正的基础。"③ 也就是说，社会化过程既包括必要的知识习得与传授，但也包括经过特定选择的、在一定范围内的知识传授，这就是领导权的运作，而体制就起着实现这种选择的作用。比如教育，它既传播必要的知识和技术，但它通常也是一种选择，规定着什么可以传授，什么不可以传授。但威廉斯

---

① Meenakshi G. Gurham and Douglas Kellner（eds），*Media and Cultural Studies*：*Keywords*，p. 158.

② Raymond Williams，*Marxism and Literature*，p. 116.

③ Ibid.，p. 117.

也指出，所有这些体制的总和并不是一个"有机的领导权"，而是一个特殊的和复杂的领导权过程，在实践中充满了矛盾和未解决的问题。① 这其中就包括游离于体制之外，甚至形成与体制对抗的各种"形构"，这包括文学、艺术、哲学与科学等。威廉斯指出，这些文化形构，并不完全认同体制所主张的意义和价值，由此也就与这些体制采取对立或抵制的立场，抵制自己被还原到某些普遍化的领导权机制（hegemonic function）中去。可以说，各种文化形构对现存的体制和领导权机制构成了挑战，而也正是在这种不断的挑战或对抗中，社会得以不断发展，真正形成一个活生生的过程。

综上所述，选择性传统作为一种领导权实施的体现方式，依赖于体制的运作。体制的选择与排除，保证了领导权的建立与实施，而各种文化形构对体制的对立，使得领导权变得复杂起来，但并没有最终形成对领导权的颠覆，往往是领导权在面对这些对抗和挑战中自身进行了修正和改变，从而使自身更加丰富和生动起来。这一点我们也可通过它对三种文化，即"主导文化"（dominant culture）、"残余文化"（residual culture）和"新兴文化"（emergent culture）之间的关系来进一步理解。

2. 领导权与三种文化

所谓"主导文化"，实际上可看作是选择性传统通过体制而在社会上形成的占统治地位的文化，它往往符合于统治阶级的意志和利益，服务于巩固统治阶级政权的目的。也就是说，选择性传统通过"选择"或收编机制的运作而建立它的领导权，并由此而形成一套核心的价值系统，而这就成为主导文化的内容。威廉斯指出："我要首先说在任何社会、任何特定阶段，总存在一个实践、意义和价值的核心系统。这意味着它的价值无从推论，我所有的意思是它是核心的。实际上我要称它为一种组合系统

---

① Raymond Williams, *Marxism and Literature*, p. 118.

（a corporate system）。"① 但这核心价值系统并不是固定不变的抽
象的，而是有机的、有血有肉的，这体现在他与另外两种文化之
间的复杂关系中。

"残存文化"，指的是一些不能按照主导文化的要求被证实
和表达的经验、意义和价值。它们"在一些先前的社会构造的
残存物——文化的和社会的——的基础上，它们仍然存在着并实
践着"，如在某些宗教价值中就存在这样的文化。对于残存文化
与主导文化的关系，威廉斯说：

> 一种残存文化常与现行的主导文化保持一段距离，但是
> 人们必须认识到，在真正的文化活动中，残存文化可能并入
> 现行的主导文化。这是因为残存文化的某部分、某方面将在
> 许多情况下不得不组合进现行主导文化，尤其是如果这残存
> 物来自过去时代的某一主要领域，而现行主导文化又要在这
> 些领域里发挥作用。另一个原因是在某些时刻，一个主导文
> 化不可能允许许多的实践和经验在它之外，最起码为免除祸
> 患，因此，压力是客观存在的。但是在一些重要的实例中，
> 一些真正的残存意义和价值却侥幸逃生。②

在这里我们可以看到，残存文化一方面可能被收编到主导文化中
去，另一方面即便没有，或暂时没有被主导文化收编进去，主导
文化也会始终保持着对残存文化的"压力"，因为主导文化不可
能允许太多的残余文化或实践游离于自己的控制范围之外，它通
过再解释、淡化、突出强调、有区别的包含和排除等方式收编残
余文化。③ 另外，即便有残存文化的独立存在，在威廉斯看来也

---

① Meenakshi G. Gurham and Douglas Kellner（eds），*Media and Cultural Studies：Keywords*，p. 157.

② Ibid.，p. 159.

③ Raymond Williams，*Marxism and Literature*，p. 123.

只是"侥幸逃生"。由此我们可以看到，主导文化实际上一直在主导着残存文化，保持着对它的领导权。

"新兴文化"，指的是一些新出现的意义、价值与实践，如新兴阶级的文化。但因为"新兴文化是现行的当代实践的一部分——还未及界定的一部分，所以与现行主导文化进行的合并很早就开始"①。也就是说，主导文化早就对这些新兴文化进行限定，由此任何重要的正在兴起的事物，要超越或者反对支配性的模式，是十分困难的。② 一些在20世纪60年代突发的艺术和行为中，主导文化就伸入其中，改变或力求改变它们。新兴文化的主要来源是新兴阶级，但并不全是，还有像女权运动、环境保护运动、和平运动等，它们都构成了新兴文化的一部分。

总之，主导文化与残余文化、新兴文化之间始终存在着收编与反收编、压制与反压制的斗争，这也就是领导权和反领导权（霸权与反霸权）的斗争过程，但在这种统治与从属的关系上，威廉斯更多的是强调了主导文化的收编作用及自我调整的功能，也就是说，主导文化在收编的过程中虽然遭受到来自残余文化和新兴文化的挑战，但这种挑战最终不是颠覆了主导文化，而是促进了主导文化的自我改进。正如威廉斯所说的，在现代社会，主导文化"必须总是如此改变，如果它想保持主导地位，想在我们的活动和关注中仍被看作是真正的核心"③。尼克·史蒂文森（Nick Stevenson）曾指出，威廉斯与布迪厄（Pierre Bourdieu）都认为西方社会的稳定性可以通过一种主导文化的运作来得以解释，"这体现为或者是把边缘化的声音收编进它的结构中，或者是使那些更

---

① Meenakshi G. Gurham and Douglas Kellner (eds), *Media and Cultural Studies*：*Keywords*, p. 159.

② Raymond Williams, *Marxism and Literature*, p. 126.

③ Meenakshi G. Gurham and Douglas Kellner (eds), *Media and Cultural Studies*：*Keywords*, p. 162.

具原创性的对抗性的文化性缄默",两人都没有提出"一种充分的批判性的意识形态理论"①,威廉斯虽然指出"在现实中,没有生产模式,由此也没有主导的社会秩序和主导文化可以包括或穷尽所有的人类实践、人类的能动性和人类的意图"②,但他还是高估了一致性的霸权实践的权力(cohesive power of hegemonic practice)③,而这最终导致威廉斯把领导权看作了一种文化。

(三) 领导权是一种文化

威廉斯说,领导权

> 是一个活生生的意义和价值系统——建构的和构成的——这些意义和价值被经验为实践,呈现为相互地确认。由此,对于社会中的大部分人来说,它建构一种现实感,一种绝对感,因为对于现实中的大部分人来说,在他们生活的大部分地方,很难超越被经验的现实而行动。也就是说,领导权在最根本的意义上看,它是一种"文化",但却是一种必须被看作是特定阶级的活生生的统治与从属的文化。④

从这里我们可以看到,领导权所蕴涵的活生生的斗争与冲突的过程,并没有造成一种结构上的对立或对抗,而只是丰富了作为一个整体的文化内涵,建构了人们的现实感和绝对感,由此,领导权在某种程度上也就成了一种文化。威廉斯还进一步阐述了这种领导权的两个优点。首先,威廉斯认为,这种领导权的统治与从

---

① Nick Stevenson, *Culture, Ideology and Socialism: Raymond Williams and E. P. Thompson*, Aldershot, Hants: Avebury, 1995, pp. 74 – 75.

② Raymond Williams, *Marxism and Literature*, p. 125.

③ Nick Stevenson, *Culture, Ideology and Socialism: Raymond Williams and E. P. Thompson*, p. 55.

④ Raymond Williams, *Marxism and Literature*, p. 110.

属形式更接近发达社会通行的那些社会组织和社会控制工程，而不是那类人们较为熟悉的、出于某一统治阶级观念的投射过程。领导权形式可以涉及现实的民主选举，甚至可以涉及闲暇和私人生活等有意义的现代生活领域。其次，这种领导权提供了一种完全不同的看待文化活动的方式。威廉斯认为，文化产品和文化活动在任何通常的意义上都不再是某种上层建筑，它们存在于那种基础性的构成过程本身之中，进而它们又关系到比那些抽象的社会经验和经济经验要广泛得多的现实领域。这是一种包容性的社会形构和文化形构，而这种形构正有效地扩展到并包容了生活经验的全部领域。①

对于威廉斯的这种观点，安德鲁·米纳（Andrew Milner）曾把它与霍尔的领导权作了比较，指出了它们在使用上的不同，这就是

把领导权理解为文化还是把领导权理解为结构，以及各自对领导权和反领导权的相对关注。如果领导权是一种文化，那么它是由有意识的能动者（agents）的实践物质地生产的，并由另类的、反领导权的实践所反对；如果领导权是一种意识形态结构，那么它将以下面的方式决定其主体的主体性，即激进地消灭反领导权实践的发展势头，除非采取一种后结构主义抵制性的解读的多元性这样的典型的弱化形式。作为文化的领导权是一种物质生产、再生产和消费；而作为结构的领导权则是一种文本解码之事。在这里，威廉斯对葛兰西的解释带有很强的"后文化主义"的特征，而霍尔则进一步地把它吸收进一种发展着的结构主义和后结构主义范式中。②

---

① Raymond Williams, *Marxism and Literature*, pp. 110 – 112.

② Andrew Milner, *Re-imagining Cultural Studies: The Promise of Cultural Materialism*, p. 115.

这可以说是集中而典型地区分了威廉斯和霍尔在接受葛兰西上的不同。对于威廉斯来说，葛兰西领导权的那种统治与从属、霸权与反霸权的冲突和斗争最终并没有逃脱一个整体，而是通过大众意识成为一种被经验的现实，进入了大众的活生生的经验世界。这是一个整体，一个文化的整体，其中所有的冲突都只是文化经验的一部分，都只会积淀为文化的要素，经验的成分，而绝不会成为结构上的对抗。由此我们可以说，威廉斯是在以他的文化主义的根基挪用葛兰西的领导权，而不是简单地接受领导权的影响。而对于霍尔及其当代文化研究中心早期的同事们来说（详见下），他们寻求的是结构上的对立、冲突与斗争，是对结构的破坏与颠覆而不是对整体的维护。也正如此，威廉斯的领导权具有很大的保守性。弗里德里克·恩格斯塔德（Fredrik Engelstad）曾指出了威廉斯的领导权与葛兰西的领导权的不同。他指出，在社会科学中，有两种截然不同的领导权，一是葛兰西的，其领导权理论"首要的与组织和领导相关。根据葛兰西的观点，组织化的资产阶级文化必须被一种平等地绝对的工人阶级文化组织去抵制"①。而另一种另类的领导权来自于威廉斯。这一概念"首要的是与传统相关联，它多多少少是不加反思的。在这一意义上，领导权与保守主义同义。……从对现代社会的分析来说，威廉斯和葛兰西的概念可看作是同一硬币的两面，也就是说构成了文化的机构的静态的和动态的两方面"②。这可以说很清楚地指出了威廉斯对葛兰西领导权的挪用，而这也就是他与伯明翰学派（包括霍尔）在使用领导权上的不同。

---

① Fredrik Engelstad（ed.），*Comparative Studies of Culture and Power*，p. 2.
② Ibid..

第三章

葛兰西与伯明翰学派

文化研究的兴起虽然没有一个明确的起始时间，但伯明翰当代文化研究中心（CCCS）（以下简称研究中心）的成立则标志着文化研究正式走向有意识有目的的建设之路，伯明翰学派[①]也由此成立。本章我们要阐述的是以研究中心为核心的伯明翰学派接受葛兰西的情况，这包括伯明翰学派为什么在众多的理论家中找到了葛兰西，实现了文化研究中的"葛兰西转向"，而该学派在转向葛兰西的过程中又有什么发展变化。

一　研究中心的成立及其理论寻找

1964 年伯明翰当代文化研究中心成立，中心成立的首要任务是要形成自己的一套话语系统，建立自己的理论体系。这是摆在他们眼前的紧迫任务，因为很显然，没有自己的理论体系，是很难在知识的战场上立足的。可对于左派知识分子来

---

① 伯明翰当代文化研究中心自 1964 年成立到 2002 年被关闭，共经历了 38 年。本章主要考察的是自中心成立之初到 20 世纪 70 年代末 80 年代初这近 20 年内中心接受葛兰西的情况，也就是早期的伯明翰学派。20 世纪 80 年代之后，随着霍尔的离开（1979 年前往开放大学），中心的影响有所减弱，伯明翰学派也开始更多地接受了后现代主义理论的影响，我们姑且称之为后期伯明翰学派。伯明翰学派的发展可从霍尔（见第四章）身上可以得到清楚的体现。

说，一则他们虽然有马克思主义，但这既是他们的知识基础，也是他们所要批判的；二则英国并没有可资利用的批判性的社会学①，有的只是文化主义的传统，而这种文化主义传统在英国又是非常地根深蒂固。② 由此，他们必须寻找另外的知识和理论资源，去批判传统的或庸俗的马克思主义，并应对来自文化主义的挑战。

霍尔在《文化研究与中心》中曾指出了研究中心最初的情形。他说，起初，中心一是想理论化地描述文化研究，二是试图进行"一种知识干预。它致力于确定和占领一个领域"③。而要占领一个领域显然必须要有理论的武器，由此研究中心便开始了如饥似渴地寻找理论的工程之中：

> 我们阅读韦伯，我们阅读德国唯心主义，我们阅读本雅
> 明、卢卡奇……我们阅读民族志方法论、会话分析、黑格尔

---

① Stuart Hall, "Cultural Studies and the Center: Some Problematics and Problems", in CCCS, *Culture, Media, Language: Working Papers in Cultural Studies, 1972 – 79*, London: Hutchinson, 1980, p. 29.

② 这方面我们可举两个例子，一是汤普森（E. P. Thompson）的例子。1978年，在阿尔都塞的作品传入英国将近 10 年之后，汤普森还著书《理论的贫困》（*The Poverty of Theory*, London: Merlin Press），以文化主义的观点批判阿尔都塞，列出了阿尔都塞的八大罪状，这包括批评阿尔都塞的认识论没有普遍的有效性；其理论没有经验范畴而不能与知识生产的内在的经验事实对话；批评历史主义实际上也就成了反马克思主义的批评；其结构主义是静止的结构主义，没有发展变化；由此没有充分的范畴去解释冲突和变化，不能处理价值、文化和政治问题等（pp. 5 – 6）。汤普森的批评显然体现了他对文化主义的捍卫。文化主义影响之深的第二个例子是约翰生（Richard Johnson）事件。1978 年，约翰生在《历史论坛》（*History Workshop*）发表文章，认为结构主义对文化主义会有一定的益处，并批评了汤普森的经验研究。文章刚一发表，"杂志社就被蜂拥而至的信件所淹没。约翰生被指责为历史的无知者，一个奴性的阿尔都塞主义者，一个贫乏和苍白的理论主义者，一个极端的反人道主义者"（Graeme Turner, *British Cultural Studies: An Introduction*, p. 58. 亦可参见 Ioan Davies, *Cultural Studies and Beyond: Fragments of Empire*, London: Routledge, 1995, p. 41）。而所有这些显然是以文化主义为参照点的。

③ Stuart Hall, "Cultural Studies and the Center: Some Problematics and Problems", in CCCS, *Culture, Media, Language: Working Papers in Cultural Studies, 1972 – 79*, p. 15.

唯心主义、艺术史中的图像分析，曼海姆；我们阅读所有这些，试图发现某些其他的社会学范式（功能论和实证论的替代物），这些范式还没有洗刷还原论的罪名。不管在经验上还是在理论上，当代文化研究中心只是刚开始对阶级感兴趣，是不对的说法。[①]

通过一番理论的寻找，研究中心丰富并改变了他们对文化的认识，文化由此不再是一系列的文本和人工产品，也不再被看作是"选择性的传统"，文化成了一种批判的武器。

在研究中心寻找理论的过程中，影响最大的是阿尔都塞的结构主义和葛兰西的领导权理论。从阿尔都塞和葛兰西两人的作品传入英国的时间来看，葛兰西要早于阿尔都塞[②]；但从对研究中心产生的影响来看，阿尔都塞又早于葛兰西，但研究中心后来还是转向了葛兰西，从而形成了研究中心向葛兰西的转向。

二 研究中心向葛兰西的转向

（一）领导权与结构主义、文化主义

研究中心为什么要转向葛兰西呢？在绪论中我们已经指出，就是无论是"文化主义"还是"结构主义"都有着自身无法克

---

① Stuart Hall, "The Formation of a Diasporic Intellectual: An Interview with Stuart Hall", in David Morley and Kuan-Hsing Chen (eds), *Stuart Hall: Critical Dialogues In Cultural Studies*, p. 499. 亦可参见 Stuart Hall, "Cultural studies and the Centre", in *Culture, Media, Language*, pp. 20 – 26, pp. 37 – 38 等。

② 葛兰西的作品传入英国的时间参见上一章，大约是在 20 世纪 50 年代末。阿尔都塞的重要作品《保卫马克思》（法文版 1966 年初版）1969 年被翻译成英文传入英国，但在 1967 年，英国就出现了阿尔都塞的《矛盾和多元决定》一文，《读〈资本论〉》（法文版 1965 初版）是 1970 年被翻译成英文的，而《列宁与马克思》（法文版 1968—1969）被翻译成英文则是在 1971 年。

服的缺点，不能很好地推进文化研究的发展，由此霍尔希望能借助葛兰西所确立的一些术语，从文化主义与结构主义两者中汲取最好的因素以推进文化研究的进一步发展。

在研究中心亚文化研究的集体之作《通过仪式抵抗》中，我们既看到了文化主义的成分，也看到了结构主义甚至传统马克思主义的因素，当然还有葛兰西的理论，这无不清楚地显现了研究中心在理论寻找过程中向葛兰西转向的痕迹。

在该书的第一篇文章《亚文化，文化与阶级：理论总览》中，克拉克等人给文化下了这样一个定义："我们所理解的'文化'一词，指的是这样一个层面，社会集团在这个层面上发展出自己独特的生活方式，并赋予他们的社会的和物质的生活经验以**表达的形式**。文化是集团'处理'他们的社会存在和物质存在的原材料的方法和形式……'文化'是以有意义的形态和形式实现或客观化（objectivates）集团生活的实践……一个集团或阶级的'文化'，是这一集团或阶级的特殊的和独特的'生活方式'、意义、价值和观念……"①

从这个定义中，我们能明显看到文化主义的影响，即强调作为一种"独特生活方式"的文化。但在这篇文章中，我们也能看到一种结构主义的在场。克拉克等人指出，人在出生时就处在一个"社会构型结构和意义构型结构"之中，这就是对人的限定，而"男人和女人由此是被形成的，是通过社会、文化和历史而形成自己的。所以，现存的文化模式形成了一种历史的储存器（historical reservoir）———一种前构成（pre-constituted）的'可能领域'"②，这显然是一种结构主义的观点，阿尔都塞也曾

---

① Stuart Hall and Tony Jefferson（eds），*Resistance through Rituals*：*Youth Subcultures in Post-war Britain*，London：Hutchinson，1976，p. 10.

② Ibid.，p. 11.

举家庭的例子来阐述人在出生前就已被决定了。[①]

在他们对文化的另一个界定中，我们清楚地看到了一种文化主义与结构主义的融合。克拉克等人说："文化是一个集团的社会关系被结构和形构的方式；但它同样也是这些构型被经验、被理解和被解释的方式。"[②] 在这里，一种独特的"文化主义"方法与一个更为结构主义的界定结合了起来，这体现出早期文化研究在寻找理论的过程中所表现出来的理论综合的倾向。

在《通过仪式抵抗》中，我们也看到了一种葛兰西式的文化界定。克拉克等人指出，文化并不是单数的，而是具体的、历史的，主导文化与从属文化从来就是共存的，并相互斗争，由此"文化总是处在统治和从属的相互关系之中……我们必须同时转向这些构型（即各种文化构型——引者注）所处的决定性的统治和从属的关系中，也要转向界定它们之间辩证关系的收编和抵制的过程，转向'这一文化'（也就是占统治地位的文化——引者注）以其统治的或'霸权的'形式传递和再生产的体制"[③]。这就是在一种收编与抵制，或者说在霸权与反霸权的关系中去界定和分析文化，这显然是一种葛兰西式的文化定义。由此，从《通过仪式抵抗》这些对文化的多种界定中，我们可以清楚地看到研究中心在由结构主义和文化主义向葛兰西领导权转变的痕迹。

（二）转向中的结构主义倾向

在这里我们需要注意的是，研究中心在向葛兰西转向的过程中，并不是平等地对待文化主义和结构主义这两种范式的。霍尔

---

① 阿尔都塞：《哲学与政治：阿尔都塞读本》，吉林人民出版社 2003 年版，第366—367 页。

② Stuart Hall and Tony Jefferson (eds), *Resistance through Rituals：Youth Subcultures in Post-war Britain*, p. 11.

③ Ibid. , p. 13.

在《两种范式》中就明显表现出一种对结构主义的偏爱，而这种偏爱直接影响着以他为代表的研究中心对葛兰西的接受，这就是在接受葛兰西中融进了阿尔都塞的结构主义。① 这种偏爱突出地表现在霍尔更多的是以结构主义的"巨大的活力"来批判文化主义的缺点。如结构主义的第一个活力强调"决定性条件"，针对的就是文化主义的"简单地肯定英雄主义"，即过分强调人的能动性而忽视了人的被限定性，而在这个社会中，人应当对这两者都要认识到，这也就是霍尔所说的"知识上的悲观主义，意志上的乐观主义"，这与英雄主义相比，"是一个更稳妥的理论起点"②。第二是结构主义强调"整体"。实际上我们说文化主义也强调"整体"，但霍尔指出，文化主义的整体带有"某种复杂的简单性"③，复杂性是指文化主义强调实践的多样性，但这多样的实践在文化主义那里都被归结为"经验"了，忽视了实践之间的结构性的对立冲突的关系，分析实践只是"为了把握一个特定时代、作为整个经验性存在的所有实践和社会形态之间相互影响的方式"④。由此实践是包含在作为一个整体的"文化"内部的，实践最终被还原为了经验，文化的经验，这样也就消解了"实践之间的区分"而走向简单化。⑤ 第三点就是解中心化经

---

① 关于阿尔都塞的结构主义理论，相关的文章和论著很多，在此不再赘述。总体上看，阿尔都塞在批判资本主义统治上是深刻的，但他过分强调了统治而忽视了对这统治的抵抗、斗争与谈判，在这一点上，葛兰西的领导权理论则更为全面和积极，由此研究中心才由阿尔都塞转向葛兰西。霍尔在《文化研究与中心》一文也指出，葛兰西的领导权既避免了正统马克思主义的统治阶级/统治观念的一致性，也避免了阿尔都塞的意识形态领域是占统治地位的意识形态这样的观点，葛兰西的领导权是一种特定的斗争舞台，"他能使我们把社会思考为复杂的形构，必然的矛盾和历史的独特性"（CCCS, *Culture, Media, Language*: *Working Papers in Cultural Studies*, *1972－79*, p. 36.）。

② 罗钢、刘象愚编：《文化研究读本》，第 61 页。

③ 陶东风译：《文化研究：两种范式》，载《文化研究》第 1 辑，第 51 页。

④ 罗钢、刘象愚编：《文化研究读本》，第 54 页。

⑤ Stuart Hall, "Cultural Studies: Two Paradigms", in John Storey（ed.）, *What Is Cultural Studies*?: *A Reader*, p. 35.

验。这一点是最为明显的，正如霍尔所说的，"强化'经验'的真实权力在文化主义和合适的'意识形态'概念之间设置了障碍"①。这也就是霍尔所批评的文化主义的一个重要的弱点，那就是"经验的拔高"（experiential pull）。霍尔指出，无论是威廉斯还是汤普森，"都是倾向于依据关系结构被'亲历'与被'经验'的方式（how they are 'lived' and 'experienced'）来读解这种关系结构"②，"每个都赋予'经验'在文化研究中的权威性的地位"，由此最终所导致的最严重的问题就是某种本质化。霍尔说："在他们把实践（practices）还原成践行（praxis）③ 的倾向中，在它们发现潜藏在极其明显区别化的领域中的共同的和同质性的'形式'的倾向中，他们的运动是'本质化的'（essentializing）。"④ 这虽然不是抽象的本质，但过分注重经验和文化的整体，又势必造成一切都还原成了文化和经验，最终把经验给本质化了。这可以看作是霍尔对文化主义的最为尖锐的批评。

在作了这样的比照后，霍尔指出："文化主义的活力几乎全部源自以上所指出的结构主义的弱点，源自结构主义的策略性缺场和沉默。"⑤ 但当霍尔作了这种比照后，文化主义的活力也不会有多少了。

---

① 罗钢、刘象愚编：《文化研究读本》，第 63 页。

② John Storey（ed.），*What Is Cultural Studies？: A Reader*，p. 38.

③ 关于 practice 与 praxis 的区别，一般来说，practice 是人们通常所说的改变客体的活动，强调人与外在世界的关系，但主要着眼于理论，一般就翻译为"实践"；而 praxis 则主要着眼于人的具体的创造性活动，可以说是在 practice 基础之上发展了的实践，有的翻译为"践履"，有的翻译为"应用"，本书姑且翻译为"践行"。霍尔在这里批评文化主义把实践还原成践行，主要是批评文化主义过分注重了个体的能动性及其经验，甚至把一切都还原为了经验，从而忽视了对社会结构的理论上的认识。关于这两个词语的区别，可参阅郦正《当代人与文化》，吉林教育出版社 1998 年版，第 120—122 页；也可查阅梁实秋主编的《远东英汉大辞典》（远东图书公司 1977 年版）相关条目，尤其是 praxis 一条（第 1623 页），以及《哲学大辞典·马克思主义哲学卷》（上海辞书出版社 1990 年版），第 644 页。

④ John Storey（ed.），*What Is Cultural Studies？: A Reader*，p. 39.

⑤ 罗钢、刘象愚编：《文化研究读本》，第 64 页。

　　由此我们看到，对霍尔来说，他虽然试图协调文化主义和结构主义的矛盾，但在他的内在思想中却是有着一种对结构主义的偏向。在另一篇文章中，霍尔说："分析必须解构……'活生生的整体'，为的是能思考其决定性的条件。"① 这也就是霍尔对结构的偏爱。安德鲁·米纳曾指出，霍尔在《两种范式》中，把文化主义的力量归为结构主义的弱点，"是一种反文化主义的观点"，"在某种程度上，霍尔既讽刺了威廉斯，也讽刺了汤普森。他们两人并不是像霍尔指出的完全没有意识到结构的决定性：的确，威廉斯的作为设定限制和施加压力的决定观念，虽然的确不是结构主义的，可仍然与一种强烈的结构感相一致"②。这也就是说，霍尔为了突出结构主义而极端化了威廉斯他们对结构的忽视。不过我们仍需指出的是，威廉斯的结构与霍尔所要求的结构的确是不一样的，一个是在文化整体中的结构，一个是结构上的矛盾与斗争，而后者也就是早期研究中心接受和运用葛兰西的根本特征，即结构主义地运用葛兰西。安德鲁·都德（Andrew Tudor）也指出，霍尔虽然强调结构主义和文化主义的结合，但"文化主义本身却是以一种相当有限的方式对这种'综合'起作用。虽然它关注能动性和斗争无可否认是重要的——它为一种更为彻底地把葛兰西的观念引入文化研究提供了一个出发点——但很难拒绝做出这样的结论，就是这一时期的当代文化研究中心的思想最有意义和创新的因素更多的是深受结构主义而不是文化主义的范式的影响"③。

　　实际上，阿尔都塞的结构主义在文化研究中一直有着重要的

① 转引自 Andrew Milner, *Re-imagining Cultural Studies：The Promise of Cultural Materialism*, p. 114。

② Andrew Milner, *Re-imagining Cultural Studies：The Promise of Cultural Materialism*, p. 114.

③ Andrew Tudor, *Decoding Culture：Theory and Method in Cultural Studies*, London：Sage, 1999, p. 119.

影响，在 1985 年的一次访谈中，霍尔就承认阿尔都塞对他有巨大的影响。他说："阿图舍（即阿尔都塞——引者注）显然对我的思考有巨大影响，我仍然以许多正面的方式予以承认，即使在他已经过气之后。"① 而原因也在于他对体制感兴趣，他说，"我较喜欢制度化（即体制化——引者注）一词，因为我们必须经由组织的环节——透过制度的漫长的发展——把人聚集起来，去建立某种集体的知性计划，但典范化一词则使我不快"②，因为典范化太强调统一而缺少了体制上的等级与变化。20 世纪 90 年代初，霍尔还专门写了《意义、表征、意识形态：阿尔都塞与后结构主义论争》的文章（后面还要提到这篇文章），专门探讨阿尔都塞的结构主义理论，这足可见结构主义的巨大生命力。

（三）领导权与阶级斗争

研究中心对结构主义的偏爱也突出体现在其对阶级斗争的重视上。也是在《亚文化，文化与阶级：理论总览》中，克拉克等人多次引用甚至整段引用了经典马克思的原话来强调阶级、阶级统治和阶级斗争。如他们说："在现代社会，最基本的集团是社会阶级，而主要的文化形构……是'阶级文化'。"③ "阶级冲突从来就没有消失过。"④ 本文还针对随着战后人们生活水平的提高，阶级意识淡薄而出现的"阶级的消退"（withering away of class）的说法专门讨论了"阶级文化的重现"问题，指出在这个世界上依然存在着贫穷和不平等，依然还存在着阶级，进而强调需要用"亚文化与阶级"（sub-culture-and-class）的关系来解

---

①　霍尔：《后现代主义与接合理论》，载陈光兴、杨明敏编《内爆麦当奴》，第 203 页。

②　陈光兴、杨明敏编：《内爆麦当奴》，第 203—204 页。

③　Stuart Hall and Tony Jefferson（eds），*Resistance through Rituals：Youth Subcultures in Post-war Britain*，p. 13.

④　Ibid.，p. 41.

释亚文化，而不是用一个全球性的"新的青年休闲阶级"或
"青年文化"概念，因为亚文化是一个"更具有结构性的概
念"①。克拉克（John Clarke）在《风格》（Style）一文中也说：
"资本主义与阶级冲突是我们社会的特征。"② 安德鲁·都德也指
出："《通过仪式抵抗》的立场明显是阶级指向的。"③

由此，从这种阶级立场出发，领导权所展示的统治与从属之
间的斗争在很大程度上也就成了一种阶级斗争，这不是一种传统
马克思主义的观点吗？但在这里我们要注意的是，这里的阶级斗
争或阶级冲突并不是从经济立场出发去理解的，不是无产阶级必
将取得胜利这样的阶级斗争观，而是经由葛兰西的领导权，强调
统治与从属之间斗争的动态性，目的是要认识社会的复杂性和多
面性。这也正是克拉克等人所指出的"在资本主义生产模式中，
社会不可能，实际上从未是'单面的'（one-dimensional）"含
义。从属阶级在这种情况下虽然是脆弱的孤立的，但从来没有消
失，由此阶级冲突也从来就没有消失过，"即使阶级冲突被最大
程度地体制化，它也仍是社会重要的基本节奏之一"④。可以说，
领导权所展示的统治与从属之间的斗争保证了社会的多面性与复
杂性。

根据葛兰西的领导权理论，这种阶级斗争或冲突，并不是单
一的统治阶级对被统治阶级的强加，而是一种谈判，一种意识形
态的运作。对于葛兰西的领导权，他们是这样认识的：

　　　　葛兰西使用"领导权"这个术语指的是这样一个时刻，

---

① Stuart Hall and Tony Jefferson （eds）, *Resistance through Rituals：Youth Subcultures in Post-war Britain*, p. 16.

② Ibid. , p. 178.

③ Andrew Tudor, *Decoding Culture：Theory and Method in Cultural Studies*, p. 125.

④ Stuart Hall and Tony Jefferson （eds）, *Resistance through Rituals：Youth Subcultures in Post-war Britain*, p. 41.

统治阶级能够不仅强迫从属阶级去符合它的利益，而且能够把"领导权"或"整个的社会权威"强加于从属阶级。这包括了一种专门的权力种类的运用——构造另类和包含机会，**去赢得或形成同意**的权力，这样，对主导阶级的合法性的授予，就显得不仅是"自发"的，而且是自然的和正常的。①

正是在这种需要赢取同意的过程中，领导权并不是单纯的"阶级统治"，也不是理所当然的。"领导权……并不是普遍的和'赋予'（given）一个特定阶级的持续统治的。它必须去赢得，去争取，去再生产和维持。领导权，如葛兰西所说的，是一种'运动的平衡'（moving equilibrium）"②，"它的特征和内容只能在具体的历史时刻，通过考察具体的形势建构起来。'永恒的阶级霸权'或'永恒的收编'的观念必须要抛弃掉"③。由此，通过葛兰西的领导权，传统的阶级斗争变得更为具体和不能被最终保证，正如他们所说的，一个从属文化和一个统治文化之间的谈判、抵制和斗争"是极其活跃和对抗性的。它们的结果并不是给定的，而是被创造的"④。正是在这种"创造"中显示了领导权的生动性和丰富性。

在这里我们还需注意的是，他们虽然根据葛兰西的领导权理论强调了统治与从属之间的谈判与斗争的关系，但他们又与再生产理论相结合，强调了领导权对统治与从属关系再生产的作用，这就是克拉克等人所说的："领导权的作用是在不同阶级之间的社会关系中，去保证每一个阶级在现存的统治—或从

---

① Stuart Hall and Tony Jefferson（eds），*Resistance through Rituals：Youth Subcultures in Post-war Britain*，p. 38.
② Ibid.，p. 40.
③ Ibid.，pp. 40–41.
④ Ibid.，p. 44.

属的形式中被持续的再生产。"① 但在这种统治与从属关系的再
生产中，从属者反抗统治的能动性在哪里？对于葛兰西来说，
其根本的目的在于通过人的能动性建立新的领导权，从而颠覆
现有的霸权统治。可在这种再生产理论中，忽视了从属者反抗
统治的能动性。不过对克拉克等人来说，他们并没有完全否定
从属者的反抗，这就是亚文化或反文化（counter-culture）的兴
起（详见后面的分析）。

（四）领导权与工人阶级的异质性

在前面的分析中我们看到，领导权虽然使阶级斗争更为灵活
和丰富，但斗争的主体——阶级却仍然是固定的，是整体性的，
克拉克等人并没有具体分析阶级内部的复杂性或异质性，而这其
实就来自于一种结构主义的观点，就是："不同利益集团之间的
冲突从根本上来自于在生产领域，结构上的阶级位置的不同。"②
而对于葛兰西来说，任何阶级内部并不是同一的、同质的，而是
有着复杂的结构和成分，也就是异质的。由此葛兰西才更多地使
用"社会集团"或"历史集团"这样的概念而很少使用像阶级
这样的概念（参见第一章对"历史集团"的分析）。

不过在 1979 年出版的研究中心的另一部集体之作《工人阶
级文化》中，工人阶级就不再是简单的结构位置上的阶级，而
是一个非同质性的集团了。克拉克在《资本与文化：战后工人
阶级的重归》一文中指出，工人阶级仍然是马克思主义的一个
重要问题。但这一问题的中心就是拒绝把"工人阶级文化"还
原到"某种简单的、表达性的、同质的实体之中"，工人阶级的
文化是作为"一种复杂的、不平衡的和矛盾的综合而生产的"，

---

① Stuart Hall and Tony Jefferson（eds），*Resistance through Rituals：Youth Subcultures in Post-war Britain*，p. 41.

② Ibid.，p. 38.

其中有策略，有抵制，有从属，有消融等，"这些形式被物质化和具体化在一系列的实践、仪式和机构之中，而这些在资本主义社会构成了'市民社会'领域"①。反对工人阶级或社会集团的同质性，对于研究中心来说，是对葛兰西领导权认识的深入，因为这种异质性是对经济决定论和还原论的彻底清除，也是形成更大范围的历史集团的前提条件，历史集团的形成则又是建立反霸权力量的必要条件，因此异质性对理解领导权来说是至关重要的。

理查德·约翰逊（Richard Johnson）在《三个问题意识：一种工人阶级文化理论的要素》中也反对长期以来把工人阶级文化看作是同质的，是"铁板一块"（all of a piece）的观点。约翰逊指出，葛兰西是强调异质性的，如"强调农民文化极大的异质性"，他们也早已注意到了工人阶级许多内在的差异的形式，如地理上的差异、社会及性别的差异、经济发展差异等。由此，"在经济阶级和文化形式之间并没有单纯的或'表达性的'（expressive）关系②。我们必须从寻找一个文化中的矛盾、禁忌、替代，如同从寻找统一一样开始任何的分析。这是一种从文化研究坏的'浪漫的'方面断裂的方式之一"。约翰逊用了一句简明的话概括出了他对葛兰西领导权异质性的认识，这就是："较为普遍地，一个活生生的文化的异质性是领导权效果的一个索引。"③

正是通过异质性，领导权才能形成真正的高度统一性，即如约翰逊所说的："领导权描述了某些更高的一致性所藉此而获得

---

① John Clarke, "Capital and Culture: The Post-war Working Class Revisited", in John Clarke et al. （eds）, *Working Class Culture: Studies in History and Theory*, London; New York: Hutchinson & Co. Ltd., St. Martin's Press, 1980, p. 253.

② 也就是说，在阶级与文化之间并没有完全的对应关系，某一阶级并不必然有某种文化。

③ Richard Johnson, "Three Problematics: Elements of a Theory of Working Class Culture", in *Working Class Culture: Studies in History and Theory*, p. 235.

的过程。"① 这 "高度的" 一致性并不是一种简单的从属者符合统治者的一致，也不是一种统治或关系的简单的再生产，而是一种运动中的一致和平衡。约翰逊说："'领导权'在效果上是阿尔都塞的'再生产'，但却是一种没有功能主义的再生产"，也就是在结构和上层建筑之间不是一种功能上的符合，而是"一种巨大的分裂和不均衡的状态"②，也正是在这种分裂和不均衡中，领导权保持着持续的动态的发展过程。

三　超越霸权："福柯效应"与文化政策研究

葛兰西的文化霸权理论的确促进了人们对社会问题的新认识，在英国文化研究中产生了重大的影响，但随着社会的发展，有的学者开始质疑这种理论的局限性，代表性的人物就是托尼·本内特（Tony Bennet）。

本内特指出："尽管葛兰西式的文化研究无疑是极为重要和富有成效的——我们现在不得不承认，按照葛兰西传统所能进行的文化研究确实存在局限。"③ 而这种局限主要体现在以下几个方面：

首先，最重要的，就是葛兰西式文化研究对制度的忽视。④

---

① Richard Johnson, "Three Problematics: Elements of a Theory of Working Class Culture", in *Working Class Culture: Studies in History and Theory*, pp. 233 – 234.

② Stuart Hall and Tony Jefferson (eds), *Resistance through Rituals: Youth Subcultures in Post-war Britain*, p. 233.

③ 托尼·本内特：《置政策于文化研究之中》，见罗钢、刘象愚编《文化研究读本》，第 104 页。

④ 其实，在中心学术发展过程中，有一个向体制关注转变的过程，即由对文化和意识形态的文本、形式和话语的普遍关注，转向社会与文化实践得以实现的某一具体体制体系的关注，比如对工作、对学校、对劳动与休闲的关注（以威利斯的《学习劳动》为代表），对家庭、国家体制和传播机器的关注（以莫里对家庭电视的研究为代表）。但我们需要注意的是，这些对体制的关注，关注的还只是某一体制中的人们的活动行为，而对体制本身，对体制本身的建构与运作的关注显然还不够。

本内特指出，葛兰西式文化研究"使我们过于自动地投入政治活动之中——因为它认为所有的文化活动必然都与争取霸权的斗争联系在一起——无论应用到什么领域，这种政治活动本质上都是相同的，结果，文化研究中的葛兰西式分析往往对制度持冷漠态度，未能充分注意在区分文化技术时产生的特定政治关系和预测形式的那些思考"①。在本内特看来，葛兰西式文化研究很少分析像家庭、媒介、大众教育、艺术与文化教育等这些意识形态国家机器的特征，很少关注特殊的文化机制、文化技术或文化机器的特殊特征，而是更多地分析他们所传播的意识形态的内容以及其中所包含着的大众同意的过程。在本内特看来，只有充分注意到制约文化的不同领域的制度状况，充分"考虑特殊种类政治问题和政治关系的细节"②，才能使我们更好地分析斗争的具体形态和特点，这对于我们更好地理解霸权与反霸权斗争无疑具有重要意义。

其次，就霸权与反霸权主体来说，葛兰西式文化研究把权力看作是来自于一个高度统一和核心化的源头，或者是国家、统治阶级、父权制，或者是人民、无产阶级等，而霸权与反霸权的斗争也就是这两个单一主体之间的斗争。对于本内特来说，权力是分散在其运作和建构之中的，并且因文化的"领域"及相关的特殊科技而有差异，并没有一个单一的权力来源核心。葛兰西的这种权力观就使其更多地去分析文化和意识形态的自上而下的流动，以及这种权力受到下层反抗的程度。"文化领域由此而被看作是由两极斗争所建构的，一方面，霸权意识形态自上而下的流动，好像它们是从一个组织化的中产阶级权力中心开始传播，进而通过意识形态国家机器和市民社会得以中继；另一方面，那种被认为是自下而上地反霸权意识形态的流动，源起于从属阶级的

---

① 罗钢、刘象愚编：《文化研究读本》，第 104 页。
② 同上书，第 96 页。

形势。"①　实际上，在本内特看来，霸权与反霸权的斗争并不是简单的这种自上而下或自下而上的运动，斗争是分散的、复杂的。

再次，对于葛兰西的有机知识分子概念，本内特也提出了不同的意见。本内特指出，葛兰西式的文化研究希望有机知识分子扮演枢纽角色，不但提供抗争所需要的知识弹药，也能在促进社会运动结盟成历史性地反霸权集团上，扮演政治的推手，但这是不可能实现的事。因为文化研究的主要场所是在高等教育系统内，这就意味着厕身其间的知识分子已然是受国家意识形态制约的。因此，他们很难扮演有机知识分子的角色，充其量，文化研究或可提供"扩展一种工作形式——文化分析和教育——或许能对与有机知识分子有关的政治和政策议题的发展有所贡献"。本内特认为，有机知识分子若欲实现他们的工作，最好的一条路径是"朝官署"（towards the bureau），因为公务机关是政府机制的一部分，与其绕道既有的社会行政形式，不如主动地扮演"训练文化技术官僚"的角色，"透过技术性地调整行政资源的配置运用而达成修正文化的功能"②。也就是说，有机知识分子只有通过实际地参与国家政府部门的工作，才能更为有效地调整国家的某些资源配置，甚至进一步改变文化政策，影响社会进程和发展，这比单纯地进行文化批判也许更为有效。

本内特对葛兰西批评的主要知识来源就是福柯的权力理论，尤其是他的"管制"（government，有的译为治理，治理术等）理论，这也就是本内特所说的"福柯效应"（Foucault Effect）。

福柯质疑并批判了传统意义上对权力的理解，即把权力看成

①　Tony Bennett, *Culture: A Reformer's Science*, London: Sage, 1998, pp. 68 – 69.
②　克里斯·巴克:《文化研究:理论与实践》，罗世宏等译，第459—460页。

是压制性的、否定的、消极的、坏的等，并由此对权力进行了更为细致和深入的分析。福柯并不否认国家、法律、君主或统治阶级拥有统治地位，拥有绝对的权力，但福柯的关注点并不在此，而是努力把我们的注意力从宏大的、总体性的传统权力策略转移到权力得以循环的许多局部的范围、策略、机制和效能上，也就是转移到被福柯称之为"细小仪式"或权力的"微观物理学"上。

在福柯看来，权力并不是单向的，自上而下的，并没有一个特定的来源，被一个中心，如统治者、统治阶级或国家所垄断，权力来自于下面，它从无数个点出发，像毛细血管渗透到社会存在的各个领域，渗透到社会生活的每一个角落。可以说，权力无处不在，像一张网，把我们大家都卷入其中，每个人既是压迫者，也是被压迫者，既是权力的实施者，也是权力的实施对象。支持被压迫的人在他的家庭中可能就是一个压迫者，而受歧视的人也可能会歧视其他弱者。由此，权力会在任何地方被不断地生产出来，简单的"支配者—被支配者"这样的二元对立的结构由此也就被否定了。

其次，从权力的运作上看，福柯认为，权力并不外在于社会，外在于各种关系，如经济、学问、性等现象的诸多关系之外而运作，而是在这些关系中，在人们的各种社会实践中运作。由此，福柯否定了那种旨在通过扭曲个人信仰而施加对人的影响的意识形态权力观，把权力紧密地联系在了实践或身体上。在福柯看来，权力就在我们的身体中，而不在我们的头脑中，在理解权力对我们的影响时，实践比信仰更为重要。由此福柯在进一步对社会的发展和演变的考察中，摒弃了马克思主义传统上生产力决定生产关系、经济基础决定上层建筑的垂直纵向的发展模式，强调了权力与社会同处于一个层面，而不是外在于社会，权力的形态在同一个层面上决定了社会的形态，社会形态正是权力形态的一个横向的扩大，而不是纵向的生产和派生的结果。①

福柯后期所提出的管制（governmentality）理论，正是建立在这样的权力理论基础之上的。福柯在《管制》一文中指出了管制的三个含义：

> 1. 由制度、程序、分析与反思、计算、战术等组合而成的集合体，容许行使此种特殊形式复杂的权力，有其目标人口作为其知识政治经济的主要形式，以及作为保障其安全的基本技术手段和工具；
>
> 2. 在很长一段时期，整个西方存在一种趋势，比起所有其他权力形式（主权、纪律等）来说，这种可称为"治理"的权力形式日益占据了突出的地位（pre-eminence），这种趋势，一方面导致了一系列治理特有的机器（apparatuses）的形成，另一方面则导致了一整套知识（savoirs）的发展；
>
> 3. "管制"这个词还指这样一个过程，或者说这个过程的结果，通过这一过程，中世纪的司法国家（the state of justice），在 15、16 世纪转变为行政国家（administrative state），而现在逐渐"被管制化"了。②

管制在福柯那里，具有权力的微血管特征，权力关系是多重的，不是集中而是分散的，这包括规约的形式，通过医疗、教育、社会改革、人口学与犯罪学运作，将人口分门别类并组织成可管理的团体。国家被认为或多或少是有时相互冲突的制度与机

---

① 福柯的权力理论对文化研究的影响实在是太大了，我们还将在后面的行文中提到福柯的权力理论。

② M. Foucault, "Governmentality", in G. Burchell et al. (eds), *The Foucault Effect: Studies in Governmentality*, Hemel Hempstead: Harvester Wheatsheaf, 1991, pp. 87 – 104. 中文译本可参阅赵晓力的译文 http://www.xici.net/d29649831.htm。本段译文亦参阅了巴克《文化研究：理论与实践》，罗世宏等译，第 457 页的译文。

制的偶然组合体，其中的"官署"（bureau）有其自主的"营生技术"（technology of living），依循其自身的官能而组织，拥有自身的生活行为模式。① 在这种情况下，文化研究就要更多地关注这种管制的细节，分析各种管制技术、文化政策和文化科技等，由此本内特进一步提出了"置政策于文化研究之中"的命题，并明确提出了文化研究新的不同于葛兰西式的研究策略和研究主题：

> 第一，在将文化视为政府的一个独特领域的同时，需要将政策考虑包括在文化的定义中；第二，需要在文化这个总的领域之内根据其特有的管理目标、对象和技术区分不同的文化区域；第三，需要识别明确界定的不同文化区域所特有的政治关系，适当地在它们内部发展研究它们的特定方式；第四，进行智力工作需要采取一种方式，即无论在内容上，还是在方法上，策划影响或维护相关文化区域内部可识别的能动者的行为。②

1987 年，本内特在澳大利亚建立文化政策研究所，可看作是他对文化政策研究的具体实施。本内特指出，研究所的目的在于组织研究、出版和召开会议等活动，以便在澳大利亚文化政策形成过程中发挥积极作用。到 1992 年，它已经在博物馆、艺术、电影、语言和教育政策等领域内发挥作用的地方和全国性行政部门或准行政部门建立了形式多样的合作或顾问关系。③

可以说，本内特借助福柯的理论对葛兰西的文化霸权理论进行了批判，提出了文化研究新的研究策略，这对文化研究的

---

① 巴克：《文化研究：理论与实践》，罗世宏等译，第457—458 页。
② 罗钢、刘象愚编：《文化研究读本》，第93—94 页。
③ 同上书，第94 页注释。

发展具有重要意义，但也有学者指出，过分强调文化政策，就很容易陷入一种实用主义的境地，甚至把真理看作是一个实用主义的问题而无法回答文化政策将会追求的价值为何。另外，强调知识分子走向官署，就一定能够具有调配文化资源的功能而不会被官僚政治所俘获吗？① 这些都是我们所需要思考的问题。毕竟，文化研究是一项长期、复杂而艰巨的理论和实践任务。

四　葛兰西与伯明翰学派的主题研究

1964 年伯明翰研究中心成立之后便开展了包括亚文化、媒介、种族、教育、女性等方面的研究，这些研究有着明显的葛兰西理论的痕迹。限于篇幅，在本节中，我们主要考察伯明翰学派在亚文化、媒介研究中是如何运用葛兰西的文化领导权理论进行分析问题的。

（一）伯明翰学派的亚文化研究

1. 领导权的危机与亚文化的兴起

伯明翰学派主要是通过葛兰西的文化领导权模式来分析亚文化兴起的原因的，这就是亚文化的兴起与资产阶级的领导权危机紧密相连。

文化领导权理论强调统治是通过从属阶级的同意来实施的，当统治阶级不能赢得大众的同意而运用武力的时候，其领导地位就会受到威胁，就会出现危机，而也正是这种危机，导致了亚文化的出现，试图与统治阶级进行谈判，以反抗其霸权统治，赢得属于自己的空间。正如克拉克等人所指出的："工人阶级不断从统治阶级文化那里'赢得空间'。许多工人阶级机构代表了这一

---

① 巴克：《文化研究：理论与实践》，罗世宏等译，第 460 页。

长期以来紧张的'协商'类型的不同成果。"①

根据克拉克等人的分析，亚文化兴起于统治阶级的"权威危机"或"领导权的危机"。他们追述了从 20 世纪 30 年代到 70 年代资本主义的统治变化，指出 50 年代算是"领导权统治"的时代，但到了 70 年代，当统治阶级使用压制而不是通过同意来统治时，"这标志着一种统治阶级的领导权**危机**"②。领导权危机体现了文化—阶级关系和认同再生产中的断裂，统治阶级对青年人的控制力的衰退。由此，青年人试图在统治阶级领域内，为自己赢得属于自己的一部分领地，从而也就出现了亚文化。克拉克他们也明确指出，亚文化的兴起与领导权的危机有关，"整个领导权统治的崩溃……被书写——被铭刻——进'青年人的'线路（youthful lines）中"③。

2. 亚文化的结构位置

克拉克等人在分析亚文化时，运用了"结构"（structures）、"文化"（cultures）和"传记"（biographies）的分析框架。"结构"指的是亚文化与主要制度和结构相关的阶级地位和阶级经验，是与中产阶级文化或主导文化之间的结构性对立关系；"文化"指的是在每一代人中重新得到新集体建构的传统，是亚文化与工人阶级文化传统的关系；而"传记"则是"特定个体对这些结构和文化的'经历'"，是亚文化自身在这种关系中的自身体验。④

就亚文化的结构位置来看，亚文化一方面处于与统治文化的关系中，但首先又是处于父辈文化之中的，这就是亚文化的"双重连接"（double articulation），即处在"一个'霸权的'统

---

① Stuart Hall and Tony Jefferson（eds），*Resistance through Rituals：Youth Subcultures in Post-war Britain*，p. 42.

② Ibid.，p. 40.

③ Ibid.，p. 74.

④ Ibid.，p. 57.

治文化和从属的工人阶级的'父辈'文化之间的关系之中"①。在这双重连接中，与父辈文化的连接是根本的，与统治文化的连接正是通过父辈文化实施的。亚文化与父辈文化相联系，是阶级文化的一部分，尽管有其独特性，但也是父辈文化的一部分，必须根据父辈与统治文化的关系去分析。"在组织他们对这些经验的反应中，工人阶级青年亚文化尤其从其被定位的'父辈'文化那里借用了许多东西。"②

　　亚文化的成员的许多行为方式、说话方式，乃至外表，与他们的父母或他们同辈人"不同"，但他们像同辈人一样属于同样的家庭、进同样的学校、做同样的工作、在同样的"穷街陋巷"中生活。在一些特定的关键方面，他们分享着与他们从中诞生的"母体"文化相同的地位（与主导文化相比）、相同的决定性的生活经验。他们虽然有着独特的服装、风格、焦点关注和环境等，如特迪男孩、光头党等，但他们还是父辈文化的一部分，并与之共存。他们可能提出对一些问题与父辈文化不同的反应或"解决方法"，但这些方法也是基于他们与父辈共享的物质和社会阶级地位及经验基础之上的。

　　正因为亚文化所处的这种阶级结构位置，克拉克他们才不会用亚文化来替换"青年文化"这个词语。在他们看来，亚文化是一个"更具有结构性的概念"，更能（通过父辈文化）体现（与主导文化的）统治与从属之间的斗争的关系，"展示青年亚文化是如何与阶级关系，与劳动划分，与社会生产关系相联系的"③。

　　3. 亚文化的风格表现及其反霸权的可能

　　亚文化的风格表现是伯明翰学派重要的研究特色，通过研

---

① Stuart Hall and Tony Jefferson（eds），*Resistance through Rituals：Youth Subcultures in Post-war Britain*，p. 38.

② Ibid.，p. 53.

③ Ibid.，p. 16.

究，他们发现了许多亚文化独特的建构自身的方式，而也正是通过这种建构，他们反叛着社会给予他们的压制，为自己赢得了一个属于自己的空间；但同时我们也应当看到，亚文化并不总是以其独特的风格持续不断地进行着反叛，它也有可能被收编，这是我们所应当看到的。

根据布雷克的概括，亚文化的风格主要由三种元素构成：形象、品行、行话。形象由服装、发型、珠宝饰物和手工制品等表现构成；品行由表达、仪态和步法组成；行话是指一种特殊的词汇，以及它被如何传送。[①] 青年们将来自不同地方的各种各样的服饰、音乐、语言等糅合在一起，创造出一种新的文化风格。

但显然，亚文化的风格绝不仅仅是为了使自己"可见"或文化创新。风格的抵抗功能，是它的最大的功能。格德（Ken Gelder）指出，风格的展示并不是一个政治中立的活动，实际上，它把许多主题，如性征、性别、种族、阶级等都汇聚在了一起，通过风格展示出来，"由此风格具有一种使动的功能（an enabling function）"[②]。后来，赫伯迪格（Hebdige）运用福柯的理论，转向身体的"微观政治学"。强调是一种赋权（empowerment）形式，表达了无权的事实等。[③] 总之，不管是"使动"还是"赋权"，亚文化风格具有一种对霸权文化的抵制和反叛的功能，这是伯明翰学派所强调和分析的。而这种抵制与反叛，集中体现在亚文化"拼贴"行为。

"拼贴"最初是列维－斯特劳斯用来描述原始人的一种创造活动，其基本含义是指从手边的东西，从原有的物品和意义中创

---

① 加雷克：《越轨青年文化比较》，岳西宽等译，北京理工大学出版社 1989 年版，第 16 页。

② Ken Gelder and Sarah Thornton（eds），*The Subcultures Reader*，London and New York：Routledge，1997，pp. 373－374.

③ Ibid.，p. 375.

造出新的意义。① 后来，约翰·克拉克（John Clarke）在《风格》（Style）一文中，借用了列维－斯特劳斯的"拼贴"概念来指称青年亚文化风格。他认为列维－斯特劳斯的拼贴是"在一个总体意指系统内部，重新组织和把对象放在新的语境以传达新的意义"② 的行为。克拉克肯定了列维－斯特劳斯的拼贴"创造新意义"的特质，但他更强调这种创造在资本主义社会中的"反抗"意义。他指出，资本主义与阶级冲突是我们社会的特征，而对抗的意义是通过两种途径达到的。一是，"相对于主导的意义系统而言，那些产生于被统治团体经验和意识的意义，可以被带到表面，从而改变原来的话语系统"，而这有赖于被统治阶级的存在，是通过被压迫阶级变革统治文化的原初话语来达到。③ 二是以商品的形式来对抗。原始人在拼贴中使用的是自然物，亚文化团体使用的则是商品。而商品在资本主义社会是预先存在的，是为特定市场而生产的，它"负载着关于商品的不平等使用权的，以及有区别地评价生活方式的意义、信息"，这些早已"写入"了商品，并"试图去遮蔽现实"，亚文化就要通过拼贴去颠覆这些早已写入的信息来对抗社会。这当然是在现有的商品基础上的拼贴。他说，亚文化并不是从"空无"（nothing）中创造对象与意义，而是"把所给定的（或'借来的'）东西**变革和重组**进一个承载着新的意义的模式中，把它**转译**到另一个语境中，并改编它"④。

由此，拼贴通过创造新的意义而具有了积极的反抗作用。威斯坦（Weinstein）也指出，亚文化团体用"拼贴"一词为他们

---

① 参阅列维-斯特劳斯《野性的思维》，李幼蒸译，商务印书馆 1987 年版，第 22—42 页。

② Stuart Hall and Tony Jefferson（eds），*Resistance through Rituals：Youth Subcultures in Post-war Britain*，p. 177.

③ Ibid. , p. 178.

④ Ibid. .

创造了"一种独特的风格感"，然后"去反抗占统治地位的文化集团的霸权……这就是'拼贴'的意思——通过把符号重新分类而把它们混杂起来，并在抵制统主导的价值基础上积极地创造新的和有意义的亚文化"①。

但在这里我们需要注意的是，"拼贴"在亚文化中虽然具有一定的反抗意义，但研究中心在对亚文化的具体分析时，又往往过多地注重了亚文化的风格展示和自我体验，而忽视了亚文化对社会现实的具体反抗，如威利斯对兴奋剂药品的文化意义的分析，就认为兴奋剂为服用者超越现实的障碍而进入"彼岸世界"，并在那里享受思想和精神的自由。② 这可以看作是一种对现实社会的反抗，但却是一种逃避式的反抗，这种反抗在很大程度上往往容易造成对社会责任的逃避，而仅仅沉浸在自我的感受中。这最终导致亚文化对现实矛盾的解决方案成了一种"想象关系"中的解决方式。对此克拉克等人似乎也有认识。他们也认为工人阶级亚文化只是以一种想象的方式去解决作为一个整体的工人阶级所面临的结构性的问题，"而具体的物质层面（的问题）仍旧没有解决"③。

此外我们也需要注意的是，亚文化的反霸权斗争往往也有被收编的可能。赫伯迪格（Dick Hebdige，台湾译本译为何柏第）在《次文化：风格的意义》中指出了亚文化被收编的两种形式：

（1）次文化的符号（服装、音乐，等等）转变为大量生产的物品（即转变为商品的形式）；

（2）支配的团体——警方，媒体，司法制度（即意识

---

① Weinstein, "Heavy Metal: A Cultural Sociology", in Warren Kidd (ed.), *Culture and Identity*, Houndmills: Palgrave, 2002, pp. 124 – 125.

② Stuart Hall and Tony Jefferson (eds), *Resistance through Rituals: Youth Subcultures in Post-war Britain*, p. 112.

③ Ibid., pp. 47 – 48.

形态形式）——对偏常行为"贴标签"和重新定义。①

赫伯迪格指出，一旦亚文化奇特的创新被转化为商品，并且变得随时可得，它们就会变得僵化。而一旦小企业家和大规模制造相关物品的大型时尚业将它们从私密的脉络中移除掉，它们就会变得条理清晰，变得可以理解，从而成为公共财产和有利可图的商品，到了这个时候，亚文化本来的意义，本来的意识形态内涵就被祛除掉了，亚文化彻底消融在了商品化这一资本主义经济制度中了。赫伯迪格指出，当初具有特定内涵的亚文化令人震惊的风格现在变成了一种时尚，变成了时髦，"这一点预示着次文化一步步地逼近死亡"②。

另外，在国家意识形态机器方面，它们一方面试图驯服"他者"，即亚文化，让他者变得平凡琐碎。在这一点上，差异，亚文化的独特性被完全否定。一方面，他者被转化为不具意义的新奇事物，一个"纯粹的客体，一种奇观，一个小丑"，由此也就否定了亚文化反抗的积极意义和独特特性。这实际上是对亚文化重新定义，正是通过这种定义，亚文化特有的意识形态内涵被取消了，亚文化与那些流氓犯罪行为几乎是一样的了，这样，亚文化就被整合——收编进了资本主义的法律制度之中。③

亚文化被收编，使得我们必须正视反霸权的复杂性与艰巨性。

4. 亚文化反霸权的能动性展示：《学习劳动》

《学习劳动》④ 是一部以民族志的方法探讨学生的反学校文

---

① 迪克·何柏第：《次文化：风格的意义》，蔡宜刚译，台北：巨流图书公司2005 年版，第 114 页。此书大陆中文译本为《亚文化：风格的意义》，陆道夫、胡疆锋译，北京大学出版社 2009 年版。本书主要依据的是前一个译本，也参照了大陆的这个译本。

② 迪克·何柏第：《次文化：风格的意义》，第 116 页。

③ 同上书，第 117—121 页。

④ Paul Willis, *Learning to Labor*: *How Working Class Kids Get Working Class Jobs*, New York: Columbia University Press, 1977.

化（counter-school culture）的教育著作（威利斯本人就是当时"CCCS教育小组"的成员之一），但它显然也是一部重要的关于霸权与反霸权的文化研究之作。在本书中，威利斯虽然因为"霸权"这一词语的意义不够明确而没有使用它①，但在其对反学校文化的阐述与分析中，我们显然能清晰得看到霸权与反霸权之间的持续斗争。莫若（Raymond Allen Morrow）曾明确指出，《学习劳动》是受到新葛兰西派转向（neo-Gramscian turn）影响的"最有影响的例子"，这主要表现在其表现出来的"抵制理论"上，就是"集中关注在家庭、学校及工厂之间的矛盾关系；辩证地理解统治，这不仅包括外在的结构及意识形态限制，也包括自我形构中的主体维度"②。

（1）反抗之种种花招

那么，这些12岁的"小伙子们"是如何反抗学校文化的？首先，威利斯明确地指出，这些"小伙子们"的反抗"包含了一种明显的对权威所持有的普遍价值的颠覆。勤奋、听话、尊重——这些都以完全不同的方式给予解读"。而这种反抗"几乎是他们日常生活组织的仪式性的组成部分"③。具体说来，这反抗的形式是多种多样。在本书的第二章，威利斯从7个方面全面展示了反学校文化的"要素"。简而言之，这包括不好好上课而趴在桌子上睡大觉，或向窗外偷看，或无聊望着墙壁，总之"弥散着一种无目标的抵抗"。或者联合起来捉弄老师，成功后用"V"字手势表示胜利。还有经常性的逃课——虽然这不是最主要的反抗方式。在外出参观，如参观博物馆时，他们虽然被要

① Paul Willis, *Learning to Labor: How Working Class Kids Get Working Class Jobs*, p. 170.

② Raymond A. Morrow and Carlos A. Torres, *Social Theory and Education: A Critique of Theories of Social and Cultural Reproduction*, Albany: State University of New York Press, 1995, p. 306.

③ Paul Willis, *Learning to Labor: How Working Class Kids Get Working Class Jobs*, p. 12.

求要老实，但在老师不注意时，他们会溜出去抽烟。还有通过制
造滑稽场面而"打破枯燥与担忧，克服艰难和存在的问题"。如
在老师还未到教室之前告诉他副校长要找他，你不用上课了，而
后又到 2、3 年级的教室里告诉那些学生说校长要过来看他们，
他们可能有麻烦，由此而使这些学生们紧张起来。另外就是打架
斗殴，以展示男子汉的气概；追逐女性以显示自己的性能力，等
等。

　　此外，书中还展示了他们对资本主义为他们所提供的消费品
的挪用。具体说来，《学习劳动》主要阐述了这些"小伙子们"
对资本主义所提供的三种消费品的挪用，这就是：服装、香烟和
酒精。对于服装，这些"小伙子们"通过穿着奇装异服，向学
校的所谓的正常秩序和权威发出了挑战。作者指出，服装是他们
选择出来作为"向权威斗争"的基础，"这是一种文化之间的流
行的斗争形式之一。它最终会转变为一个关于作为一个机构的学
校的合法性问题"。而在另一方面，与服装样式相连的是性的吸
引和性活动，而"这种双重的接合是反学校文化的特质"①。当
然，这些"小伙子们"的服装（还有发型），显然是受到了社会
上的青年文化的影响。但作者也指出，社会上的商业性的青年文
化被他们吸收过来，主要是为了自我的表达，从而缺少了这些商
品最初的商业上的生产意义。

　　"小伙子们"抽烟喝酒作为一种反抗形式，还有着其内在的
原因，就是他们对成人价值观的认同和追求，把抽烟看作是
"一种与成人价值和行为相联系的在学校面前的造反行为"②。最
终他们追求成人的真正生活而超越了"学校生活的压制性的青
春期"③。但不管怎么样，"小伙子们"通过利用体制所提供给他

①　Paul Willis, *Learning to Labor*: *How Working Class Kids Get Working Class Jobs*,
p. 18.
②　Ibid. , p. 19.
③　Ibid. , p. 21.

们的资源成功地抵制了体制对他们的压制。

与反抗教师权威相连的是反对"耳洞"（ear'oles），即那些学校里听话的遵从学校制度的学生，他们甚至会向老师和学校打小报告，揭露那些不遵守学校制度的人。这些"耳洞"们表现出一种强烈的顺从主义，这对于那些"小伙子们"来说，意味着消极和荒谬，"好像他们总是在倾听而从来不去**做**：从未有他们自己的内在的生活活力，而只是毫无定形地僵化地接受。这些耳洞是对人类躯体最少表达的机体之一：它只对他者的表达做出反映"①。可以说，这些"耳洞"不仅其顺从性与这些"小伙子们"的反抗相悖，而由顺从所体现出的萎缩的生命力上，显然也是这些"小伙子们"所不齿的，因为"小伙子们"所追求的是一种自由自在的生命活力的展示。而这典型地体现在他们对打架斗殴的青睐上。

打架斗殴不仅仅是为了消除枯燥烦闷的生活寻求的刺激，打架斗殴这种极端的反社会行为对他们来说还有更深层的含义。

首先，打斗这种社会暴力行为是对"顺从"（以"耳洞"的行为为代表）的打破，也是对专制的颠覆。在这种打破与颠覆中，自上而下的"意义流动"方式被打破了，而"关于自我从过去流向未来的通常的假定被阻止了：时间的辩证法被打破了"②。也就是说，体制所期望于你的在时间中的流动与发展在打斗中给阻断了，一切都停留在了"现在"。在这里我们看到了巴赫金对拉伯雷的《巨人传》中对包括打斗在内的双重体的精彩的论述的影子，即打斗在两者的文本中都具有打破和颠覆的意义，但两者又有着深刻的不同，巴赫金的双重体强调的打破现在而走向未来，但"小伙子们"则在打斗中执著于现在，这与他

---

① Paul Willis, *Learning to Labor：How Working Class Kids Get Working Class Jobs*, p. 14.

② Ibid. , p. 34.

们自动地接受工人阶级的工作有着深刻的联系。

另外，通过打斗，这些"小伙子们"与其他的团体，主要是与学校划分开来。正如作者所指出，"正是这些更为极端的行为把他们与'耳洞'和学校完全划分开"①。而也正是在这种划分中形成了他们自己的团体——非正式的团体（参见第二章第二部分"非正式团体"）。我们甚至可以说，打斗是他们建立自己的团体的一种考验的方式，它"是你在另类文化中被完全确认的时刻"②。也就是说，只有在打斗中你才能被这种文化所认可，才会被确定为是他们中的一员。由此打斗也是他们确认自我身份、形成自我、与他者区分开来的方式。

（2）区分与整合、确认与失位

所谓"区分"（differentiation），就是工人阶级文化创造性地把自身与特定的体制区别开来，从而在其内部把自身确证为一种具体的文化形式。"**区分**是一个过程，藉此，官方体制范式所期待的典型的交换，在相关于工人阶级的利益、感受和意义中被重新解释、分隔和辨识。它的动力是对抗体制。"③ 由此可以说，区分就是一种对体制的反抗形式。

与"区分"相对的就是"整合"（integration）。威利斯指出："**整合**是**区分**的对立面，它是这样一个过程，藉此阶级对抗和意图在一系列明确合法体制关系和交换的内部，被重新定义、减缩和积淀。在区分成为非官方对官方侵袭的地方，**整合**则把非官方的逐渐建构进正式的或官方的范式中。"④ 这实际上就很清楚地指出了区分与整合之间的一种霸权与反霸权的关系，而接下来，威利斯的阐述就更明确了：

---

① Paul Willis, *Learning to Labor: How Working Class Kids Get Working Class Jobs*, p. 34.

② Ibid., p. 35.

③ Ibid., p. 62.

④ Ibid., p. 63.

所有的体制都保持一种区分与整合之间的平衡，而区分在功能上绝不与断裂或失败同义。……区分被那些相关者一方面经验为是集体习得的过程，藉此过程，自我及其未来批判性地与预先给定的体制上的界定分隔开来；另一方面通过体制的能动者（agents）被经验为是不可解释的断裂、抵制和对抗。被生产的东西，一方面是被改造和被再生产进特定体制形式的工人阶级的主题和活动；而另一方面是对官方体制范式的删节、僵化或软化……在学校体制内部，根本的官方范式关注一种特殊的教学观和与之相区分的反学校文化的生产形式。①

在这里，不用做过多的解释我们也能清楚地看到在"区分"和"整合"之间的一种霸权与发霸权的关系。这与葛兰西的领导权理论是相通的。

但体制要整合成功，当然不能单纯靠压制。学校与学生关系是建立在要"赢得一种来自于学生内部同意的形式"基础之上，由此，"认为传统的（教育）范式只是单纯的对学生实施压制……是完全错误的"②。在这里，威利斯阐述了学校意识形态的两种功能："确认"（confirmation）和"失位"（dislocation）。

"确认"，就是把不确定的文化样式及结果，通过意识形态的运作把它确定下来，并不断地去巩固它，使之自下而上地被形成，被定形，并在社会形成"一个真正的和活生生的共同点"，进而"使所有阶级合并成一种类型的同意，而这种同意是再生产现状（status quo）的基础"③。简单地说，确认就是通过确定

---

① Paul Willis, *Learning to Labor: How Working Class Kids Get Working Class Jobs*, p. 63.

② Ibid., p. 83.

③ Ibid., p. 162.

某种文化形式而在社会上形成一种同意的共识，从而维护体制现状。而"失位"则是通过不断地宣扬机会、命运和运气而遮蔽了资本主义社会上的不平等、压制与剥削等现象的真正的根源，强调这些"并没有一个共同的原因"，有的只是个人的原因而不是"系统上对生活中个人机会的压制"，"是人类本性而不是资本主义才是人类的陷阱"。所有的不平等都是"自我制造"的。①这就在根本上取消了阶级的对立，从而使阶级失去了位置，消解了人们的反抗意志。而也正是通过这种"失位"，体制获得了同意。

但即便如此，同意的获得也不会那么容易，体制与反体制、霸权与反霸权之间的斗争总是持续不断，葛兰西把这种战斗称为"阵地战"（见第一章的有关阐述）。而威利斯在谈到教师与学生之间的斗争时，用的则是"游击战"（guerrilla war）一词，但实际上也就是葛兰西所说的长期的、非正面对抗的"阵地战"。如教师不让再提骑机动脚踏两用车的事，而他们偏要提，在读戏剧的时候，用自己的语言替换戏剧中的语言，等等。由此教师与学生之间就有了持续的"游击战"②。

（3）小结

通过以上的分析我们可以清楚地看到，在以学校为代表的体制和以那些"小伙子们"为代表的反学校文化之间的斗争，就是一场霸权与反霸权的斗争，而正是在这种斗争中，"小伙子们"以自己的文化自主，强烈地反抗着和颠覆着资本主义体制的压制，从而凸显了人的能动性。正如威利斯所说的，"社会能动者并不是意识形态的消极的承载者，而是积极的挪用者，他们通过斗争、争夺和一种带有偏向的对这些结构的渗透来再生产现

---

① Paul Willis, *Learning to Labor: How Working Class Kids Get Working Class Jobs*, p. 165.

② Ibid., p. 80.

存的结构"①。从这个意义上，它显然也走出了和超越了庸俗的决定主义对社会和文化生产的解释。

威利斯等人在《共同文化》（*Common Culture：Symbolic Work at in the Everyday Cultures of the Young*）中指出："我们坚持认为，在日常生活中，在日常的创造性与表现中，有一种活跃的符号生活和符号的创造性——即使有时候是不可见的，被忽视了或被轻视了。……大部分的青年人的生活……实际上都充满了表达、符码和符号，藉此，个体与团体创造性地寻求建立他们的在场、身份和意义。青年人一直在表达或试图去表达关于他们的实际的或潜在的文化意义的东西。这是活生生的共同文化领域。也许有些庸俗。但同样也是无处不在地'共同'存在着、对抗着、坚持着。"② 贝弗莉·斯凯格斯（Beverley Skeggs）也指出："第一次，工人阶级在其创造性中被呈现为强大的、反抗的和好战的，也呈现为幽默的。"这是一种从消极受害者的转变，"它展示了年轻的工人阶级如何掌握权力。也展示了他们又如何促进了他们自己的从属地位"③。

如果说斯凯格斯前面一句话说的是《学习劳动》的优点的话，那最后这句话恰恰暴露了青年亚文化的不足，就是工人阶级虽有反抗，但最终还是只获得工人阶级的工作。这也就是本书所给予我们的有些沮丧或悲观的结局。而究其原因，显然就是工人阶级的小孩过分保持自己的文化所导致的结果，正如威利斯所说的，"我认为，是他们自己的文化才最为有效地为许多工人阶级的小孩接受体力劳动作好了准备，我们由此可以说，在西方资本主义中，在这些小孩们所承担的从属地位中，有一种自我贬损

---

① Paul Willis, *Learning to Labor：How Working Class Kids Get Working Class Jobs*, p. 175.

② 转引自 Warren Kidd（ed.），*Culture and Identity*, p. 124.

③ Beverley Skeggs, "Paul Williams, *Learning to Labor*", in Martin Barker and Anne Beezer（eds），*Reading into Cultural Studies*, London：Routledge, 1992, p. 181.

(self-damnation) 的因素"①。而这种自我贬损在客观上又促进了资本主义的剥削制度的再生产。这里便有了一个哈里斯（David Harris）所说的"主体的自相矛盾"，就是愈选择与他者的分离，就愈会加深他们对自我的认同，而这就会愈使他们"自愿地"去寻找工人阶级的工作，而"这一相当沮丧的结论会导致在学校儿童中更进一步地扩大（认同，或促进）抵制和反抗的领域"②。

　　但不管怎么样，对于这些"小伙子们"来说，他们以自己的行动为我们提供了一个人类反抗的个案，为文化研究提供了一个霸权与反霸权的个案，让我们看到了人的能动性的力量，丰富和开拓了文化研究的视野。

（二）伯明翰学派的媒介研究

1. 对早期媒介研究的批判

　　早期的媒介研究主要兴起于美国，以经验主义研究为主，采用实证主义的方法，注重媒介效果的研究，大都有意无意地落入了行为主义心理学的刺激—反应模式（stimulus-response）之中。该模式假定，传媒一旦发出刺激信号，受众（audience）必定会在态度或行为上有所反应，传播研究的任务在于发现并测量这种受众反应，"它推衍权力的方式是从'A对B的行为主义产生直接影响'这个角度来看"③。这一模式在后来社会科学对不同媒体的研究中都得以体现，包括对广播、电视的研究，这被霍尔称之为"主流"研究模式。这是一种心理学的定量研究的方法，

---

　　① Paul Willis, *Learning to Labor: How Working Class Kids Get Working Class Jobs*, p. 3.

　　② David Harris, *From Class Struggle to the Politics of Pleasure: The Effects of Gramscianism on Cultural Studies*, London and New York: Routledge, 1992, p. 56.

　　③ Michael Gurevitch 等：《文化、社会与媒体：批判性的观点》，唐维敏等译，台北：远流出版事业股份有限公司1994年版，第77页。

而不是社会学的定性研究。这种研究的最大问题是忽视或回避了对社会的批判，把媒介仅仅看作是一种工具，而这在伯明翰学派的学者们看来是远远不够的。

霍尔指出，中心在很早就对这种媒介研究模式提出了质疑，这包括四个方面：第一，就是与这种"直接反应"模式断裂，而采用一种意识形态框架分析的方法，即把媒介界定为主要的文化和意识形态力量，被用来确定社会关系和政治问题，以及在大众中传播和再生产（国家）意识形态。"这种关注媒介与意识形态的'回归'，是中心在媒介研究中的最具有意义和持续性的研究脉络。"第二，就是质疑那种认为媒介文本是意义的"透明"负载者的观点。也就是说，传统的媒介研究把媒介文本看作是透明的，是一眼可知的，而中心则强调要对媒介文本进行语言的和意识形态建构方面的分析。第三，质疑那种消极的和不加区分的受众概念，致力于积极的受众观念，强调受众在解码中的能动性。第四，意识形态在媒介研究中的回归，使得中心关注媒介在传播和确保主导意识形态中的作用，这是以前媒介研究所忽视的，[①] 但也就是这一点，成为伯明翰学派媒介研究最为突出的特点，而这在霍尔的一篇总结性文章的标题中看得非常清楚："'意识形态'的再发现——媒体研究中被压抑者的重返。"

2. 意识形态的再发现

《"意识形态"的再发现——媒体研究中被压抑者的重返》是霍尔1982年写的一篇关于媒介研究的重要文章。这一文章从广阔的社会发展的角度，分析了媒介研究的发展过程，其中既有批判，也有欣慰，还有瞻望，也可以看作是他对伯明翰学派媒介研究的一次全面总结。

---

① CCCS：*Culture*，*Media*，*Language*：*Working Papers In Cultural Studies*，*1972 - 79*，p. 117.

　　文章在开篇就指出了媒介研究的两大流派：美国社会学主流派和批评典范模式。所谓主流派，也就是上面我们所说的注重媒介效果的行为主义研究方式。霍尔指出，在这一研究模式中，"讯息被视为某种空洞的语言的建构，它于是被相当简单地看成是生产者的反映。它只是一个工具，用了它，传播者就能使意向有效地影响个人接受者的行为"①。在这一观点中，媒介似乎反映的就是现实，就是真实的现实，"语言是透明的"。而这一点是霍尔所不能认同的。霍尔指出：

　　　　真实不再被看成只是一组给定事实的组成，它是特定方式建构现实的结果。媒体不只是再生产"现实"（reality），它定义了什么是"现实"。藉着所有的语言实践，经由选择定义，再现"真实"的作法，现实的定义就被保存与生产出来了。但是再现（representation）是一个非常不同于反映（reflection）的概念。它意味着结构化与形塑，拣选与呈现的积极运用，不只是传送既存的意义，而且是**使事物产生意义**（make things mean）的积极劳动。它是意义的实践与生产——后来被定义为"表意的实践"（signification practice）。媒体是表意的作用者。②

这一段正可看作霍尔分析批判典范模式的一个引子，而批判典范模式的核心概念，就是意识形态。现实的不真实正是意识形态的特有功能，这也可以借用阿尔都塞的话说，意识形态使得大众与现实之间形成一种"想象性的关系"，想象正是一种不真实，或一种扭曲。

---

① Michael Gurevitch 等：《文化、社会与媒体：批判性的观点》，第 80 页。
② 同上书，第 84 页。

　　在对批判典范媒介研究的分析中，霍尔首先分析了巴特、斯特劳斯等人的结构主义的分析方法，指出结构主义一方面告诉我们，意义不是给定的、先在的，而是被生产出来的，语言是意义生产的中介。这一点对于我们理解媒介事件具有重要意义，因为媒介正是生产意义的机制，"媒体制度的特殊性就正在……**社会实践**被组织起来而产生**象征产物**的方式。建构**这个**而不是**那个**解释，必定需要某些手段的特定选择以及藉由意义生产的实践将它们接合一起"①。也就是说，媒介运用各种手段，去建构它所需要的意义，并为此做出自己的解释，以使受众同意而接受这一意义。

　　结构主义对于我们分析媒介具有重要意义，但霍尔指出了结构主义的一个重要缺陷，就是它的非历史化分析。因为结构主义仅仅是在静态的整体文化中分析意义的可生产性，因此而忽视了社会历史发展的复杂性，而这一点正是包括霍尔在内的伯明翰学派学者们所着力强调的，因此霍尔指出，需要用一种更为历史的概念取代施特劳斯神话分析的无时间性的普遍主义。霍尔说："意识形态的概念就要彻底地被历史化。一个陈述的'深层结构'必须要被看成是长期且产生于历史之中的论述（也就是'话语'，台湾一般把 discourse 都翻译成'论述'——引者注），所形成的元素、前提与结论交织而成的网络，这些论述已经长年附着于社会形构沉淀下来的历史，而构成一个主题与前提的储存库。……葛兰西以较不正面的方式指出，传统的意念典藏以片断思考的方式，提供我们一些日常知识视作理所当然的元素，他把这些典藏称作'常识'。"② 也就是说，每一种媒介话语中，都潜藏着深层的未说出的话语，但这些话语却以未说出的方式在场，支撑着已经言说出的话语，并使受众自然而然地去接受，似乎事

---

① Michael Gurevitch 等：《文化、社会与媒体：批判性的观点》，第 90 页。
② 同上书，第 97 页。

情"本来就是这样"的，而这未被说出的，正是我们所需要重点分析的意识形态内涵。

在此基础上，霍尔进入了语言领域，并借用伏洛西洛夫（实际上就是巴赫金）的话，指出了"语言中的阶级斗争"，并以此来批评阿尔都塞的意识形态理论太过片面，以至于"使它适合于支配性意识形态的再生产……（而）很难领会到为何只有'支配性意识形态'而不是其他东西能够在论述之中被加以生产"。由此，意义斗争的概念对其功能主义是一个修正，而这种斗争是"论述接合与解接合的过程"①。实际上，在许多历史时刻，社会斗争的成败往往就是围绕着一些重要的概念或词汇展开的，如民主、人民、权力等。在这里，通过语言学或话语理论，意识形态包含的内容被极大地扩展了，意识形态也就不必然"属于"特定的阶级，"它们不是必然地且不可避免地来自于阶级地位"②。这需要"接合"。霍尔说："同一个字眼也可以将它从论述中的位置给解合（disarticulate）出来，然后接合（articulate）在不同的位置中"③，这也就是霍尔的"接合理论"（参阅第四章）。

在这里我们可以看到，意识形态与话语理论的结合，是伯明翰学派媒介研究的一个发展趋向，其实也是伯明翰学派整个研究的一个发展趋向，这是社会发展使然（即阶级的淡化和工人阶级的变迁），但它却使我们在更广泛的领域去研究和分析社会话语，从中发现更为复杂的意识形态运作。当然，其中也有一定的危险性，就是过分注重话语，这会使研究进入一种学院化的研究模式之中，甚至会消解伯明翰学派原有的那种积极介入社会现实的政治热情。这是我们所需要警惕和分析的。

---

① Michael Gurevitch 等：《文化、社会与媒体：批判性的观点》，第 104 页。
② 同上书，第 107 页。
③ 同上。

　　总之，伯明翰学派力争把意识形态放置在媒介研究的核心，去发掘媒介文本潜藏着的意识形态建构，对于我们认清现实具有重要的意义，并为我们批判现实、介入现实奠定了基础。

　　3. 从《编码，解码》到《"全国"观众》

　　在前面我们介绍伯明翰学派的媒介研究中，指出了伯明翰学派对媒介文本的意识形态建构的强调，这的确是伯明翰学派所特别强调和分析的，但实际上，在葛兰西的霸权理论的影响下，伯明翰学派同时也强调了受众的积极反应，从霍尔的《编码，解码》(Encoding, Decoding)① 到大卫·莫里（David Morley）的《"全国"观众》(The "Nationwide" Audience: Structure and Decoding)② 及《家庭电视》（Family Television: Cultural Power and Domestic Leisure)③ 中，我们可以清楚地看到这一发展过程。

　　(1)《编码，解码》

　　在《编码，解码》中，霍尔一直在强调"编码和解码之间没有必然的一致性，前者可以尝试'预先选定'，但不能规定或者保证后者，因为后者有自己的条件"④。这后者的"自己的条件"就是解码者在解码时所拥有的不同的阶级、文化、学识、年龄等状况，而这显然也就形成了解码者的不同的主体位置或身份。由此形成了霍尔的三种解码立场，这就是主导—霸权立场，协调的立场和对抗的立场。

　　在主导—霸权的立场中，传播是一种"完全明晰的传播"，

---

　　① 《编码，解码》一文最初是 1973 年在研究中心内部油印，后于 1980 年重印，并被收入多种文化研究和传播学集子中。可参阅 Simon During（ed.），The Cultural Studies Reader（London：Routledge，1993）收入的这篇文章。中文译本可参阅罗钢、刘象愚编的《文化研究读本》中的这篇文章。

　　② London：British Film Institute，1980. 可惜国内没能找到原著，关于本书的内容，主要参照了莫里本人在其他著作中对该书的相关介绍。

　　③ London：Comedia，1986.

　　④ 《文化研究读本》，第 355 页。

新闻传播机构及其专业传播人员成了一种"意识形态国家机器"，解码者并没有自己的主动性，只有接受。而在协调立场中，"包含着相容因素与对抗因素的混合：它认可旨在形成宏大（抽象的）霸权性界定的合法性，然而，在一个更有限的、情境的（定位的）层次上，它制定自己的基本规则——依据背离规则的例外运作"①。在对抗立场中"'意义的政治策略'——话语的斗争——加入了进来"②。

霍尔的这三种解码立场实际上形成了三种不同的主体位置，而受众便在这些不同位置之间滑动，"因此，他们是位置性（positionalities）而不是社会的实体（entities）"③。霍尔强调主体的位置性而不是主体的实体性，并不是要否定人的实体性身份（实际上，霍尔始终没有抛弃人的实体主体，如阶级），而是意在强调人的主体的多样性，解码者的这三种解读立场，正是主体多样性的体现。

但霍尔的这种"编码，解码"模式却也招致了许多批评，如他把语言看作是中立的，是单纯的信息载体，似乎是先有了信息，然后附着在语言上。不过，这一模式招致最多批评的是他的"优先意义"（preferred meanings）和"优先阅读"（preferred reading）概念，原因就在于这个优先于阅读的意义限制了人的解读，从而也就限制了人的能动性。④

这样的批评也许并不为过，但对霍尔来说则自然有他的解释。在很久之后的一次访谈中，霍尔就《编码，解码》的问题

---

① 《文化研究读本》，第 357 页。

② 同上书，第 358 页。

③ Stuart Hall, "Reflections upon the Encoding/Decoding Model: An Interview with Stuart Hall", in Jon Cruz and Justin Lewis (eds), *Viewing*, *Reading*, *Listening*, Boulder: Westview Press, 1994, p. 265.

④ 关于对《编码，解码》的批评，可参见 Dennis Dworkin, *Cultural Marxism in Postwar Britain*, pp. 172 – 173。亦可见劳伦斯·格罗斯伯格（Lawrence Grossberg）的《转变中的阅听众研究范型》，载《内爆麦当奴》，第 49 页。

谈了自己的看法，也是在为自己辩护。霍尔指出，"优先意义"在编码一端，"优先解读"在解码一端，"我并不想要一种没有权力处于其中的循环模式"，"并不想要一种没有决定的模式"①，而权力与决定的存在，使得经过编码的信息不可能被任意解读，被解读为任何意义，这也就是霍尔所说的："我并不相信信息拥有任何一种意义（has any one meaning）。因此我想在编码时刻获得一种权力与结构的观念。"② 这也就是霍尔强调优先意义和优先阅读的主要原因。也就是说，编码并不是完全开放的，经过编码的文本总是引导你按它的某种方式去解读，并由此"试图获得对受众的领导权"，这就是领导权的时刻，也就是优先阅读的含义。但对霍尔来说，强调优先阅读并不是止于优先阅读，因为任何的优先阅读或优先意义并不能消除其他的可能的意义，也就是说，编码对受众的领导权"从来就不是完全有效的，而通常是无效的。为什么？因为它们不能包含每一种对文本的可能的解读"③。

在这里，霍尔一方面强调编码的优先意义，另一方面强调解码的可能意义，似乎是矛盾的，但对霍尔来说，他实际上是试图在结构和能动性之间获得一种平衡（这其实也是整个文化研究所关注的一个核心性的问题），也就是说，人一方面必然处在结构的限制之中——阿尔都塞的结构主义观点，但另一方面则又必然以其自身的能动性进行着反霸权的活动——葛兰西的霸权与反霸权的理论，而人实际上也就在这两者之间的斗争中不断地前行。忽视任何一方在霍尔来说都是片面的。"因此，一个优先解读从来就不是完全成功的，但它是一种权力的实施，试图去获得对受众解读的领导权。就是这样的。我并不认为文本是无限开放

---

① Stuart Hall, "Reflections upon the Encoding/Decoding Model: An Interview with Stuart Hall", in Jon Cruz and Justin Lewis（eds），*Viewing*，*Reading*，*Listening*，p. 261.

② Ibid. , p. 263.

③ Ibid. , p. 262.

的，没有任何因素在其中。"①

也正由此，霍尔突出谈判式的阅读："谈判解读可能是我们大部分人在大部分时间里所运用的一种解读方式。只有在我们形成完美有机的，有着革命性的主体时，你才会获得一种完全的对抗式的解读。"② 由此，也就是在这种限定与能动之间，人的主体性不断地滑动，形成一种多主体的身份。但我们在这里要注意的是，霍尔的这种多主体位置，更多的是一种符号学意义上的，不是一种经验的研究，也就是他所说的是主体性而并不是真正的主体或社会的实体。而在莫里的《"全国"观众》及《家庭电视》中，则以经验式的"民族志"方法具体研究了不同主体对电视节目的不同的解读方式。

（2）《"全国"观众》

莫里也批评了霍尔的"解码，编码"模式，指出霍尔把电视当作了"一个先定的讯息或'意义'输送带，这个模式并没有将电视当作是在（in）表意实践中，或是透过表意实践过程时，对于意义生产的理解"③。不过他的《"全国"观众》这项研究的原本用意，是要用霍尔的"编码，解码"模式来解读这个节目的，就是"探索最初的制码讯息在多大程度内被以优势（或主控）的方式解读"。但随后他认识到这些解释或解码过程，其实也会受到受众所接触到的其他符码与话语的影响，由此莫里认为"文本的意义必须放置在特定的环境考察"④。这就是人的不同的主体位置。这就从一种"优先阅读"转向了更广阔的主体空间，并进行了具体的经验研究。

①　Stuart Hall, "Reflections upon the Encoding/Decoding Model: An Interview with Stuart Hall", in Jon Cruz and Justin Lewis (eds), *Viewing*, *Reading*, *Listening*, p. 262.

②　Ibid. , p. 265.

③　莫里：《电视，观众与文化研究》，冯建三译，台北：远流出版事业股份有限公司 1995 年版，第 186 页。

④　同上书，第 94 页。

《"全国"观众》研究把接受调查的人分为三个小组：1. 年轻的印刷管理实习生和冶金学生；2. 工会官员和商店的服务员；3. 继续受教育的黑人大学生。对于实习生来说，他们最接近于主导或统治类型的解读，也就是基本上接受节目所提供给他们的信息。这与工人阶级必然反抗，反对优先意义显然是不同的。而工会官员则往往采用谈判或对抗的方式解码，这与他们的社会政治位置（左派立场）有关。商店服务员则完全是抵制地解读节目。显然与他们受压制的地位有关。而对于黑人学生来说，他们则与节目几乎没有任何关系，他们与其说是抵制，不如说是根本就拒绝解读它。他们本身对节目是陌生的、疏远的。他们认为"全国"节目是烦人的，没有意思。①

这可以看作是普遍性的解读方式，但并不是绝对的，其中也有着许多差异。如实习生虽然是主导模式的解读，但其中也有抵制，如把它看作是娱乐的方式。也有来自于其他社会位置的人采取主导模式的解读。另外，相同的主导解读之间又有不同，可区分为激进的、保守的、顺从的以及利威斯式的等。由此，莫里在《电视，观众与文化研究》中指出："主流/协商/对立这样的模式，仅属基本，除非再大幅度地精练，否则它还不是一个充分的概念架构，唯有精练之后，它才能够在基本的符码类型之内，容适所有相关的次级分殊与等差。"② 这样，在莫里的经验研究之下，解码变得复杂起来，必须考虑受众的不同的主体位置及其内部的差异，不能把主体本质化。

莫里在《电视，观众与文化研究》曾批评了拉克劳和墨菲在《领导权与社会主义策略》关于主体的分析。莫里认为："虽说拉克劳与墨菲提出了一个非常重要的问题，但他们或许是说过

---

① David Morley, "Cultural Transformations: The Politics of Resistance", in Howard Davis and Paul Walton (eds), *Language, Image, Media*, Oxford: Basil Blackwell, 1983, pp. 113 – 115. 关于这几种解读方式，亦可参见《电视，观众与文化研究》第 183 页图。

② 莫里：《电视，观众与文化研究》，第 184 页。

了头，他们的主体分崩离析之说，流于过火，致而再没有可能找到任何的连贯性。没有一个主体位置可以逻辑地从此推至彼，虽然属实，但这并不是说，这些主体位置中，没有一个是比其他位置更具力量或更具有生发之力量。……其中的某些位置可能比另一些来得强有力，甚至有些主体依赖于其他，这些仍然是可能的。"① 可以说，莫里通过经验研究极大地纠正了拉克劳他们那种分崩离析的主体，而使主体落实于现实。

特纳在评论莫里的媒介研究时指出："主体是由社会生产出来的，并不必是一致的。大卫·莫里对人们对电视的使用的研究发现，观众能够接受内在地矛盾的立场，比如在回应一个电视新闻节目内部的特殊的项目（items）时，就存在一系列竞争性的和明显不一致的主体。"② 而多方面的因素，如社会的、经济的、文化的、多元决定了观众多重主体和多种把自己看作节目接受主体的方式。由此莫里指出，媒介受众并不是一个没有区别的原子化的个体大众，而是一个在许多相互重叠的亚团体和亚文化中，社会地被组织的个体的复杂结构。③ 也就是在这些团体与文化中，个体确定着自己的主体位置和解读方式。

总之，从《编码，解码》到《"全国"观众》，通过个体的不同的解读立场，我们看到了人的不同的主体位置，而也正是个体在这些不同的主体位置之间的滑动中，显示了其解码的能动性。但毫无疑问的是，这种滑动并不是任意的，而是有着某种限定，也就是说人在结构与能动之间的摆动永远是一个无法解决的两难问题。

4. 个案分析：《监控危机》中"同意"的制造

《监控危机》（Policing the Crisis，1978）可以说是对葛兰西

---

① 莫里：《电视，观众与文化研究》，第 209—210 页。
② Graeme Turner, *British Cultural Studies: An Introduction*, 2003, p. 21.
③ Howard Davis and Paul Walton (eds), *Language, Image, Media*, pp. 108 – 109.

的理论（包括国家理论、常识理论、领导权理论等）的具体的运用。正是通过葛兰西的理论，霍尔等人为我们具体分析了一件并不算太大的抢劫事件是如何引发了一场"道德恐慌"，这种道德恐慌又是如何最终被国家利用而成为其加强社会控制的借口，而这种控制却又是如何通过赢得人民的同意而获得的。在他们的具体分析中，我们看到了葛兰西理论的巨大的理论活力与分析力量，但我们也看到了他们在运用葛兰西理论中的偏颇。

事件其实很简单，就是在 1972 年 8 月的一天，在伯明翰的黑人聚居区汉兹沃斯（Handsworth），一个领养老金的叫亚瑟·豪斯（Arthur Hills）的人遭到了三个黑人青年的抢劫，并受了伤。但就是这一看似简单的犯罪案件，却在当时英国特定的条件下，变得不同寻常起来，引发了包括警察、法院、地方长官以及媒体在内的整个社会的大讨论，也正在这种广泛的大讨论中，整个英国社会陷入了对抢劫的恐慌之中，甚至人人都感到自己似乎成了抢劫犯。而当对抢劫的恐慌在进入到对英国社会的思考后，单纯的犯罪行为就成了英国传统价值观崩溃、英国社会秩序和法律失序的体现，由此抢劫这一犯罪事件就转换成了英国社会问题的一个"符码"，进而又形成了一种对英国社会的"道德恐慌"。恐慌的蔓延和加深，使得社会公众必然要求严惩罪犯，尽快恢复传统的价值观及社会秩序。而也就是在这"严惩"中，国家加强了社会的控制。最后法院判了三个年轻人 10 年到 20 年的徒刑，这显然是太重了，但在当时的情况下，又是符合逻辑的。

霍尔等人一开始就没有把这起犯罪案件看成是一起简单的纯粹的刑事案件，而是把这起案件"看作为一种社会现象"①，去

————————

① Stuart Hall et al., *Policing the Crisis*: *Mugging*, *the State*, *and Law and Order*, London: Macmillan, 1978, p. VII.

考察社会对这起案件的反映，去考察英国社会为什么会对抢劫采取如此极端的反映方式，进而考察隐藏在这起看似简单案件背后的巨大的社会价值。正如霍尔所指出："一旦你把'抢劫'不是看作一种事实，而是一种关系——犯罪和对犯罪的反映之间的关系——时，对于'抢劫'的通常见解（wisdoms）就会在你手里瓦解。"① 由此，抢劫本身虽然简单，但作为一个社会现象确实是非常复杂的，而"我们愈加细致地考察这一整个复杂体，这一事件就愈加显现出它是**关于**'抢劫'的道德恐慌，而不是'抢劫'本身的表面现象，对此我们必须首先引起注意"②。

　　首先我们看到的是在这起犯罪案件中，警察、法院、地方长官及媒体形成了一个循环，一个不断强化犯罪与犯罪恐慌的循环。警察为了加大控制力度而夸大犯罪的数量，强调社会在不断出现"'一波又一波'的新的犯罪类型"，而犯罪数量上的增加使其控制犯罪的运动"成为一个'自我实现的预言'"③。报纸根据警察的陈述和卷宗记录加以编辑，宣传了犯罪扩大的"事实"，并以人民的名义要求严厉审判；法官则又往往引用报纸所报道的人民的"心声"，说要严判；而警察反过来又根据法官的陈述要求新的权力或新的合法性以维持社会秩序。而所有的都表明"'道德恐慌'在发展"④，一定要严厉惩处罪犯，否则会使社会陷入更大的混乱。当这种强化到了一定程度后，恐慌便产生了。这正如霍尔他们所说的：

　　　　当对一个人、对一个集团或一系列的事件的官方的反映与它们所给予的实际威胁**完全不成比例**时，当"专家们"

---

① Stuart Hall et al. , *Policing the Crisis*: *Mugging*, *the State*, *and Law and Order*, p. Ⅷ.

② Ibid. , p. 18.

③ Ibid. , p. 38.

④ Ibid. , p. 52.

以警察长官、法官、政治家和编辑的身份，以全体一致的方式去**理解**这种威胁时，当媒介再现普遍地强调（危机）"突发性的和急剧的"增长（包含了众多的人或事件）以及（犯罪方式）"花样翻新"，而这已远远超过了一个冷静的、现实的评论者所能承受的限度时，我们相信，可以说一个**道德危机**就开始了。①

而这场道德危机的形成中，新闻媒体起到了举足轻重的作用。霍尔等人在第三章谈新闻的社会生产时指出，新闻报道一方面要"说**它**自己的思想，说**它**所思考的"，但另一方面要"积极地宣称，**为公众而说话**"②。也正是这后一点，使新闻媒体以人民的名义对人民产生了巨大的影响，甚至直接造就了道德恐慌。从新闻媒介对抢劫案件的报道上就可以看出这一点。

霍尔等人统计并分析了《每日镜报》（*Daily Mirror*）和《卫报》（*Guardian*）从 1972 年 8 月到 1973 年 8 月对抢劫事件的报道。根据他们的统计，这两家报纸总共有 60 篇关于抢劫的报道，其中就有 38 篇是关于暴力抢劫的报道，22 篇是关于非暴力的报道。暴力与非暴力报道的比率近乎 2：1。就 1972 年和 1973 年的报道来看，1972 年的暴力报道数是 20 篇，非暴力报道是 15 篇；1973 年的暴力报道是 18 篇，非暴力报道是 7 篇。由此，1972 与 1973 年暴力与非暴力的比率几乎从 1：1 发展到了 3：1。而从 1973 年 4 月到 8 月比较来看，暴力（10 篇）和非暴力的报道（2 篇）的比率是 5：1。从这可以看出，宣传暴力倾向的抢劫案件的比率日益增多，而在这种报道中，一些并不是暴力的抢劫，如 smuggle 这类的"夺取"也往往贴上了抢劫的标签。由此"抢劫"成

---

① Stuart Hall et al., *Policing the Crisis: Mugging, the State, and Law and Order*, p. 16.

② Ibid., p. 63.

了一个意识形态词语。这无疑进一步加剧了人们对犯罪的恐慌，也就是对道德危机的恐慌。①

这样，通过警察、法院、地方长官及媒体的联合鼓动，社会持续地保持着一种"道德恐慌"，而保持"道德恐慌"观念的效果就是，把人拉进了一个巨大的看不见的但却被操控的过程之中，"并以一种使国家权力合法化，成为可信的和赞同的方式，被引导着去体验和反映矛盾的发展。粗略地讲，'道德恐慌'显现给我们的是一种基本的意识形态的意识的形式，以此一个'沉默的大多数'被争取过来，去支持国家日益增长的压制手段，并把其合法性让与给一个'非同寻常的'（more than usual）的控制实施"②。也就是说，道德恐慌使得大众主动地把自身交给了国家，承认了国家的控制，并赋予了其控制的合法性。

由此我们甚至可以在某种意义上说，抢劫是被"创造"出来的，是一个巨大的意识形态符码，负载着国家控制的阴谋，它在人民中间形成了一个关于抢劫的恐慌，甚至人人都觉得自己成了抢劫犯，或曾经参与过抢劫。由此而进一步所带来的就是抢劫变成了一种"意象"，一种破坏法律和秩序的意象，而所有关于破坏法律秩序的行为都具有了某种抢劫行为，正如霍尔他们所说的，抢劫已不再是一种简单的犯罪行为，而是一种社会现象，一种破坏英国生活方式的社会现象，由此而来的种族、犯罪和青年人都"被压缩进了'抢劫'的意象中"③，如吸毒、学生示威、嬉皮士，甚至女权运动，等等，也都与抢劫这种行为联系起来，似乎他们也都在威胁着社会的稳定和秩序，都被经验为"对国家的威胁，社会生活本身的崩溃，骚乱的来临

---

① Stuart Hall et al., *Policing the Crisis: Mugging, the State, and Law and Order*, p. 73.

② Ibid., p. 221.

③ Ibid., p. VII.

和无政府主义的开始"①。

正是在这种情况下，人民大众需要政府，需要国家加强对社会的控制，由此，当抢劫在英国发生时，沉默的大多数呼吁采取迅即的行动、严厉的审判和良好的保护。也就是在这种情况下，"大多数人的焦虑与对少数人控制的需要结合了起来。'所有人'都发现，只有把他们的利益安置在那些领导人的保护之下后才会获得合适的保障。国家现在就可以公然地和合法地代表并保护少数人而展开反对极端行为的运动"②。由此国家也就顺利地实现了自己加强对社会控制的意图。显然，这种意图是通过大众的同意而获得的。这便是葛兰西领导权思想的核心。

但问题并不这么简单，道德恐慌的形成和人民同意国家的控制并不是一个孤立的事件，而是与战后英国，尤其是与 60 年代以来所形成的社会危机及由此而带来的国家领导权的危机有着紧密的关系。

一方面，英国在战后采取了一系列的政策，如实施福利国家，大力进行社会恢复和经济建设，由此社会逐渐安定下来，而人民的生活也逐渐得以恢复和提高，而生活的富足又直接带来了消费的扩张与休闲娱乐的兴盛，这尤其体现在青年亚文化的兴起上。这种对消费与娱乐的追求所带来的社会后果是道德约束的松弛和英国某些传统生活方式的消失，由此而在英国社会中形成了一种"丧失感"（sense of loss）或"社会丧失感"（sense of social loss），即传统家庭的破裂、受尊重感丧失等，由此社会希望能恢复到原来的传统的英国安宁的社会秩序。这虽然有一相情愿的成分，但对于保守的英国社会来说，这种愿望的确是一股强大

---

① Stuart Hall et al. , *Policing the Crisis*: *Mugging*, *the State*, *and Law and Order*, p. 323.

② Ibid. , pp. 321 – 322.

的势力，是英国对社会的主导认识。

但这种愿望随着自20世纪60年代开始的稳步上升的犯罪率被打破了，人民大众由此体验到了一种弥散于社会的不稳定与不安定感，由此"社会开始在普遍意义上思考犯罪，而在特定的意义上思考'抢劫'，把它作为一种对社会秩序瓦解（disintegration）的索引，作为一种'英国生活方式'开始出现裂缝的标志"①。

由此，抢劫在大众心中就不再是一个简单的犯罪概念，而是一种破坏秩序的象征和符码，从而招致了人们如此的反感和痛恨。这某种程度上暗含了一种要求加强社会控制的倾向和意愿。这是人民在特定时期，面对特殊情况的一种"心声"，而这种"心声"与国家要重新建立领导权显然是相吻合的。

国家之所以要重建领导权，是因为它丧失了领导权，或者说是遭受到了领导权危机或国家危机。霍尔等人指出了英国自19世纪以来的领导权的实施与危机。一是19世纪的非干涉的自由主义阶段。在这一时期政治提供主要的同意机制。"通过政治系统，占统治地位的经济阶级实施其领导权。"② 而当自由资本主义过渡到垄断资本主义后，资本主义国家面临着利润率的下降，原材料的短缺等经济问题而引发国内问题，国家由此而公开进行压制，这就导致了领导权危机。到了"二战"之后，随着福利国家的实施，国家的干预领域扩大，包括经济、政治、意识形态等各方面的干涉。霍尔等人就列出了8方面的干涉。③ 这种干预一方面的确促进了社会的发展，但也正在这种干预中，资本主义的局限性明显加大，如竞争的尖锐化、利润的下降、兴衰和复兴的循环，等等，并由此引发了系统的各种愈来愈公开的危机，最

---

① Stuart Hall et al., *Policing the Crisis: Mugging, the State, and Law and Order*, pp. VII – VIII.

② Ibid., p. 210.

③ Ibid., p. 212.

终导致了"领导权的危机"。"日益地,国家似乎把所有的经济的和政治的阶级斗争的压力和紧张都吸收进了自身之中,但却被其明显的缺少成功所撕破了。"① 国家需要加强自己的控制,重新获得领导权。而要获得领导权显然还必须赢得人民的同意,一味的强制显然是不行的。

霍尔等人也指出了在英国历史上国家获得同意的具体方式。简单地说,在经济上实施福利国家,改造资本主义和劳工运动以适应混合经济方式的需要,致力于私营企业;实施凯恩斯主义形成新的现代资本主义新框架,提倡国内消费指向。政治上实行"富裕政治"(politics of affluence),劳工的完全就业,新的生活方式,使"阶级斗争成为过时的"。意识形态上通过"富裕社会"这一信念来建构。当然这需要经济的支持。工人阶级的生活水平的提高使得阶级斗争的尖锐性削弱。由此作者说:"现在看来,资本是在支持而不是吞食工人阶级的生活水准。"② 由此在这种情况下,政治斗争、阶级斗争成了另一种形式的斗争,由一种体制上的斗争滑向了一种地方性的社团类型的厂房式的斗争,从而趋向于一种政治上的同意以及随之而来的阶级斗争的碎片化。

但同意并不是持久的,英国内部的机制、工业结构的老化、技术更新的缓慢等,使其在经济上只是一个三流的后帝国主义国家,而持续上升的通货膨胀,以及新左派等政治运动的出现,青年亚文化的兴起,反核运动等使英国统治阶级处于危机之中。由此霍尔他们说:"充分的同意由此是建立在一个不稳定的基础之上的。它的历程在任何情况中都注定是短命的。1959 年在麦克米兰(Macmillan)在选举中获胜后不久,它(即同意——引者

---

① Stuart Hall et al., *Policing the Crisis*: *Mugging*, *the State*, *and Law and Order*, p. 214.

② Ibid., p. 231.

注）就开始解体了。"即社会又陷入了危机，一直到 70 年代抢劫案件的发生。[1]

而抢劫事件的发生进一步激发了这种危机，由此国家便借助于这一事件，在扩大危机、强化道德恐慌中，通过人民的自然同意而重新获得对社会的控制，重新获得领导权。可以说，国家的这一目的实现了。

由以上的分析我们可以看出，霍尔等人运用葛兰西的理论详细地阐述了国家是如何通过制造道德恐慌来赢得大众的同意，从而顺理成章地实现其社会控制，获得领导权的目的的。

这主要体现在以下几个方面：一、领导权的获得不是通过压制和强制，而是通过同意，通过诉诸人民的"常识"[2] 而获得的。这种获得并不一定是正面的教育，也可通过强化其反面的危害而使人在必须消除这危害中接受控制。这使同意多了一个实施的维度。二、在这种同意的实施中，新闻媒介承担着重要的作用，从而极大地突现了意识形态的重要作用。珍尼特·沃勒考特（Janet Woollacott）指出："媒体成为'赢得或丧失"同意"、"一致"的重要面向'，也是'意识形态斗争的场域'"[3]。贝内特也说："这本书最重要部分便是，它瓦解'媒体是社会真实定义者'的理论说法。法律和秩序的意识形态并不主要从新闻的正

---

① Stuart Hall et al. , *Policing the Crisis*：*Mugging*，*the State*，*and Law and Order*，pp. 234 - 235.

② 在《监控危机》中有两种常识，一是英国特定的传统的意识形态，也就是英国文化主义传统所形成的那种对平静、安定的生活方式的追求，而这种生活方式被经验为、表达为是"自然的"，是一种"自然"秩序，由此而反对那种偏离秩序的行为，如抢劫等犯罪行为。二是从属阶级的常识。这种常识也与英国大众的保守性密切相关，就是他们往往在占统治地位的观念框架中思考。"对于从属阶级来说，统治的观念往往被等同于整个的观念结构本身。"（*Policing the Crisis*，p. 154）这也就使得统治阶级的观念能很好地深入到大众的思想中去。两种常识的结合使得统治阶级能更为顺利地赢得大众的同意。

③ Janet Woollacott：《讯息和意义》，载唐维敏等译《文化、社会与媒体》，第150 页。

确性方面考虑，而是从犯罪分配和'真正'情况等独立指标来测量。其中，媒体确实有些相关之处，但所强调的，则是这种意识形态的**发挥接合作用**的角色。它将暗杀者的形象连合、衔接在一起，成为一系列相关的意识形态组合，包括战后的反叛青年，贸易工会、某些种族、移民和帝国的'违法乱纪'。简单地说，《监控危机》这本书的焦点，不是意识形态和'真实'的构型，而是各种意识形态之间的构型。"① 这一对于《监控危机》中意识形态作用的分析是再明确不过的了。

但《监控危机》的问题也在这种对意识形态的过分强调上。霍尔等人说，虽然任何共识都没有那么简单，"但是普遍的趋势是，这个危机由统治的意识形态所建构，并在媒体上获得共识，从而去建构'真实'的实质基础，成为公众观点的持续来源"②。而最终，媒体尽管是不知不觉地，但"已有效地成了控制过程本身的机器——一种'意识形态国家机器'"③。在这里我们显然看到了阿尔都塞的影子，而实际上，霍尔等人虽然尽量避免某种决定论，但过分强调新闻，强调意识形态的运作往往又陷入了某种决定论，一方面是媒体复制"领导阶级联盟所属意的解释"，使"媒体扮演的角色其实是对主要定义者的'结构性服从'"④；另一方面就是过分强调了意识形态对人的控制，忽视了人的差异性和能动性，似乎人只能听从新闻的意识形态"召唤"。

不管怎么说，《监控危机》的确为我们展示了国家是如何通过复杂的意识形态的运作而赢得大众的同意，从而顺利实施其加强对社会控制的目的的。这样的运作方式在伯明翰学派的女性研

---

① Tony Bennett：《媒体、"真实"、意义指称》，载唐维敏等译《文化、社会与媒体》，第 434 页。

② Stuart Hall et al. , *Policing the Crisis：Mugging, the State, and Law and Order*, pp. 220 – 221.

③ Ibid. , p. 76.

④ Janet Woollacott：《讯息和意义》，载唐维敏等译《文化、社会与媒体》，第 150—151 页。

究与种族研究中依然可以清晰地看到。比如在研究中心的集体之作《妇女走向前台》（*Women Take Issue: Aspects Of Women's Subordination*, London: Hutchinson, 1978）中，研究中心的学者们就详细地阐述了女性从属地位是如何被全面建构的，这包括国家建构、媒体建构以及女性自身的自我建构。而正是在这一系列的建构中，女性持续地"不可见"或缺席。在伯明翰学派的种族研究中，研究中心的学者们在阐述英国资本主义的有机危机（领导权危机）中，分析了战后英国的移民与种族问题，阐述了英国社会对黑人形象的常识建构以及黑人的反霸权斗争。这样的分析显然源自葛兰西的领导权理论框架。①

---

①　可参阅 CCCS, *The Empire Strikes Back: Race and Racism in 70s Britain*, London: Hutchinson, 1982。这是研究中心典型的种族研究之作。

第四章

葛兰西与斯图亚特·霍尔

斯图亚特·霍尔曾这样描述他与葛兰西相遇的情景："葛兰西是我在轻率地冲向结构主义和理论至上主义（theoreticism）途中所停止的地方。在某一时刻，我被葛兰西绊倒了，然后我说：'就在这里，别走了!'"① 由此之后，霍尔的学术乃至政治之路就深深地受到了葛兰西的影响，甚至可以说"葛兰西要比任何其他的知识分子对霍尔的思想的影响都要大"②。霍尔自己也承认这一点。在一次访谈中，他说："我深刻地受到了葛兰西的影响。"③ 但霍尔在接受葛兰西的过程中，并不是全盘接受或僵化地运用葛兰西的理论，而是运用葛兰西的精神或思维方式，去分析现实问题，并试图解决问题。也就在这一意义上，霍尔说："我不是'一个葛兰西式的人'。"④ 另外，霍尔在运用葛兰西的理论时，总是很少单独运用葛兰西一人的理论去分析问题，而总是不断吸取其他理论资源和方法，如符号学、结构主义、话语理论等，去丰富和发展葛兰西。我们甚至可以说，没有霍尔对其他

---

① Stuart Hall, "The Toad in the Garden: Thatcherism among the Theorists", in Cary Nelson and Lawrence Grossberg (eds), *Marxism and the Interpretation of Culture*, Urbana: University of Illinois Press, 1988, p. 69.

② James Procter, *Stuart Hall*, London: Routledge, 2004, p. 26.

③ Gary A. Olson and Lynn Worsham (eds), *Race, Rhetoric, and the Postcolonial*, Albany: State University of New York Press, 1999, p. 215.

④ Ibid..

理论的借鉴与运用，葛兰西的理论也不会得到很好的发展，也不会获得持久的生命力。

在本章中，我们将从三个方面阐述葛兰西对霍尔的影响。一是阐述霍尔在理论上是如何理解葛兰西，并进而影响他对许多问题的思考和理解的。这里有一个发展与变化的过程，而这个过程也是霍尔对葛兰西理论不断深化的过程；二是通过霍尔对一个具体的个案——撒切尔主义的分析，去看霍尔是如何具体运用葛兰西的理论的；三是阐述霍尔是如何在理解和运用葛兰西的理论中发展葛兰西的理论的，这就是他的"接合"理论。从霍尔对葛兰西理论的阐述、运用和发展这三个方面，我想基本上能揭示霍尔是如何接受葛兰西的。[①]

一　霍尔的阶级斗争与葛兰西

在 20 世纪 90 年代，霍尔在一次访谈中说："我有点惊讶的是，我发现我仍然在思考 60 年代我所思考的阶级"，不过"答案变了，已经变了，可问题大部分还是相同的"[②]。克里斯·罗杰克（Chris Rojek）在《斯图亚特·霍尔》中也指出："实际上，霍尔从来没有摒弃阶级的巨大重要性。"[③]

从这里我们可以得到一个信息，就是霍尔始终没有抛弃"阶级斗争"，只是这阶级与斗争的内容、形式、范围及解决方式在不断的发展变化，正如霍尔所说："真正的问题不是是否使用'阶级'，而是这一术语实际上意味着什么以及它能——或不

[①]　关于霍尔较为全面的研究，可参阅武桂杰《霍尔与文化研究》，中央编译出版社 2009 年版。

[②]　Gary A. Olson and Lynn Worsham (eds), *Race, Rhetoric, and the Postcolonial*, p. 209.

[③]　Chris Rojek, *Stuart Hall*, Cambridge: Polity in association with Blackwell, 2003, p. 131.

能——传递什么。"① 透过霍尔使用"阶级"和"阶级斗争"概念的发展变化的过程，我们也许能抓住霍尔理论的发展轨迹，了解他对葛兰西理论的理解。或者说，正是通过对葛兰西领导权理论理解的不断深化，霍尔对阶级、阶级斗争有了不断而深入的认识。对此，我们将以"阶级斗争"的主体为线索去阐述这一轨迹，这就是他早期的对传统的统治阶级与被统治阶级的区分，强调统治与从属之间的斗争；后来的以"历史集团"为核心的领导权的争夺斗争；再后来当话语理论被引入后，则更多地使用拉克劳的"人民/权力集团"的概念，强调以权力为中心，通过对意义的争夺去阐述阶级斗争。

（一）早期的统治与从属的阶级斗争

在前面我们对《通过仪式抵抗》的分析中已看到，早期文化研究更多的还保留着传统的阶级主题，虽然在引入葛兰西的领导权理论后，阶级斗争的方式、范围等方面发生了一些变化，形成了一些新的认识，但最终在结构主义的影响下，更多的还是统治与从属这一"结构关系"的生产与再生产，至于阶级的"主体"并没有多少变化，基本上还保留着传统的统治阶级与被统治阶级的概念。或者我们也可说，早期引入葛兰西的领导权主要引入的是多样化的统治方式，而基本的框架还是传统的阶级斗争的框架，还未完全消除阶级决定论或还原论。这一点在霍尔早期（1977）的一篇独立文章《文化，媒介与"意识形态效应"》（Culture, the Media and the "Ideological Effect"）中，有一定的体现，但它比前者在理解葛兰西的领导权上更深入了一步。

概括起来，在这篇文章中，霍尔主要从以下几个方面阐述了葛兰西的领导权理论。一、统治不仅仅是通过压制而且也通过指

---

① Stuart Hall, *The Hard Road to Renewal: Thatcherism and the Crisis of the Left*, London: Verso, 1988, p. 4.

导，也就是说"领导权建立在一种力量和同意的合并基础之上
的"①。霍尔明确指出："合法性和同意的问题是葛兰西'领导
权'概念的关键，因为正是通过它们，统治阶级才能积极地把
意识形态领域运用到建构领导权上，而同时正是因为通过它们，
统治系统才会从被统治阶级那里赢得一种特定的接受。"② 这样
统治的方式就多样化了。二、领导权不仅仅是在生产和经济领
域，也在国家、政治与上层建筑领域去赢得。这样统治的范围扩
大了。三、强调了领导权"不是一种'给定的'和持久的事件
状态，而是必须去积极赢得和保持：它同样也可能失去"③。由
此而引入了一种动态的斗争观念，这就是没有永久的领导权，统
治阶级与被统治阶级之间只是一种"不稳定的平衡"或"运动
中的平衡"。四、强调领导权扩展了整个统治观念，统治阶级并
不是单一的、统一的，而是阶级派别的联合；而统治观念与统治
阶级之间也并不是简单的对应，不是直接的利益的表达。④ 这在
很大程度上是与经济决定论或阶级还原论决裂的标志。

但我们还应指出的是，霍尔虽然比前面我们分析的《通过仪
式抵抗》在理解葛兰西的领导权上有一定的深入，但对于此时的
霍尔来说，他对葛兰西的理解也主要是在统治与从属的框架中去
理解，强调的也主要是统治结构的再生产。如他通过意识形态的
三个效应或三个过程：遮蔽—碎片化—统一（masking-fragmenting-
uniting）阐述了统治阶级实施意识形态的再生产、赢得同意进而
对被统治阶级进行统治的方式。而这也就是他在文章结尾所说的
一种"统治结构的再生产"⑤。或者说，领导权在很大程度上成了

① Stuart Hall, "Culture, the Media and the 'Ideological Effect'", in James Curran et al. (eds), *Mass Communication and Society*, London: Edward Arnold in association with the Open University Press, 1977, p. 332.

② Ibid., p. 338.

③ Ibid., p. 333.

④ Ibid., p. 334.

⑤ James Curran et al. (eds), *Mass Communication and Society*, p. 346.

一种再生产的方式，这也正如约翰·多克（John Docker）在《后现代主义与大众文化：文化史》中所指出的："霍尔在这篇文章中感兴趣的是弄清楚居支配地位的价值观是如何发挥支配作用的。对存在着支配地位的意识形态，从来都是毫无疑问的，对这些意识形态确实发挥支配地位，也是从来都没有任何疑问的。从这篇论文的论点看来，似乎他正在排除互相矛盾和复杂的可能性，甚至正在排除支配权也会丧失的可能性。"① 由此本文"总的趋势是，自由资本主义社会是构筑在支配地位的基础之上的；社会的、伦理的、精神的与道德的生活整体积极地适应生产体制的要求"②。这种概括是有道理的，霍尔早期对葛兰西的理解与早期文化研究对霍尔的理解是一致的，因为在某种意义上说，霍尔的观点可代表研究中心的观点，尤其是在研究中心早期。

　　另外，他虽对"统治阶级"和"被统治阶级"这样的概念有所不满，但也只是在括号中指出应该使用"统治阶级派别的联合"或"历史集团"，而在行文中还是以使用统治阶级和被统治阶级或从属阶级为主。只有到了20世纪80年代，霍尔才明确而有意识地使用"历史集团"，而不再使用统治与从属这样的僵硬的结构以及统治阶级和被统治阶级这样的僵化的概念，从而对葛兰西的领导权理论有了更进一步的理解，强调了斗争主体的多样化、异质性。

（二）没有担保的马克思主义

　　到1983年，霍尔以一篇《意识形态问题：没有担保的马克思主义》（The Problem of Ideology：Marxism without Guarantees），批评了正统马克思主义的结构决定论、经济还原论等僵化的观

---

　　①　约翰·多克：《后现代主义与大众文化：文化史》，吴松江等译，辽宁教育出版社2002年版，第85—86页。
　　②　同上书，第83页。

念，而"没有担保"也就是一切都不是必然的、预先给定的，
一切都是在斗争过程中被建构起来的。这既包括经济基础与阶
级、统治观念和统治阶级等之间的关系是无法保证的，不是必然
对应的，对于斗争的主体，如阶级来说也不是被保证为同质的、
统一的，同样需要在持续的斗争过程中被建构。霍尔说：

> "领导权"在葛兰西的意义上所要求的，并不是一个完
> 整的阶级以其充分建构的"哲学"而获取权力，而是社会
> 力量的一个历史集团以此而被建构和这一历史集团由此而确
> 保其统治地位的**过程**。由此，我们概念化"统治观念"和
> "统治阶级"之间关系的方式，最好是通过"领导权的统
> 治"过程来思考。[①]

在这里我们看到，正是通过"领导权统治"的历史化过程，霍
尔重新思考了阶级、阶级关系、"统治观念"和"统治阶级"等
一系列马克思主义的传统观念，因为这一切都需要在这动态的过
程与历史发展中去建构，都是无法给予担保的。由此也就不再是
前面我们所指出的那种静态的统治结构的再生产，霍尔对葛兰西
的理解更进了一步。

在《花园中的癫蛤蟆》（The Toad in the Garden：Thatcherism
among the Theorists）中，霍尔也指出："霸权是通过一个复杂的
序列或过程被建构的。它既不是在现存的社会结构中，也不是在
一种生产模式的特定阶级结构中给定的。"[②] 这也就从根本上否
定了在给定结构中的再生产，一切都依赖于"持续的革命和发

---

① Stuart Hall, "The Problem of Ideology：Marxism Without Guarantees", in David Morley and Kuan-Hsing Chen（eds），*Stuart Hall：Critical Dialogues in Cultural Studies*, pp. 43 –44.

② Cary Nelson and Lawrence Grossberg（eds），*Marxism and the Interpretation of Culture*, p. 53.

展，依赖于各种斗争如何实施"，而霸权一旦获得，又"被持续地和不断地更新和再制定（reenacted）"。而所有这些斗争的结果也不是给定的，而是一种"不稳定的平衡"①。如果说前者强调的是"不稳定的平衡"中的结构再生产的"平衡"的话，那现在霍尔则更多的是强调这"不稳定的平衡"中的"没有担保"的"不稳定"。

也正是对这种不稳定的强调，霍尔特别重视葛兰西对局势及力量关系的分析，而"不是求助于给定的'经济发展规律'"②。因为只有在这种力量关系的分析中，才可看到一种动态的发展过程，才会消除那种给定的、有担保的限定。霍尔认为社会力量"没有一个清晰的阶级标志和社会对抗，在当代社会内部有一个不同的历史和轨迹"③。在《葛兰西与种族和人种研究的关联》（Gramsci's Relevance for the Study of Race and Ethnicity, 1986）中，霍尔就是随着葛兰西，先分析了局势问题，指出局势分析是"一个动态的历史分析的框架"；接着进入葛兰西的力量关系的分析，指出这"构成了政治和社会斗争与发展的真正的领地"，而"在这些力量之间**并没有什么必然的目的进化论**"，也就是并不是被预先保证的。④

由此在斗争的主体上，霍尔"在越来越葛兰西式的形构中，总是很小心地使用'阶级和社会集团'这样的表达，承认有一些重要的社会集团需要非阶级的概念来正确的理解"⑤。在此基础上，霍尔开始更多的使用"历史集团"这一概念，取代了统

---

① Cary Nelson and Lawrence Grossberg（eds）, *Marxism and the Interpretation of Culture*, p. 54.

② Ibid. .

③ Stuart Hall, *The Hard Road to Renewal: Thatcherism and the Crisis of the Left*, pp. 7 – 8.

④ David Morley and Kuan-Hsing Chen（eds）, *Stuart Hall: Critical Dialogues in Cultural Studies*, pp. 422 – 423.

⑤ Andrew Tudor, *Decoding Culture: Theory and Method in Cultural Studies*, p. 125.

治阶级或被统治阶级这样的概念，因为前者显然更具历史性或历史的构成性。这集中体现在霍尔对撒切尔主义的阐述中（详见下一节）。在《艰难的复兴之路》中，霍尔说，我"使用'历史集团'而不是'统治阶级'来展示撒切尔主义的复杂的和异质的权力与主导的社会构成"①。在《葛兰西与种族和人种研究的关联》中，霍尔也指出，占统治地位的领导者不再被描述为统治阶级，而是"历史集团"。这一方面体现了阶级的历史性，易变性，另一方面，阶级也在这种历史性过程中，失去了其"同质化"的倾向，而趋向异质性与差异。也就是说，赢得统治的并不是单一的阶级，而是不同阶层或阶级联合的结果。"由此，每一种霸权形构有其自己的特殊的构成和构型。这是一种非常不同的方式，它概念化了通常是松散地和不确切地所指称为'统治阶级'的东西。"②

　　霍尔之所以使用历史集团的概念而不是传统的统治阶级与被统治阶级的概念，最根本的原因是这一概念揭示了阶级主体的矛盾性、非同质性甚至碎片性，这在很大程度上显然是与阶级还原论和经济还原论的决裂。在霍尔看来，即便是在获得领导权的那一时刻，阶级主体也不是一个完全统一的过程，而是不同阶层的策略性的联合，"其特征是由这样的基础性的假定所给予的，就是在经济的、政治的和意志的实践之间并没有自动的同一性或对应"③。由此，霍尔通过葛兰西指出，葛兰西的"自我""并不是一个统一的而是一个矛盾的主体，一个社会的建构"④。克里斯·罗杰克指出，借用葛兰西，霍尔与庸俗马克思主义的意识形

① Stuart Hall, *The Hard Road to Renewal: Thatcherism and the Crisis of the Left*, p. 7.

② David Morley and Kuan-Hsing Chen（eds）, *Stuart Hall: Critical Dialogues in Cultural Studies*, p. 424.

③ Ibid., p. 437.

④ Ibid., p. 440.

态主体决裂，历史不是根据阶级斗争来预先理论化的。"阶级"虽然还在霍尔那里，但"阶级现在被理论化为被碎片化的、有分裂倾向的矛盾的能动者（agents）"①。

　　但霍尔的"碎片"与后结构主义的"碎片"是不一样的。霍尔曾针对拉克劳过分"碎片化"的身份观指出："我没有漂移。身份没有被固定，但它也不是啥都不是。"② 这体现了霍尔在身份观上的典型特点，就是一方面身份是不固定的，是多样的和变化的，也就是异质的、矛盾的，但还没有漂移到无法固定的地步，否则人就无法认识了。这明显体现了霍尔对"限定"的肯定，就是任何身份都是在某种条件之下的漂移，没有限制的漂移是不可能的，由此"没有担保"并不是没有限制，而只是不能保证最终的结果。在这一意义上，霍尔指出，他把马克思主义的经济"最终决定"改为"首先决定"（determination by the economic in the first instance），这种改变的目的就在于经济只是在最初决定方向，而不是在最终决定结果。③

（三）话语转向中的领导权

　　自 20 世纪 80 年代中期之后，霍尔开始接受话语理论。他曾明确指出，话语理论对他有着"巨大的启发性，而且也有力地渗透进我的思维中"，因为话语具有"能够把其他种类的实践再概念化的一种精细的构成能力"，甚至可把称为"经济的"东西看作像话语一样地运作。④ 这也就是霍尔的"话语转向"。而这种转向的直接的结果或贡献，是霍尔的接合理论的形成，我们将

---

① Chris Rojek, *Stuart Hall*, p. 118.

② 转引自 Chris Rojek, *Stuart Hall*, p. 127.

③ David Morley and Kuan-Hsing Chen（eds）, *Stuart Hall: Critical Dialogues in Cultural Studies*, p. 45.

④ 霍尔：《后现代主义与接合理论》，载陈光兴、杨明敏编《内爆麦当奴》，第200 页。

在第三节具体阐述。在这里我们主要阐述的是霍尔如何理解话语理论，并进而影响他对葛兰西领导权理论的理解的。

霍尔所接受和运用的话语理论主要是拉克劳（详见下一章）和福柯的理论。在本节中我们主要讨论霍尔对福柯话语理论的运用。从霍尔对福柯的话语理论的阐述中我们可以看出，一方面，话语理论给了霍尔一种更为精细的分析方法，扩展了领导权的理论框架，突出了以权力为中心的斗争。而霍尔运用拉克劳的"人民/权力集团"概念，就是运用话语理论而体现出的一种无权与有权之间的斗争，而不仅仅是体制上的统治阶级与被统治阶级之间尖锐的二元对立的斗争。

那么，什么是话语？它是如何体现出权力的？霍尔又是如何阐述话语理论的？在《表征——文化表象与意指实践》（*Representation：Cultural Representation and Signifying Practices*）和《西方与其余地方》中，霍尔比较具体的阐述了福柯的话语理论。在《表征》中，霍尔从话语的概念、权力与知识的话题以及主体问题三个方面概括了福柯的话语理论。

霍尔指出，福柯的话语理论通过把实践引入语言而克服了语言学中两者之间的鸿沟，而在把实践引入语言中，权力也一起被建构在了其中，因为话语控制着一个话题能被有意义地谈论和追问的方式，影响着各种观念被投入实践和被运用来规范他人行为的方式，同时也"'排除'、限制和约束了其他的言谈方式，与该话题有关的人为方式或建构有关其知识的方式"[1]。由此"在某些特定历史时刻，某些人比另一些人更有权力谈论某些话题"[2]。可以说，话语是关于某一话题的一整套规范体系，它规范他人的行为方式及言谈方式，并进而排除其他不符合其规范的行为及言谈方式。由此，话语与权力紧密

---

① 霍尔编：《表征——文化表象与意指实践》，第 45 页。
② 同上书，第 43 页。

相连。

从知识与权力的关系看，两者之间"有着纠缠不清的关系"①，话语生产知识，知识规范、控制乃至强制各种实践和社会行为。因而，"既不存在离开某个知识领域的相互关联的结构的权力关系，也不存在任何不同时预想和构造各种权力关系的知识"②。由此，知识"始终是权力的一种形式，而且权力被暗含于知识是否以及在哪些情形里被应用的问题中"。在这种情况下，"权力/知识的应用和效果问题，比起其'真理'的问题更为重要"③。因为在某种意义上说，真理也是通过知识的权力被建构起来的，并没有客观不变的真理。

关于主体，霍尔指出，主体并不是话语的主体，而只是话语建构的对象，"是在话语内产生出来的"④，它要受到话语的主宰，服从于话语的权力/知识的处置，然后才可以成为主体，获得意义。在这里我们需要注意的是，话语所建构的主体并不是实体性的主体，如阶级主体，而是一种"主体—位置"，这显示了话语极强的建构能力，它可以把人建构在这一位置上，也可以建构在那一位置上；同一位置，它可以把这个人建构进来，也可以把那个人建构进来，由此，"位置"体现的是一种主体的流动与变化，而不是固定不变的主体。

总之，通过话语的不平等的使用、知识的规范以及话语对主体的生产这三个方面，我们可以清楚地看到话语与权力之间不可分割的关系，甚至可以说"每个人，不论有权的还是无权的，尽管不在同等地位上，都被卷入权力的循环。没有人……能完全

---

① 霍尔编：《表征——文化表象与意指实践》，第48页。
② 此为霍尔所引用的福柯的话，见《表征——文化表象与意指实践》，第49页。
③ 霍尔编：《表征——文化表象与意指实践》，第49页。
④ 同上书，第56页。

呆在它运作的领地之外"①。而这里的权力就并不只是统治与被统治或从属之间的这样"权力",而是一种更为微观的权力,即深入到了社会生活的各个层面的微观的权力。由此葛兰西的那种统治与从属的关系在此过渡到了一种"权力—关系"。霍尔对福柯的理论作了如下总结:"话语不仅总是包含在权力中,话语也是藉此权力得以传播的'系统'的一部分。一个话语所生产的知识构成了一种权力,实施于那些要被'认知'(known)的人身上。当那种知识在实践上实施时,那些以一种特定方式被'认知'的人将隶属于(也就是从属于)它。这通常即是一种权力—关系。那些生产这话语的人也有力量使其成为真理——也就是强化其合法性,其科学的地位。"② 从这一概括中,我们更能清楚地看到,话语通过权力合法化其地位,并实施于那些没有权力的人身上,使之从属于他。在这里我们看到了葛兰西的领导权结构,而霍尔也明确地阐述了福柯与葛兰西的相似性。

　　一、从权力实施和运作范围上看,权力关系渗透到了社会存在的各个层次,既卷入经济压迫和物质限制,又卷入了知识、表征、观念、文化领导和权威;不仅渗入公共政治领域,经济和法律中,也渗入了家庭和性行为的私人领域中,也就是进入权力的"微观物理学"。这显然扩展了葛兰西领导权的实施范围。二、从权力实施的方式上看,权力不仅靠武力和强制而引人注目,它还吸引、拉拢、诱惑、赢得赞同,即通过赢得人们的同意而实施。这与领导权是相通的。三、从权力实施的方向上看,它不能被设想为一个群体独占权力,用自上而下的单纯控制的方法简单地把权力向下辐射到一个从属的群体。权力的实施是一个网状组织结构的特点。四、"权力不只是消极的,不只压制它想控制的

---

① 霍尔编:《表征——文化表象与意指实践》,第 264 页。
② Stuart Hall, "The West and the Rest: Discourse and Power", in Susanne Schech et al. (eds), *Development: A Cultural Studies Reader*, MA: Blackwell Publishers Ltd, 2002, p. 63.

东西。它也是生产性的"①。"它生产新的话语、新的知识类型（即东方主义）、新的知识对象（东方），它构成新的实践（殖民化）和机构（殖民政府）。五、对两位理论家而言，权力都是到处存在的，如同福柯坚持认为的，权力循环往复。"②

对于霍尔在两者之间的这种比较，我们需要注意的是，霍尔在这里并不是简单地为比较而比较，而实际上也是在这种相似性的比较中，通过福柯的话语权力理论去扩展葛兰西的领导权理论，或者说是在运用话语理论深化对葛兰西领导权理论的理解。比如第一点，显然是对葛兰西领导权理论实施范围的扩展。霍尔借用拉克劳话语理论中的"人民/权力集团"概念取代统治阶级/被统治阶级，正是这一典型的体现。在《艰难的复兴之路》中，霍尔指出，人民/权力集团这一概念相比于资本/劳动、压迫者/被压迫者等阶级对立的概念来说，"是一个包含更广的斗争领域"（a more inclusive field of struggle）③。这显然体现了权力斗争的多样化。罗杰克在《斯图亚特·霍尔》中也指出，"实际上，拉克劳与墨菲把阶级斗争重新概念化为'权力集团'和'人民'，而这种方式被霍尔自己在 20 世纪 80 年代广为使用"④。在《艰难的复兴之路》中我们可以清楚地看到霍尔对人民/权力集团的使用。

霍尔在指出福柯与葛兰西的相似性的同时，也指出了两者的不同，这就是葛兰西强调权力"在各个阶级间的运作"，而福柯则总是拒绝承认任何主体或主体集团是权力的来源，霍尔认为这是两位权力理论家"重要的区别"⑤。在《花园中的癞蛤蟆》一

---

① 霍尔编：《表征——文化表象与意指实践》，第 50 页。

② 同上书，第 264 页。

③ Stuart Hall, *The Hard Road to Renewal: Thatcherism and the Crisis of the Left*, p. 140.

④ Chris Rojek, *Stuart Hall*, p. 126.

⑤ 霍尔编：《表征——文化表象与意指实践》，第 264 页。

文中，霍尔也指出了福柯与葛兰西的区别。霍尔说："福柯的问题，说得唐突一点，是一个没有接合概念的差异概念，也就是一个没有领导权概念的权力概念。"[1] 这一点从霍尔对话语理论的批判中可以看出。在《后现代主义与接合理论》中，霍尔批评了拉克劳的极端的话语理论。就是拉克劳与墨菲"认为世界、社会实践 is 语言；然而我却要说，社会（the social）'如'（like）——语言般运作"。更为直观地看，就是拉克劳他们把 X 如 Y 置换成了 X = Y。具体说就是，拉克劳他们把实践还原为了话语，话语之外便一无所有了，由此他们"只谈及位置性（positionalities）而不谈及社会实际位置（positions）"[2]。而这往往会陷入另一种化约论或还原论，就是把一切都还原为话语。而这所导致的结果，就是放弃了现实的具体的社会实践，这也就是霍尔所担心的"论述的主张常有丧失对其物质实践和历史条件参照的危险"[3]。也就在这里，霍尔与后现代的话语理论分清了界限。他没有放弃统一，没有放弃现实的具体的社会实践。

但在另一方面，霍尔又指出了他们的另一个缺陷，就是历史的缺席。霍尔说："他们的问题不在政治，而在历史。他们使那些已经生产了现在（have produced the present），并继续对话语的接合起着限制与决定作用的历史力量问题，自手中滑落掉了。"[4] 这就是霍尔对话语理论的态度，一是反对话语理论的话语还原论，二是反对话语理论的历史维度的缺席。而所有这一切都是霍尔强调"限定"的结果。对霍尔来说，权力并不是没有主体的运作，权力总是有缘起与源头的，语言并不就仅仅是语

---

① Cary Nelson and Lawrence Grossberg（eds），*Marxism and the Interpretation of Culture*，p. 53.

② 陈光兴、杨明敏编：《内爆麦当奴》，第 201 页。

③ 同上书，第 202 页。

④ David Morley and Kuan-Hsing Chen（eds），*Stuart Hall：Critical Dialogues in Cultural Studies*，p. 148.

言，话语也不仅仅是话语，要看到话语背后的政治的、物质的、经济的、技术的等各种因素，以及决定话语实施的权力集团或个人。由此 X 如 Y 并不就是 X = Y。海伦·戴维斯（Helen Davis）在《理解霍尔》中指出，霍尔后期虽然引入了后现代主义，但他并没有抛弃"阶级和资本主题"[1]。由于后现代主义无处不在地使用话语，因此有时就忘记了"'话语'并不纯粹存在于象征或意识形态领域。也就是说，一个话语并不单纯地是一种观念。……它们是历史地特殊。虽然有时它们持久的品行创造了一个显现为自然的和超验的特殊话语"[2]。由此我们说，霍尔在一步步松动阶级与意识形态中，并没有完全陷入无目的无方向的漂移，而是一直强调社会现实、社会体制的在场和限定。而在这一意义上，霍尔所使用的人民/权力集团概念就不仅仅是话语的，而是有着其内在的限定的。

二 撒切尔主义与领导权

霍尔对撒切尔主义的分析可以说是他对"监控危机"分析的延续，而且两者有着相近的时代背景，只是《监控危机》是对单一社会现象的分析，强调的国家如何通过赢得大众的同意而获得对社会的更强大的控制权。而霍尔对撒切尔主义的分析则更为全面、深入，对葛兰西的理论的运用也更为丰富和灵活。

（一）撒切尔主义的兴起与内容

首先我们还是先看一下撒切尔主义出现的历史背景。英国战后 40 年代，在政治上可以用"尘埃落定"（settlement）来定义，不同的社会利益集团之间的冲突几乎已达成妥协和协议，无论是

---

[1] Helen Davis, *Understanding Stuart Hall*, London：Sage，2004，p. 162.

[2] Ibid.，p. 165。

右翼还是左派，都修正了他们的激进主张，从而能在相互妥协中和平共处。他们之间虽然有着真正的差异，但这一时期的特征表现为"在基础性的社会与经济框架上的一种深刻的、潜在的同意或妥协"①。

而要维护这样的社会稳定，无论是左派还是右翼，都认识到必须要加强国家对社会的管理力度和控制力度，保障人民的利益、安全与权利，为社会创造更好的发展条件，尤其是在经历了30年代的经济危机以及"二战"之后，英国人民更深切地感受到了这一点。而福利国家的实施正是这方面的体现，它为公民提供了一揽子预防性的社会保障体系，而国家作为责任人承担着最后的责任。这一切再加上英国传统的那种追求平静、安稳的生活方式的常识，形成了英国战后的共识，即"社会民主共识"（social democratic consensus）。这种共识的特点是：一、在经济上是一种混合经济，即是一种由国家支配与管理的市场经济；二、对于工会与劳动阶级的服从；三、主要代表是工党；四、满足充分就业、福利国家等要求。总之，英国战后所形成的这种共识所强调的，是国家要为社会负责，为人民负责，维护社会的稳定、发展与人民的富足、安全。

但好景不长，英国自20世纪60年代就出现了危机。先是60年代的社会政治动乱，再就是反文化运动，三是70年代早期的暴力冲突及好斗行为。② 而"1975年是英国政治的转折点。首先是石油价格飙升，二是资本主义危机开始，三是在撒切尔式的领导下，现代保守主义的变革"③。这就是英国右派所面临的社会形势。

---

① Cary Nelson and Lawrence Grossberg (eds), *Marxism and the Interpretation of Culture*, p. 36.

② Ibid. , p. 37.

③ Stuart Hall, *The Hard Road to Renewal: Thatcherism and the Crisis of the Left*, p. 166.

也正是在这种危机情况之下，撒切尔主义登台，并形成了一整套稳定而持续的经济、政治、意识形态和文化政策。关于撒切尔主义的具体内容，霍尔并没有专门的阐述，而是分散在他对撒切尔主义形成过程的分析中。不过还是让我们先简要概述一下撒切尔主义的内容，为下面阐述其形成过程做准备。

撒切尔主义大体包括以下几个方面的内容：1. 执行"自由市场"准则，强调货币价值和货币主义，并以货币主义代替凯恩斯主义，反对国家过分干预经济，大力推行私有化、非国有化政策，倡导建立一个自由竞争的社会；2. 改革税制，降低税率，以刺激个人和企业发展生产的积极性，对付经济衰退；3. 改革社会福利制度，削减教育、医疗和社会福利等公共开支，减少政府负担；4. 政治上，对英国工会和罢工运动采取针锋相对的正面斗争策略，以取代过去政府所采取的协商、谈判和妥协的方针，恢复政府的权威。[①]

从这里我们可以看出，撒切尔主义与我们前面所指出的英国"社会民主共识"几乎是完全对立的。这就显示了撒切尔主义的解构性质。实际上，撒切尔主义就是在不断地解构或解接合[②]中去重构或再接合的，而这也是葛兰西领导权建构的精髓。

（二）领导权与撒切尔主义的形成

1. 解构：愈糟愈好的危机

首先，霍尔运用了葛兰西关于解构和建构的观点，强调了危机的双重性，即危机时刻同时也是一个重构的时刻，没有解构也

---

① 可参见胡芝莹《霍尔》，台北：生智文化事业有限公司 2001 年版，第 177—178 页，王振华、申义怀主编：《撒切尔主义——80 年代英国内外政策》，中国社会科学出版社 1992 年版，第 1 编，以及其他相关著作。

② 对"接合"（articulation）这一概念的具体阐述见下一节，在此简而言之就是，事物并不是由固定的因素所组成，在不同的语境中可以对这些因素进行拆解，重新组合或与其他的元素结合，从而产生新的意义。

就没有重构，任何权力结构既是排除性的，也是生产性的。霍尔认为，"这是一个全新的危机——和权力的概念"①。为此霍尔又根据葛兰西对危机的阐述区分了"一时的危机"（conjunction crisis）和"有机的危机"（organic crisis）。"一时的危机"是即刻发生的危机，需要立即去斗争以保护和维持"现状"（status quo）。而"有机危机"则是长期的，需要致力于新的力量平衡，并把新出现的因素合并建构成一个新的"历史集团"。

由此，危机本身就是一个重构的绝好时机，而撒切尔主义就充分利用了危机，这就是不去掩盖危机，而是去揭露危机，暴露社会的糟糕局面，其用意显然是为颠覆做准备。这与我们前面对《监控危机》的分析是相同的。霍尔说，这是一个具有"敦刻尔克精神"②的时刻，就是"我们愈糟，我们会做得愈好"。撒切尔主义也正是在这种"愈糟愈好"的指导下，开始强化社会的糟糕局面。这就是霍尔所说的，撒切尔夫人"并没有允诺给我们一个赠品式的社会。她说艰难时代，说绝境，说僵硬的上嘴唇，说流离失所，说骑自行车，说专心工作"③。在此霍尔指出："撒切尔主义作为一种意识形态要做的，就是指出一个民族的恐惧、焦虑和失去的身份。"④

而也在这种对恐惧的展示中，撒切尔主义能够顺利地摧毁英国人的曾经的共识。当撒切尔主义"把社会民主、工党、工会、

---

① Stuart Hall, *The Hard Road to Renewal: Thatcherism and the Crisis of the Left*, p. 165.

② 霍尔在这里所说的"敦刻尔克精神"来自于"二战"时期的英法联军敦刻尔克大撤退这一历史事件。当时英法联军被德军围困在敦刻尔克地区，随时有被歼灭的可能，在这种情况下，为了保存实力，他们从敦刻尔克向英国本土撤退。这一撤退虽然看似失败，但也正在这失败中激起了人们的斗志，从而取得了更大的胜利。霍尔用敦刻尔克精神指的就是，事情愈糟糕，也许更能激发人们的斗志，从而取得更大的成功。这有点类似于中国的"置之死地而后生"的意思。

③ Stuart Hall, *The Hard Road to Renewal: Thatcherism and the Crisis of the Left*, p. 166.

④ Ibdi., p. 167.

国家混在一起，把它们塑造成专制的、对法律丧失负有责任的、挥霍的、不充分的、反个体主义的，实际上也就是非英国的"①时，它对现实，对英国在战后所形成的"社会民主共识"所形成的解构性和颠覆性时所难免。

2. 建构：自由市场与传统保守主题的矛盾接合

接下来，霍尔便特别强调了撒切尔主义重构现实的巨大作用，就是"在'自由市场'和经济人的自由话语与有机的传统的保守主题、家庭与国家、受尊重性、贵族主义以及秩序之间创造了新的话语接合"②。可以说，这"自由市场"和"传统的保守主题"正是撒切尔主义颠覆社会民主和重构现实的武器。

所谓"自由市场"，就是"人民自由等于自由市场"③的观念。它以"货币价值"或"货币主义"来代替凯恩斯主义，从而进一步变革公共福利的关键概念。这一点我们在概述撒切尔主义内容时已经提到了，但在这里我们所要强调的是，自由市场或货币主义并不仅仅是一种经济政策，在撒切尔主义那里，它更有着意识形态的作用，这是霍尔所特别强调的。霍尔说，撒切尔主义"已改变了政治思想和观点的流通。在以前，社会需要已开始建立了相对于市场力量法则的自己的规则，而现在，'货币价值'问题，私人处理自己对财富的权力，自由与自由市场之间的程式变成了贸易的术语，不仅仅是议会政治争论的术语，新闻、报刊、政策循环中的术语，也是思想和日常筹划语言中的术语"④。正是通过这种"货币价值"，撒切尔主义把英国人民的本

---

①　Dennis Dworkin, *Cultural Marxism in Postwar Britain*, p. 256.

②　Stuart Hall, *The Hard Road to Renewal: Thatcherism and the Crisis of the Left*, p. 2.

③　Ibid., p. 48.

④　Cary Nelson and Lawrence Grossberg (eds), *Marxism and the Interpretation of Culture*, p. 40.

质"认同为自力更生（self-reliance）和个体责任感"①，也就是个人对个人负责。

这样，自由市场便被看作了一种奋发图强的象征，这正是英国当时所需要的，而与此相对立的则是依靠国家的福利制度。由此，自由市场附带着其深刻的意识形态价值"攻击了福利的高消费，也攻击了集体社会福利的根本原则和本质"，甚至把这种福利国家称之为"新的民间罪恶"（folk-devil）②，"深深地腐蚀了国家和英国人民"③。由此，通过自由市场，"社会民主共识"被打破，价值被明显地颠倒，这为撒切尔主义赢得领导权打下了坚实的基础，而撒切尔主义对传统保守主题的宣扬，则为其赢得了广大人民的"同意"。

所谓"传统的保守主题"，也就是英国的传统价值，这是撒切尔主义用来建构民粹主义统一体的方式或武器，是撒切尔主义深入大众内部，赢得大众同意的最为有力的武器。这些传统价值包括：民族、家庭、责任、权威、标准、传统主义，等等。这些价值之所以能深入民心，除了符合英国民众的传统常识之外，还具有非阶级指向的特点，所以也就会很容易地被广大民众所接受。在英国，当撒切尔主义宣称要带领着人民回到维多利亚时代，让英国人民"再一次"成为"杰出的维多利亚时代的人"（Eminent Victorians）时，我想每一个英国人大概是不会拒绝的，尽管不排除有怀疑的。霍尔指出："撒切尔夫人知道，如同左派不知道一样，在当时的英国，对我们的人民来说，没有什么严肃的政治规划不是与建构一种**现代性**的政治与想象相关。"而撒切尔主义正是通过把英国人民带回到过去，在让人民在重温过去的荣光中，想象一种"现代性"，想象英国复兴梦在即。

---

① Stuart Hall, *The Hard Road to Renewal: Thatcherism and the Crisis of the Left*, p. 47.

② Ibid..

③ Ibid., p. 163.

正是在大众对英国伟大复兴的想象中，人民认同了撒切尔主义；而当撒切尔主义把所有的人都集中在民族复兴的旗帜之下后，也就中立化了人民和大众的反抗，从而"创造了……一个**民粹主义的统一体**"①。这就是霍尔所说的撒切尔主义的民粹主义的一面。民粹主义是撒切尔主义的一项重要的意识形态内容，它直接在大众的意识形态领域内运作，并由此在特定的统治与被统治派别之间出现了一个新的"历史集团"。

3. 历史集团的形成

"历史集团"的形成是通过撒切尔主义对人民主体的具体"召唤"来完成的。最典型的是撒切尔夫人一次对杂志《妇女自己》（Woman's Own）的读者的发言。她说："在一个公司，不要告诉我'他们'和'我们'。……在一个公司，你们都是'我们'。公司生存，你们就生存。公司盛你们就盛——每个人都在一起。未来在于合作而非对抗。"② 这就是一种对主体的召唤和定位，它通过把对方召唤进它所预设的主体位置，在使对方进入这个位置中也就塑造了对方的身份。霍尔说："这就替换了一个已存在的对抗结构——'他们'对'我们'"，把人民放在了一个与资本主义的特定关系中，一方面受制于它，一方面又认同于它。③ 这也就是霍尔所指出的意识形态的运作特点，就是"通过'重征'（recruiting）具体的社会个体，通过把他们召唤为'话语主体'过程而运作"④。

霍尔在这里所运用的"召唤"既有阿尔都塞的召唤理论，也有话语理论，这就是他所说的："当我转向描述意识形态机制

---

① Stuart Hall, *The Hard Road to Renewal：Thatcherism and the Crisis of the Left*, p. 31.

② Ibid., p. 49. 亦可参见胡芝莹《霍尔》，第 196 页。

③ Ibid., p. 49.

④ Stuart Hall, *The Hard Road to Renewal：Thatcherism and the Crisis of the Left*, p. 139.

时，我使用'话语理论'的洞见。这是因为我相信话语理论有许多要告诉我们的东西，这就是撒切尔主义如何实现把不同的话语压缩进它的矛盾形构中，它如何'运作'以吸纳人们到其不同的、通常是矛盾的位置上。"① 可以说，话语理论使霍尔更为细致地理解了领导权获得的方式。

由此我们可以看出，历史集团的形成一方面是撒切尔主义在解构大众的常识中积极建构的结果，即把"早已被定位好了的主体……有效地带离它们的'应用点'（point of application），并被一套新的话语有效地重新定位"②。而另一方面这历史集团并不纯粹由统治集团所形成，而是包含了各个阶层甚至阶级，能很好地"展示撒切尔主义复杂的和异质的权力与统治的社会构成"③。由此霍尔喜欢用"历史集团"这一词语而不是"统治阶级"。事实上，的确很难说清楚撒切尔主义到底代表谁，或代表哪个阶层（阶级）。撒切尔主义可以说代表保守的右派，但为什么有获得那么多平民的支持？霍尔指出："以任何简单的方式确实很难说撒切尔主义代表谁。这是一个令人困惑的……小资产阶级意识形态的现象。然而……它赢得了大面积的从属的和被统治阶级的同意。"④由此霍尔通过葛兰西指出："葛兰西所称为的一种有机的（也就是历史的有效的）意识形态的整个目的，是它把不同的主体、不同的身份、不同的规划、不同的抱负接合进一个构形中。它不反映，它建构一个差异的'统一体'。"⑤ 撒切尔主义正是一个这样的"统一体"，它通过建立一个历史集团从而建立了自己的领导权，因为历史集团的建立是领导权建立的一个标志。

---

① Stuart Hall, *The Hard Road to Renewal: Thatcherism and the Crisis of the Left*, p. 157.

② Cary Nelson and Lawrence Grossberg (eds), *Marxism and the Interpretation of Culture*, p. 50.

③ Stuart Hall, *The Hard Road to Renewal: Thatcherism and the Crisis of the Left*, p. 7.

④ Ibid., p. 165.

⑤ Ibid., p. 166.

4. 领导权建构的全面性

霍尔在《艰难的复兴之路》的《前言》中，曾就撒切尔主义与葛兰西的领导权进行了一番详细的阐述。霍尔说：

> 我已很谨慎地使用葛兰西的"领导权"这一术语，以防止任何对这样一种机械观念的依赖，就是撒切尔主义仅仅是由相同的、旧式的和人们所熟知的统治阶级实施的相同的、旧式的和人们所熟知的阶级统治的另一别名。"领导权"意味着：一种争夺和解组织（dis-organize）现存政治形构的斗争；同时获取对社会许多不同领域——经济、市民社会、知识与道德生活、文化的"领导位置"（然而是建立在少数人基础之上）；一种广泛的和有差异的斗争类型的实施；赢得一种大众同意的策略性的方式；以及由此确保一种社会权威能充分深入地使社会与一种新的社会规划一致起来。领导权绝不能被误认为是一种完成的或定形的规划。它总是受到挑战，总是试图去确保自身，总是"处在过程之中"。由此，我并不认为撒切尔主义现在及将来永远是"霸权的"。[1]

这可看作是霍尔对葛兰西领导权理论的详细解说和概括，也是从领导权角度对撒切尔主义的阐述。在前面的分析中我们已涉及了这其中的几个方面，如解组织（解构），赢得大众同意的方式等。在这里我们再简单地强调一下撒切尔主义领导权建构的全面性，即撒切尔主义并不是一种单一的经济政策或政治政策，而是一套政策，其"目标是在几条战线上同时展开斗争，而不是只在经济合作这一条战线上"[2]，如在教育领域，撒切尔主义批判了以前的那种强调"机会平等"，强调"进步的"和"共同体"

---

① Stuart Hall, *The Hard Road to Renewal: Thatcherism and the Crisis of the Left*, p. 7.
② Ibid. , p. 154.

的传统教育，因为这种教育思想抵制了"任何企图根据工业需要和需求来直接衡量教学"的方式。[①] 但随着社会的发展，教育的"现实价值"逐渐凸现，工人阶级在为自己的小孩选择教育时，也趋向了实用主义，选择就业机会好的学科专业，由此右翼便强调了适应工业发展需要的教育原则，提出"教育中的成功 = 适合工业的需要"[②]。

撒切尔主义之所以要致力于这种全面而深入的颠覆与重构，是因为撒切尔主义并不"致力于一种短期的选举颠覆，而是一种长期的历史性的权力占有"[③]。或者说，撒切尔主义"并不仅仅是为了权力，而是为了（赢得对）大众的权威，为了领导权"[④]。撒切尔主义也的确通过改变人民的常识，深入到了普通人的日常生活，从而成功地把自身变成了一种民粹主义政治力量，把自己体现为人民利益的代表者，并朝着一个统治的领导位置前进，最终实现了对国家与社会的控制。而这种控制似乎与撒切尔主义所提出的自由政策相矛盾，可撒切尔主义实际上就是一个矛盾的复合体，这种矛盾可由安德鲁·甘博（Andren Ganble）所杜撰的一个标语口号很好地体现出来，就是"自由市场和强力国家"[⑤]。而这种矛盾也典型地体现在霍尔所使用的一个对撒切尔主义高度概括的词语，这就是"权威式民粹主义"。

（三）领导权与权威式民粹主义

"权威式民粹主义"（authoritarian populism）是霍尔对撒切

---

① Stuart Hall, *The Hard Road to Renewal: Thatcherism and the Crisis of the Left*, p. 35.

② Ibid., p. 53.

③ Ibid., p. 163.

④ Ibid., p. 164.

⑤ Ibid., p. 39.

尔主义的高度概括，也是撒切尔主义实施领导权的集中体现。早在 1978 年，霍尔在《向右急转弯》（The Great Moving Right Show）（此文后来收入《艰难的复兴之路》及《撒切尔主义政治学》）中就指出："我们所必须解释的是一种'权威式民粹主义'的趋向———一种资本主义国家少有的形式，不像典型的法西斯主义，它原地保留了绝大多数（尽管不是全部）的正式代表机构，同时也能够围绕其自身建构一种积极的大众同意。"① 这就指出了撒切尔主义的矛盾：一方面是利用国家机器加强控制力度，另一方面又赢得了大众的同意。或者说是在赢得大众同意的基础上实行对社会及大众的控制。这与霍尔在《监控危机》中的分析是相通的，也是葛兰西领导权同意（民粹主义）与统治（权威）结构的具体体现。

从"权威式民粹主义"的来源来看，霍尔是从阅读普兰查（Nicos Poulantzas）的《国家，权力，社会主义》中发展出来的。普兰查以"权威式国家主义"（authoritarian statism）指出了资本主义在发展过程中出现的一种向高压与压制的一方滑动的现象，即国家逐渐加强对社会的控制。霍尔对此提出两点修正：一是撒切尔主义并不是简单地实行国家的压制，而是把自己扮演成一个反国家主义者，目的是为了动员大众，而实际上撒切尔主义是非常国家主义的，这种矛盾就统一在撒切尔主义中。二是历史集团在建构领导权而获得大众的同意中，可发动大众的不满，中立反对势力，瓦解反对立场，并可将一些人民的意见策略性地整合进自己的霸权规划中。霍尔使用"权威式民粹主义"这一概念，"希望通过采用这一蓄意显出矛盾的术语，去恰当地包含新出现的事态的矛盾特征：一个趋向一种统治的和'权威式的'民主

---

① Stuart Hall, *The Hard Road to Renewal: Thatcherism and the Crisis of the Left*, p. 42.

阶级政治形式的运动"①，也就是民主与统治的矛盾的统一。

另一方面，"权威式民粹主义"也是霍尔从现实出发，在对比英国政府处理英国社会危机的不同方式中得出的。霍尔指出，面对危机，英国政府曾经使用了三种解决危机的方式，一是社会—民主的解决方式，二是运用法律和秩序，三就是"权威式民粹主义"的解决方式。第一种是战后工党政府的方式，就是我们前面所指出的国家以社会民主的方式对社会进行管理和控制，国家是保护社会的仲裁者。第二个很明显牵涉到警察和立法机构，也就是失去了大众的同意而实行自上而下的权威强制。它出现在 60 年代中期的"政治极化"时期。第三就是"权威式民粹主义"。②

对于这一概念，霍尔在应答杰索普（Jessop）等人对"权威式民粹主义"的质疑中谈到了它与葛兰西的紧密关系。霍尔指出，这一概念指的是"力量平衡"中的变化，"它直接指向统治集团、国家与被统治阶级之间的政治的和意识形态关系的模态（modalities）。它试图详述并着手分期（periodize）在阶级民主政治中领导权策略的内部构成的发展变化。在理论上——如果有人感兴趣的话——它是提出并详述虽丰富但却太过概括的领导权概念的一个更为宽广计划的一部分。它是对葛兰西的'现代君主'和'国家与市民社会'的一个注脚。它既特征化，也不解释资本主义社会形构的更为结构方面的变化，而是为其加附注"③。

从这里我们可以看出，霍尔使用"权威式民粹主义"这一概念并不是要用它来取代葛兰西的领导权概念，而是它的一种具体体现，或者说，"权威式民粹主义"是葛兰西的领导权理论在撒切尔主义身上的具体体现，是对它的一种"描述"。通过这一

---

① Stuart Hall, *The Hard Road to Renewal: Thatcherism and the Crisis of the Left*, pp. 152 – 153.

② Ibid., p. 139.

③ Ibid., p. 154.

概念，霍尔就是要展现领导权的内在结构在撒切尔主义身上的具体构成和发展变化，它不是在抽象层面上的运作，也不是一种理论的建构。由此从这里看，领导权与"权威式民粹主义"的关系有点像一般与特殊的关系。而这正是霍尔具体运用领导权的结果。

三　霍尔的接合理论与领导权

（一）霍尔的接合理论

在文化研究中，"接合已经获得了理论的地位，称为'接合理论'（the theory of articulation）"，甚至成了"当代文化研究中最具生产性的概念之一"①。而在"接合"理论化的过程中，霍尔功不可没。可以说，接合在霍尔那里，是对葛兰西领导权理论的发展，是霍尔在充分运用领导权理论的基础上对它的进一步的扩展和推进，由此而使接合理论成为了新葛兰西派"最重要、最具影响的理论贡献"②。

那么，什么是接合呢？它有什么理论特征？它与葛兰西的领导权理论有什么内在联系？霍尔本人在 1985 年的一次访谈中，比较详细地阐述了他对"接合"的认识。霍尔说：

> 我一直使用"接合"一词，但我并不知道我赋予它的意义是否为人所完全理解。在英国，这一术语有双重意义，因为"articulate"意思是指发音（to utter）、说出来（to speak）、清晰表达（to be articulate），它具有用语言表达（language-ing），表达（expressing）等含义。但我们也称一

---

① Jennifer Daryl Slack, "The Theory and Method of Articulation in Cultural Studies", in *Stuart Hall: Critical Dialogues in Cultural Studies*, p. 112.

② 萧俊明：《文化转向的由来》，第 31 页。

部"铰接式的"（articulated）卡车：一部车头（驾驶室）和后半部（拖车）可以——但毋需必然——相互连接起来的卡车。这两部分彼此相互连接，但是要通过一个特别的环扣（linkage）连接起来，但这环扣也**可以**拆开。因此，一个接合乃是能够在一定条件下将两个不同的原素（elements）形成一个统一体的一种连结形式。这环扣并非永远都是必然的、被决定的、绝对的以及本质的。想必你要问，在什么情况下，一个连结**能够**被制造或锻造出来？因此所谓一个话语的"统一"（unity）实际上是不同的、相异原素的接合，这些原素可以用不同的方式重新接合，因为它们并无必然的"归属"（belongingness）。"统一"之所以重要，是因为它是被接合的话语和社会力量之间的一个环扣，藉此，在一定的历史条件下，它们可以，但非必然连结起来。因此，一种接合理论既是理解意识形态的原素如何在一定条件下，在某一话语内部被连结在一起的方式，同时也是一种询问它们如何在特定的时机（conjunctures）上，成为或不成为与一定政治主体相接合的方式。①

在《阿尔都塞与后结构主义论争》一文的注释中，霍尔说：

> 通过"接合"这一术语，我指的是一种联系或连接，它在任何情况下都不是作为一种规律或一种生活事实预先给定的，但它需要特定的存在条件，必须被特定的过程积极地支持，它不是"永久的"，而是被持续地改造的，会在某些环境中消失或被颠覆，从而导致旧的连接被消解而新的联

---

① David Morley and Kuan-Hsing Chen（eds），*Stuart Hall: Critical Dialogues in Cultural Studies*, pp. 141 - 142. 本段翻译参照了程绍华、毛荣富的译文，见《内爆麦当奴》，第197页。

系—再接合—被锻造。它的重要性还在于，一种不同的实践
之间的接合并不意味着它们会完全相同或一个会消融在另一
个之中。每一个都保持着它独特的决定性和存在条件。然
而，一旦接合被创造出来，这两个实践就会同时起作用。[①]

通过这两段引述，我们可以看到霍尔对接合的认识。

首先，简单地说，接合就是把不同的原素连接在一起而形成
一个统一体。但由哪些原素连接，通过什么方式连接，是否能够
成功地连接则不是必然的，预先给定的。一个接合可以与这种原
素连接，也可以与那种原素接合。正如车头似乎应当与车尾连接
但又并非必然相互连接起来一样。甚至我们可以说，这个车头可
以与那个车尾连接，也可以与另外的车尾连接。在社会学上，如
工人阶级，其内涵可以由革命性的反抗、由对剥削阶级的仇恨组
成，但也有可能接合进了对资产阶级生活方式的享受与革命热情
的消退，如我们前面所分析的英国工人阶级在战后斗争意志消退
的状况。由此工人阶级并没有一个必然的本质的属性，或如霍尔
所说的，并没有一个"必然的、被决定的、绝对的以及本质的"
环扣把工人阶级接合为一个同质的实体。工人阶级内部存在着巨
大的矛盾、冲突与差异。

从另一方面看，构成一个接合的不同的原素也可以"用不
同的方式重新接合"。这类似于对一个人的评价，同样的优缺
点，先说优点或先说缺点在对一个人的"定性评价"上是不同
的。这样，同样的原素通过不同的组合或接合所获得的结果显然
是不一样的。

如此我们就可以看到，事物并不就是由一种统一的、同质的

---

① Hall, "Signification, Representation, Ideology: Althusser and the Post-structuralist
Debates", in Robert K. Avery and David Eason (eds), *Critical Perspectives on Media and
Society*, New York: Guilford Press, 1991, p. 112 注释 2。

原素所构成的，而是有着其内在的差异性与异质性，任何寻求事物统一与同质的努力都是徒劳的，这也就在根本上否定了机械的决定论或还原论，否定了必然的对应和阶级的"归属"。而这也是霍尔如此看重接合的最根本的原因。

其次，从接合所构成的原素上看，这些原素本身也是被接合成的，其本身同样也可以看作是一个接合。由此，一个接合实际上也就是由许多甚至无数的接合再接合而成的。这也就是格罗斯伯格所说的，"接合把这一实践连接到那一效果上，把这一文本与那一意义，把这一意义与那一现实，把这一经验与那些政治连接起来。而这些连接其本身又被接合进更大的结构之中"①。这也就形成了一个接合的链条和层级，但无论是在哪一层上的接合，都不能保证下一次或下一层的接合。这也是接合的非必然性的体现。

再次，也正因如此，接合就不是一个静止的完成的物件，而是一个不断的接合—解接合—再接合的动态的过程，所谓的统一也就只是暂时的。一个接合完成后接着就进行下一个或下一次接合，"接合由此不仅仅是一件事物（不仅仅是一种连接［connection］），而是一个创造连接的过程，这与领导权是相同的，就是领导权不仅仅是统治，而是创造和维持同意的过程或共同确定利益的过程"②。由此从这一动态的发展角度看，事物也没有什么所谓固定的或必然的本质，一切都在运动中，在历史中接合、发展、变异。霍尔举了宗教的例子，指出宗教在不同的历史时期往往会与不同的社会力量结合起来，形成不同的话语，为不同的社会力量服务。由此霍尔说，宗教"并无必然的、本质的超历史的归属。其意义——政治的和意识形态的——直接来自它在某一

①　Lawrence Grossberg, *We Gotta Get Out of This Place：Popular Conservatism and Postmodern Culture*, New York：Routledge, 1992, p. 54.

②　Darid Morley and Kuan-Hsing Chen（eds）, *Stuart Hall：Critical Dialogues in Cultural Studies*, p. 114.

型构中的位置"①。在中国，我们可以看到"大众"这一词语也往往会在不同的历史时期与特定力量相接合而产生不同的内涵甚至权力。在五四时期，大众与"国民"、"平民"是等同的，而与"贵族"是相对的，因为贵族代表着封建传统，而五四就是要打破传统，重建新的国民性。由此大众成了打倒贵族的最有力的武器。在 30 年代，中国处于民族存亡的关头，大众此时具有了民族的意义，唤醒大众就是要拯救民族于危亡之中，而要拯救民族，也就必须依靠大众的力量。到了 40 年代，大众则成了工农兵，成了与知识分子、知识阶级相对的力量，是检验知识分子是否与党保持一致的标准。这在毛泽东的《讲话》中体现得最为明显。而到了现代社会，大众的含义可谓丰富至极，它可在政治上使用，与人民同义，成为政党为人民服务的对象；也可以被那些开着奔驰轿车的人以"老百姓"称之，似乎他们与那些赤贫的老百姓是一样的；而在商业生产中，大众又成了衡量商品价值的标准，甚至是唯一的标准。从这一简略的过程中，我们可以看到，"大众"这一词语实在也是不断地被接合、解接合与再接合的。它有时清晰，清晰到皮包骨头的身躯、瘦弱的脸和失神的眼睛，但有时又是虚幻的甚至虚假的，成了一个被利用的符号。由此"大众"并没有一个本质的内涵，而这需要我们在具体的历史情景中仔细分析，分析它是如何被接合和再接合的。②

最后，接合虽然不是必然的，但接合又并不是任意的，而是需要"条件"的，这条件一方面是接合者的意图，一方面就是历史条件，只有接合者的意图，而历史条件不成熟，接合也不会发生和成功。但这与霍尔所说的接合并非必然的不是相矛盾吗？

---

①　Darid Morley and Kuan-Hsing Chen（eds），*Stuart Hall：Critical Dialogues in Cultural Studies*，p. 142.

②　关于"大众"一词在中国的流变，可参阅吴晓黎《作为关键词的"大众"：对二三十年代中国相关讨论的梳理》，载饶芃子主编《思想文综》第 4 期，暨南大学出版社 1999 年版。

既然接合并不是必然的，那为什么还需要条件呢？这其实是霍尔的一种决定或限定观。就是说，在任何情况中，即便是非必然的接合，也必须需要一定的条件，一定的限定的条件，否则这接合就会趋向任意的、漫无目的地流动，而这是霍尔所坚决反对的。霍尔在《艰难的复兴之路》中说：

> 我并不相信任何东西都可以与其他的任何东西相接合，在这一意义上，我在有时被称为一种"完全话语的"（fully discursive）立场前停下脚步。所有的话语都有"存在的条件"，虽然这些条件并不固定或确保特定的结果，但它们会限定或限制社会接合本身的过程。由以前的但却是强有力地被锻造的接合所构成的历史的形构，并不能由某种抽象的历史法则恰当地被保证，它们对变化是深深抵抗的，并确实建立了趋向和边界之线，这些趋向和边界给予了政治和意识形态领域一种形构的"开放的结构"，而不是简单地滑入一种无穷的和没有尽头的多元性中。①

这也就是说，接合并不是随意的，否则就会陷入无穷的向后退的境地之中，从而也就使接合不复存在。这实际上就是我们一直强调的霍尔在多元与决定之间的辩证关系。

霍尔在《阿尔都塞与后结构主义论争》中，针对保罗·赫斯特（Paul Hirst）等人由传统的马克思主义的"必然的对应"（necessary correspondence）转向"必然的没有对应"（necessarily no correspondence）指出，这"必然的没有对应"表达了他们的话语理论的本质观念，就是"没有任何东西真正与他者相连"，而霍尔认为，"我们所发现的是没有必然的对应"（no necessary

---

① Stuart Hall, *The Hard Road to Renewal: Thatcherism and the Crisis of the Left*, p. 10.

correspondence)，而不是"必然的没有对应"，这种构型代表了一种"第三立场"①。这就很清楚地显示了，霍尔在否定了机械的决定论之后，并没有完全放弃决定论，而是采取了一种"第三立场"的决定论，我们可以把它看作是一种"有条件的限定论"，而不是重新回到机械的决定论。这种认识在很大程度上是霍尔对阿尔都塞"多元决定论"中"决定"运用的结果。早在1980年的《文化研究：两个范式》中，霍尔就强调了阿尔都塞的决定论。在《阿尔都塞与后结构主义论争》（1991）中，霍尔强调了阿尔都塞的"双重接合"，即结构和实践之间的接合，并进一步指出，"通过'双重接合'，我的意思是结构——给定的存在条件，在任何情境中的决定性结构——同样可以从另一观点看被简单地理解为是先前实践的结果"。也就是说，一个结构是建立在以前结构的基础上的，而同时又是下一个结构的"'给定的条件'、必然的起点"。由此霍尔指出，"我们创造历史，但却是在并不是我们创造的先前的条件基础上创造的②。实践就是一个结构如何被积极地再创造的（过程）"③。这就很清楚地看到了霍尔的一种非机械决定论的限定论。

格罗斯伯格也指出："接合可被理解为一种更为的活跃的关于决定这一概念的认识；不像相互作用或共生观念，这种决定描述了一种特殊的因—果关系（cause-and-effect relation）。但不像

---

①　Robert K. Avery and David Eason（eds），*Critical Perspectives on Media and Society*，p. 91.

②　这句话其实是霍尔挪用了马克思的一句经典名言。马克思的原话是："人们自己创造自己的历史，但是他们并不是随心所欲地创造，并不是在他们自己选定的条件下创造，而是在直接碰到的、既定的、从过去承继下来的条件下创造。"（《马克思恩格斯选集》第1卷，人民出版社1995年版，第585页）霍尔运用这句话是在肯定人们自己能动地创造自己的历史的同时强调人的创造还是有限定和限制条件的，并不是任意的创造。这实际上也就是结构与能动性的关系。而这两者的关系一直纠缠于文化研究之中，尤其是在早期的文化研究中。

③　Robert K. Avery and David Eason（eds），*Critical Perspectives on Media and Society*，p. 93.

因果性（causality）观点和单纯的决定观念，接合总是复杂的：不仅仅是原因有效果，而且效果自身也影响原因，两者本身由大量的另外的关系所决定。接合从来不是单纯的和单一的，它们不能从相互连接的语境中抽离出来。"① 这可以看作是对霍尔接合论在条件或决定上最好的注释。

霍尔如此关注限定，不仅是他对现实充分认识的结果，显然也是他对以拉克劳、墨菲为代表的激进或极端话语理论的反对（见本章第一节话语转向部分）。霍尔强调接合的实践性、历史性，从而避免了接合的漫无目的的流动不居。

最后，也正是在社会实践中，接合实际上就是解接合与再接合之间的一个斗争过程，或者说是一场葛兰西式的霸权与反霸权的斗争。前面我们说过，霍尔一直没有忘却的是阶级，虽然阶级的内涵在被不同的接合与解接合中发生了很大的变化甚至变异，但由阶级所引发的斗争始终没有停止。接合就是一场新的斗争。劳伦斯·格罗斯伯格在《历史，政治与后现代主义：斯图亚特·霍尔与文化研究》中指出："'接合'概念标志着他试图重新思考作为斗争的决定辩证法……对于霍尔来说，任何实践的意义和政治学同时是一种特殊的对复杂关系和矛盾的结构的结果，也在这关系和矛盾中生存着。'接合'指的是复杂系列的历史实践……正是这种在历史中努力去接合特殊效果的斗争，才是霍尔试图在每一个层面，在社会生活的每一个领域所努力去发现的。"② 这就清楚地指明了接合的斗争意义，而这与葛兰西的领导权显然是相通的。很明显，也只有在斗争中，我们才能解接合已存在的限定我们的接合，才能发挥我们的能动性，进行重新接合。

从斗争的结果来看，接合最终要形成一定程度的统一，尽管

---

① *We Gotta Get Out of this Place*: *Popular Conservatism and Postmodern Culture*, p. 56.

② Lawrence Grossberg, "History, Politics and Postmodernism: Stuart Hall and Cultural Studies", in *Stuart Hall*: *Critical Dialogues in Cultural Studies*, p. 154.

这统一是暂时的、不稳定的。因为很显然，不能形成一个哪怕是暂时的统一体，人是无法认识这个世界的。这实际上也是霍尔对运动与暂停之间辩证关系的认识。霍尔曾指出："潜在的话语是无尽的：意义的无尽的符号。但在谈及特定的任何事物时，你不得不停下来。当然每一次充分的（full）停止只是暂时的。"① 对霍尔来说，意义是在其暂停之中被认识的，而这暂停可以说是通过接合而形成的暂时的统一体。由此，正是在解接合和再接合的运动中，我们不断生产意义，而也在这一运动所形成的暂时的统一体中，我们认识世界。在这个意义上，霍尔反对后现代主义的"碎片"，因为碎片是无法接合的分离，是无法统一的漂移。在一次访谈中霍尔指出，"我并不想去欢迎碎片化"②，"我强调多样化而不是碎片化：许多因素，虽然没有一个在总体上是一体化的，但并不就仅仅是碎片，并不仅仅是裂成碎片的。从多样化中……迎来新的文化，新的文化形式"③。由此我们可以说，接合正是一种多样化，是一种差异所显示出的多样化，而不是简单的碎片，这显然与后现代，与拉克劳、墨菲区分开来。而也如此，霍尔进一步强调了统一的重要性，即"差异中的统一"。

这样，由差异开始，经过一系列的动态的解接合与再接合的斗争，霍尔最终走向了统一，这也就是霍尔的接合理论的根本特征。这似乎是很简单的一个道理，但重要的不是这"差异中的统一"的结论，而是如何"差异"，又是如何"统一"的，也就是统一的过程。这是霍尔所最为强调的。

（二）接合与领导权

在《文化研究中的接合理论与方法》中，史莱克（Jennifer

---

① 转引自 James Procter, *Stuart Hall*, p. 121。

② Gary A. Olson and Lynn Worsham（eds），*Race*，*Rhetoric*，*and the Postcolonial*，p. 213.

③ Ibid. , p. 214.

Daryl Slack）从三个方面概括了接合：从认识论上，接合认识矛盾；从政治上看，接合是一种与统治和从属相关的结构和权力的展现方式；从策略上，接合干预特定社会形构的机制。①

　　这三个方面其实可以归为两个方面，就是理论和实践。或者说，一个是认识现实，一个是变革和改造现实，这两个方面是不可分的。由此我们也可以说，接合本身是手段与目的的统一，理论与实践的统一。在这里，接合与葛兰西的领导权显然是相通的甚至是一致的。

　　史莱克也概括了霍尔对接合理论的四个方面的贡献。一是拒绝阶级、生产方式及结构的还原论，以及文化主义把文化还原为经验的倾向。这突出地体现在霍尔对在结构与上层建筑之间"没有必然的对应"的阐述上。二是提高了把话语接合到其他社会力量的重要性，但并未把任何东西都变成话语。三是致力于接合的策略性的特征，突出了文化研究的干预责任。四是他的接合理论最具说服力，而且也是最好理解的。②

　　希博迪格在《后现代主义和"其他方面"》中也指出了"接合"概念的"葛兰西式文化研究的特征"。希博迪格指出，接合概念在葛兰西那里表明，"'社会'既不是'美好的'，也不是一个危险的抽象"，"相反，它是一种在集团与阶级之间的持续地转变、被中介化的关系，一个结构性的领域，一系列活生生的关系，在这些关系之中，由来自于不同资源的因素所构成的复杂的意识形态形构必须被积极地合并、拆卸、拼贴，以便新的政治上的有效的联合能在不同的派别集团之间被保证，而这些集团本身不会再被回转到静态的、同质的阶级中"③。这样的一个过程与

---

　　① Jennifer Daryl Slack，"The Theory and Method of Articulation in Cultural Studies"，in *Stuart Hall：Critical Dialogues in Cultural Studies*，p. 112.

　　② Ibid.，p. 121.

　　③ Dick Hebdige，"Postmodernism and 'the Otherside'"，in *Stuart Hall：Critical Dialogues in Cultural Studies*，p. 197.

葛兰西在《狱中札记》中对力量关系的分析是相通的。在第一
章我们就曾指出，葛兰西分析了力量关系的三个阶段，就是由经
济社团阶段到超越各自的经济利益而发展到纯粹的政治阶段，也
即领导权阶段，而在这些阶段中的真实的历史中，葛兰西指出了
它们之间的那种横向或纵向的相互隐含，相互交织，以各种不同
的方式的结合或脱离的特征，而这就是一种接合的根本特征。①

在这里我们需要指出的是，在葛兰西这里，接合并没有上升
到一种理论的地位。但它（与领导权理论一道）显然对霍尔对
文化研究产生了重大的影响。只是到了霍尔和拉克劳，随着话语
理论的兴起，接合才上升为一种理论。但我们不能否认的是，尽
管接合成为了一种理论，但它并不能取代霸权理论。因为接合强
烈的话语色彩往往又会很容易地滑落进单纯话语的境地中（如
费斯克，我们将在下一章讨论）。也许正是对这一担心的思考，
霍尔才极力地坚持接合理论的实践性、历史性，反对拉克劳、墨
菲的极端话语接合理论。但即便如此，接合理论能否完全避免话
语理论的侵蚀也很难说，尤其是随着文化研究的体制化，接合慢
慢淡化了它的实践的干预性而过分强调它的理论性和方法。这也
就是史莱克所说的，随着文化研究的体制化，更多地把接合当作
了一个理论的、方法上的术语而不是看作"一个政治的和策略
上的术语"②，这是我们所要警惕的。

（三）接合与拼贴、杂交

最后我们再简要区分一下"接合"与"拼贴"（bricolage）
及"杂交"（hybridity）之间的关系。我们之所以关注这几个概
念之间的关系，不是因为它们之间存在着直接的相互的影响或借

---

① 可参见《狱中札记》，曹雷雨等译，第 144—145 页。
② Jennifer Daryl Slack，"The Theory and Method of Articulation in Cultural Stud-
ies"，in *Stuart Hall: Critical Dialogues in Cultural Studies*，p. 125.

鉴关系，而是因为：一方面，他们之间有着一定的相似性，就是都强调不同因素之间的连接或合并，从而创造出新的意义；而另一方面，他们之间又有着许多的不同，我们需要把他们区分开来以免混淆它们之间的不同。

对于"拼贴"，我们在前面第三章阐述亚文化时已经作了阐述，在此我们只是指出，拼贴是亚文化青年通过挪用资本主义的现有资源进行反资本主义或反霸权的一种形式，虽然这种形式带有很强的想象性和象征性。

"杂交"①，主要是伴随着殖民化及全球文化扩张而出现的一种文化交融现象，即全球文化扩张很少是以强制或统治的形式进行，而是采取一种"文化杂交的形式"②，杂交突出了文化混合和新的身份形式的出现。在其中，双方的边界模糊了，但并不是消除边界，而是在模糊边界中又保持着各自的特质。③ 对于这一点，霍尔的体会是深刻的。在一次访谈中，霍尔通过"多元文化的"（multicultural）一词，指出，"社会已被混杂了（mongrelized）"④，就是说，你根本不知道一个小孩是英国人还是美国人，是黑人还是白人。由此霍尔指出，如果说"你是你所是的，是因为你是一个种族团体的成员的话"，那就是一种本质主义的说法。⑤ 霍尔支持一种"形容词的多元文化主义"（就是我们前面所引的"多元文化的"），因为它"表达了一种差异间的'滑动和译介'，一个没有理想化的、同质的和原初过去的文化身份的

---

① 可参阅《文化研究导论》，陶东风等译，高等教育出版社 2004 年版，第164—166，180—183 页等处的相关阐述。

② Chris Barker, *Cultural Studies: Theory and Practice*, p. 117.

③ 在这里可以参阅安·杜西尔对芭比娃娃的精彩分析。见罗钢、刘象愚编《文化研究读本》，第 172—197 页。

④ Gary A. Olson and Lynn Worsham（eds），*Race, Rhetoric, and the Postcolonial*, p. 226.

⑤ Ibid. , p. 228.

'混杂'（mongrelization）"①。在《文化身份与族裔散居》一文
中，霍尔指出："我这里所说的移民社群经验不是由本性或纯洁
度所定义的，而是由对必要的多样性和异质性的认可所定义的；
由通过差异、利用差异而非不顾差异而存活的身份概念、并由**杂
交性**来定义的。移民社群的身份是通过改造和差异不断生产和再
生产以更新自身的身份。"② 由此霍尔使用"混杂"或"杂交"
强调了个体在不同文化之间的滑动，反对那种本质主义的思维，
人并没有一个所谓的本质的固定的身份，如所谓的"'本质的'
加勒比人"，而这显然与他的接合理论是相通的，即在差异间接
合不同的因素而创造出新的意义和结果。

但在这里我们需要注意的是，无论是混杂还是杂交，并不是
两种东西并列地放在一起的混合，杂交在很大程度上可以看作是
一种霸权与反霸权斗争、谈判的结果体现，这里面有积极的交
融，但也有被动的侵犯，这是需要具体分析的，单纯地强调杂交
的文化融合往往会忽视杂交背后的帝国主义文化霸权的因素。

小　结

霍尔在《葛兰西与种族和人种研究的关联》中曾指出，若有
人想对葛兰西的著作进行"理论化"，那将是一个错误。因为"从
总体上看，葛兰西的概念是很明显地被用来在较低的历史具体层
面上运作的"③。或者说，葛兰西更多的不是进行理论的演绎与推
理，而是对现实进行具体的分析和研究。这其实也就是霍尔的研
究之法。霍尔曾说过一句很有名的话："我对理论本身（Theory）

---

① Gary A. Olson and Lynn Worsham（eds），*Race，Rhetoric，and the Postcolonial*，p. 205.

② 罗钢、刘象愚编：《文化研究读本》，第 222 页。

③ Stuart Hall，"Gramsci's Relevance for the Study of Race and Ethnicity"，in *Stuart Hall：Critical Dialogues in Cultural Studies*，p. 413.

不感兴趣，我感兴趣的是不断进行理论化（theorizing）。"① 由此
我们可以看出，霍尔并不致力于理论演绎与推理，而是专注于对
问题的具体分析，是在对问题的分析中理论化，而不是反之。这
可以看作是葛兰西在方法上对霍尔的巨大影响。

　　克里斯·罗杰克在《斯图亚特·霍尔》中指出了霍尔在三
个方面受到了葛兰西的影响。首先，霍尔接受了葛兰西对庸俗马
克思主义的经济还原论的批判，这种还原论最大的特点就是相信
"'无产阶级时刻'会自发地到来"②。而葛兰西则多层次地概念
化了结构/上层建筑复合体，强调了对"历史地特定具体层面"
的分析，而不是一味地抽象地强调结构对上层建筑的决定作用，
即要对特定的时局及社会力量进行具体的分析。而霍尔对"监
控危机"、对撒切尔主义的具体分析正体现了这一点。

　　其次，葛兰西消除了庸俗马克思主义的"被赋予优先权的
阶级主体"（privileged class subject）的观念，而把一切都置于
"过程"之中，由此"葛兰西铺设了一条通向作为矛盾的和碎片
的能动性的观点之路。他很少指称阶级统治而偏向于根据'统
治集团'或'历史集团'把权力概念化"。葛兰西坚持权力是不
稳定的，"政治、意识形态、国家、不同政党、先在显现（pre-
eminence）的民族—人民问题有市民社会之间的关系是由不断变
化着的权力平衡所构成的，而在这权力的平衡中，**没有什么是理
所当然的**"③。

　　另外，霍尔与葛兰西一样，也突出了分析问题中文化层面的
重要性。葛兰西"建构了一种极其丰富的对文化的阅读，即把
文化看作是历史上特定社会的实践、再现、语言、习俗和'常

---

　　① Lawrence Grossberg（ed.），"On Postmodernism and Articulation: An Interview
with Stuart Hall", in *Stuart Hall: Critical Dialogues in Cultural Studies*, p. 150.

　　② Chris Rojek, *Stuart Hall*, pp. 109 – 110.

　　③ Ibid., p. 111.

识'的领域。他把文化认同为一种基本的国家霸权建构的所在"①。

　　总起来说，霍尔通过葛兰西，批判了经济还原论和阶级还原论，强调了一切都没有必然的对应性，一切都在过程中斗争与争夺的观点，而也在这过程中事物显出差异、矛盾、异质性等复杂的特点。而这些对文化研究产生了巨大的影响，如对身份政治、种族研究、差异政治等。

　　但在这里我们还需要注意的是，霍尔对葛兰西理论的运用并不是单独而纯粹的，而是借用了其他理论家的理论对其进行不断的再思考和补充。如沃罗希诺夫（Volosinov）（实际上就是巴赫金）、拉克劳及阿尔都塞的理论。这些我们在前面已有分析，在这里我们只就霍尔与阿尔都塞的关系再做一点阐述，因为阿尔都塞是霍尔仅次于葛兰西的另一个重要的理论资源。

　　实际上我们说，霍尔一直就没有完全否定阿尔都塞。从早期的《科学的腹地：意识形态与"知识社会学"》（The Hinterland of Science：Ideology and the "Sociology Knowledge"，1978）② 及《文化研究：两种范式》（1980），到《花园中的癞蛤蟆》（1983），以及《阿尔都塞与后结构主义论争》（1991），霍尔几乎在提到葛兰西的地方都提到了阿尔都塞。这其中虽有批判，但却是一直在借鉴着阿尔都塞的理论。而这借鉴如果我们概括起来，其实就是阿的"多元决定"这一点。"多元"是霍尔所一直强调的"差异"，也就是霍尔自己所说的阿"使我生活在**差异**中，并与之一起生活"③，以及与此相关的人的自主性、能动性。而"决定"则是"限制"或"限定"。霍尔在《阿尔都塞与后结构主义论争》明确指出自己喜欢阿较少理论阐述而更多原创

---

　　①　Chris Rojek, *Stuart Hall*, p. 111.

　　②　见 CCCS, *On Ideology*, London：Hutchinson, 1978。

　　③　Robert K. Avery and David Eason（eds），*Critical Perspectives on Media and Society*, p. 89.

性的《保卫马克思》，尤其是其中的《论矛盾和多元决定》一
文。因为这篇文章"开始准确地思考复杂的决定类型而没有还
原到一个简单的统一体中"①，而"'矛盾'和'多元决定'是
非常丰富的理论概念"②。这种丰富性实际上就体现在"差异与
统一的接合"中。霍尔通过批判保罗·赫斯特等人的观点指出：
"我认为我们所发现的是没有必然的对应"，而不是如他们所说
的"必然的没有对应"③。如果说这"没有必然的对应"是一种
多元与差异的话，那"必然的没有对应"则是游离于限定之外
的非限定，而霍尔所强调的是"限定"，即"决定"的。也正是
运用这种"决定"抵制了话语理论的缺陷，就是"它抵制了或
者对作为'微观政治'的独特性的盲目崇拜，或者对作为'微
观政治'的差异性的盲目崇拜，或抵制了那种能指的永远滑动
的推断"④。

　　由此霍尔根据阿尔都塞，既强调了差异，也强调了统一，这
就是差异与统一的接合，也就是霍尔所说的"第三立场"。但
"第三立场"并不是一种简单的折中主义或中庸之道，而是我们
前面所强调的一种斗争与争夺的立场，唯有在这一过程中，我们
才能发现矛盾，发现差异，发现杂交，发现一切其实都是不能被
担保的，而我们唯一要做的就是与权力斗争，去努力争取属于自
己的身份与位置。这显然是与葛兰西的领导权理论相结合所体现
出来的生命活力，是霍尔所给予我们的启示。

---

① Robert K. Avery and David Eason (eds), *Critical Perspectives on Media and Society*, p. 90.

② Ibid., p. 91.

③ Ibid..

④ Chris Rojek, *Stuart Hall*, p. 120.

第五章

葛兰西与后马克思主义

拉克劳（Ernesto Laclau）和墨菲（Chantal Mouffe）是"后马克思主义"①的典型代表，他们虽然是政治理论家，但他们运用话语理论对葛兰西领导权理论的研究，富有一定的启发性，对文化研究产生了重要影响，而他们的反本质主义②思想则直接成

① 关于"后马克思主义"（post-Marxism）这一概念，国内外学者一直存在着不同的认识和理解，有的甚至是直接相对的，这就使得这一概念含混不明，歧义层出，对此本书不可能一一陈述，只是指出，所谓后马克思主义，是西方知识分子（主要是左派）在面对资本主义社会中所出现的新的复杂的现实，如阶级矛盾弱化，民主力量兴盛时，重新思考或批判传统马克思主义的结果。不过这种思考在一定程度上结合了后现代主义的成分，在政治上追求某种激进的、自由和多元民主。不管后马克思主义是否还是马克思主义，它对我们思考传统的马克思主义还是有一定借鉴意义的。关于这方面的论述和材料，可参阅 Stuart Sim, *Post-Marxism: A Reader*, Edinburgh University Press, 1998；曾枝盛《后马克思主义》，台北扬智文化事业股份有限公司，2002 年版；周凡、李惠斌主编《后马克思主义》，中央编译出版社 2007 年版；周凡主编《后马克思主义：批判与辩护》，中央编译出版社 2007 年版；胡大平《马克思主义之后——后马克思主义的论题和理论逻辑》，《南京大学学报》（哲学、人文科学、社会科学版）2003 年第 2 期；孔明安《"后马克思主义"研究及其理论规定》，《哲学动态》2004 年第 2 期；付文忠、孔明安《"后马克思主义"理论的批判解读——拉克劳与墨菲的"后马克思主义"评析》，《马克思主义研究》2004 年第 2 期等。

② "本质主义"（essentialism）与"反本质主义"（anti-essentialism）概念比较复杂。简单地说，本质主义认为事物有一个唯一的固定不变的本质，忽略了事物的多元性和历史性；而反本质主义则强调要认识到事物的复杂性、差异性与历史的发展性。维特根斯坦、罗蒂等人是反本质主义的代表人物。关于这方面的概述，可参阅理查德·罗蒂《后哲学文化》（上海译文出版社 2004 年版，黄勇编译）第 6 节（第 135—155 页）；《后现代主义辞典》（王治河主编，中央编译出版社 2004 年版）"反本质主义"词条，第 109—111 页；徐岱《反本质主义与美学的现代形态》，载《文艺研究》2000 年第 3 期；陶东风《大学文艺学的学科反思》，载《文学评论》2001 年第 5 期，第 98 页等。

为了文化研究重要的思想资源。本章主要分析他们是如何理解和运用葛兰西的领导权理论的。实际上，"领导权"这一概念在拉克劳和墨菲的政治理论中一直占据着核心的地位，是他们思考政治问题，建构政治理论的出发点和基础。早在 1977 年，拉克劳在《马克思主义理论中的政治与意识形态》中，就用"人民／权力集团"（people／power bloc）的概念去重新建构葛兰西领导权中统治阶级（集团）与从属阶级（集团）之间的对立。而墨菲则在自己 1979 年所编选的《葛兰西与马克思主义理论》集子中，收录了自己的《葛兰西的领导权与意识形态》一文，阐述了葛兰西领导权理论的非本质主义的特质。到了 1985 年的《领导权与社会主义的策略》，他们的分析就"一直是领导权概念的变化"①，并建立了领导权的"谱系学"。这足可见他们对领导权的重视，甚至有以此取代马克思主义的倾向。在 2001 年《领导权》的再版《序言》中，他们更是明确指出："政治分析的核心范畴是领导权"②，并在回应某些人"回到阶级斗争"的呼声中坚定地坚持他们的座右铭："回到领导权斗争中去。"③ 这无不显示了他们对领导权的重视程度之高。不过，他们对葛兰西领导权的理解是在话语理论的基础上展开的，"话语"是他们介入政治，阐释后马克思主义理论的重要依据。因此，我们从话语理论开始。

一　从索绪尔语言学到话语理论

索绪尔在《普通语言学教程》中，把语言看作是一种符号系统，一种表达观念的符号系统。在这一系统中，它的各个要素

---

① 恩斯特·拉克劳、查特尔·墨菲：《领导权与社会主义策略——走向激进民主政治》，尹树广、鉴传今译，黑龙江人民出版社 2003 年版，第 3 页。

② 同上书，第 5 页。

③ 同上书，第 15 页。

或符号如同棋盘上的棋子，其"价值"是由它们在棋盘上的位置所决定的。系统虽然只是暂时的，会"从一种状态变为另一种状态"，但其中符号的价值还是"首先决定于不变的规约"[①]。由此，语言作为一个符号系统先于并决定着其内部各要素的价值和意义，并形成一个封闭的系统，成为"自我包容的'关系'结构的最高范例"[②]。

从单个符号来看，就是索绪尔所做的著名的"所指"与"能指"的区分。索绪尔用所指表示符号的概念，也就是符号的深层含义，它是符号的意义来源；用能指来表示符号的音响形象，这是符号的形式。索绪尔指出："所指和能指的联系是任意的"[③]，但又是不可分离的，因为"在语言里，我们不能使声音离开思想，也不能使思想离开声音"[④]。由此在索绪尔那里，能指与所指形成了一个封闭的整体。

对于索绪尔的语言学，拉克劳也指出了它的两个局限。一是对应性（isomorphism）问题。拉克劳指出："在这个由各种纯粹形式的规则所支配的、完全差异性的世界中，存在着一个严格的对应性：构成一个词的每一组声音，和一个且只和一个概念相对应。能指的秩序与所指的秩序，彼此严格地重叠。"这种对应性势必削弱了语言符号的多样性和差异性。索绪尔语言学的第二个局限是话语的活力问题，就是根据索绪尔语言学，话语是由多个句子组成的序列，但这一序列仅仅受说话者"一时的想法"（whims）所控制，或者说是由全能的主体（omnipotence of the subject）所控制，由此不能呈现出为一般理论所能掌握的结构性

---

①　索绪尔：《普通语言学教程》，高名凯译，商务印书馆1980年版，第128页。

②　埃伦斯·霍克斯：《结构主义和符号学》，瞿铁鹏译，上海译文出版社1997年版，第17页。

③　索绪尔：《普通语言学教程》，第102页。

④　同上书，第158页。

的规律。①

自索绪尔之后，话语的这种对应性和全能的主体逐渐被消解，这体现在符号的能指与所指的分离与对能指的强调上。这一过程经历了从列维－斯特劳斯的结构人类学，经巴特的符号学，一直到福柯的话语理论和德里达的解构理论。

对于列维－斯特劳斯来说，他承接着索绪尔的语言学，把神话和亲属关系看作是一种语言系统，是自我调节和自足的，从而去寻找这一系统中符号与符号之间的横向关系，而不是去揭示符号本身纵向的深层含义。也就是把符号现象看作为"能指"，不去寻找与之对应的所指，因为你一旦"开始去寻找所指，很快会发现潜层符码将其他能指也联系了起来：所指是根本**不存在**的。任何事物本身都是有意义的，它们并不需要被赋予意义"②。

对于巴特，他曾就古典叙事作了如下阐述。他说："古典叙事总是给人这般印象：作者首先构想出所指（或普遍性），然后依其想象的机缘，替所指找寻'好'能指，可作证据的例子；古典作家像工匠一样，伏在意义的工作台上，为他已经形成的观念选择最好的**表达**。……**作者**总是被看作从所指到能指、从内容到形式、从设想到文、从激情到表达这般行进的；而**批评家**另取正好相反的路径，自能指回溯至所指。……**作者**是上帝（其起源地是所指）；至于批评家，他是神父，专意地破解上帝的写作。"③ 由此，古典叙事是先有所指后有能指，而对与现代叙事来说，则正好相反，甚至消解所指。巴特就在其光怪陆离的"符号帝国"中，享受着能指的"欢乐"。"他发现，所有这些习

---

① 拉克劳：《话语》，吴冠军译，载陶东风等主编《文化研究》第 5 辑，广西师范大学出版社 2005 年版，第 99—100 页。

② 约翰·斯特罗克编：《结构主义以来：从列维－斯特劳斯到德里达》，渠东等译，辽宁教育出版社 1998 年版，第 13—14 页。

③ 罗兰·巴特：《S/Z》，屠友祥译，上海人民出版社 2000 年版，第 281—283 页。

俗（指《符号帝国》中他所展示的习俗——引者注）都表现出一种'剔除意义的倾向'；它们没有什么核心，也没有什么'灵魂'。"①而他在"零度写作"中消解了作者，否定了那种单一作者式的文本观点，认为作者只是在使用"词语"写作，他并不预先给予文本一个所谓的内涵或意义，由此而"反对那种认为能指和所指之间存在着'纯然'是肯定的种种关系的观点"②，他认为"艺术最终就必然是由没有所指的能指构成的……我们的注意力应当集中在能指，而不应当听凭我们的自然冲动越过能指转到能指所暗示的所指"③。

无论对于列维－斯特劳斯还是对于巴特，他们突出能指的原因在于所指的不确定，而相比较而言，能指反而是比较确定的，正如斯特罗克所说的，"能指是我们可以确定的，是实实在在的；而所指则还是一个悬而未决的问题。对两个不同的人来说，相同的能指肯定会有不同的所指"④。因为每个人的个人经验是不同的，面对相同的能指，每个人的理解是不一样的，而"结构主义使我们对由此产生的意义多元性产生了兴趣……意义可以是共生的，也应该是共生的，我们并不需要为了赞同一种意义，就把其他所有的意义彻底牺牲掉。意义越多，我们这个世界才会越美好"⑤。

因此，强调能指并不是为强调而强调，而是在强调意义的多元与丰富，对福柯、拉康、德里达来说，他们强调能指，意在解构所指所确定的结构和本质，最终也是为了意义的多元与丰富。福柯在《知识考古学》中指出："思维的、认识的、哲学的、文

① 约翰·斯特罗克编：《结构主义以来：从列维－斯特劳斯到德里达》，第79页。

② 埃伦斯·霍克斯：《结构主义和符号学》，第123页。

③ 同上书，第115页。

④ 约翰·斯特罗克编：《结构主义以来：从列维－斯特劳斯到德里达》，第19页。

⑤ 同上。

学的历史似乎是在增加断裂，并且寻找不连续的所有现象，而纯粹意义上的历史，仅仅是历史，却似乎是在借助于自身的无不稳定性的结构，消除事件的介入。"① 而也正在这断裂和不连续中，福柯发现了话语的巨大的生成性与权力的无处不在。而拉康则对索绪尔的能指与所指进行了创造性的变革。他用"S/s"颠倒了索绪尔语言学中的能指和所指，"生动地展现了被隔开的两者之间某种无法抹去的必然裂痕"（即斜杠所示），而"能指（大写字母，正体，上方）相对于所指（小写字母，斜体，下方）具有至上的地位"。由此鲍伊指出："拉康论点的要旨在于：探求'纯粹'形式的所指，即探求纯然质朴、与语词无涉的思想结构，是一种毫无意义的举动；语言在人的思想中扮演了某种构成性的角色，不存在索绪尔提出的那种'纯粹心理学'。"②

对于德里达来说，他的目的更在解构，即反对逻各斯中心主义和声音中心主义。这从他所创造的"延异"（differance）这个词语中可以看出来。"延异"既包含了区分、差别（differ），也强调了语意的无限后延、延迟（defer），由此，语意既不是即刻给定的，更别说是预先给定的了。这就否定了能指与所指之间的对应，而把能指与能指之间的差异凸现了出来。

从我们的这一简略的回顾中可以看出，继索绪尔之后，人们逐渐认识到，能指与所指之间关系不仅仅是任意的和偶然的，而且更重要的是能指与所指之间并不是固定的、简单对应的，尤其是相同的能指会在不同的语境中有着不同的所指，所以所指是根本无法确定的，所指所代表的事物的固定意义和人类所谓的本质也就根本不可能被确定下来，有的只是"能指的'浮动'，所指

---

① 米歇尔·福柯：《知识考古学》，谢强、马月译，生活·读书·新知三联书店 1998 年版，第 5 页。
② 约翰·斯特罗克编：《结构主义以来：从列维－斯特劳斯到德里达》，第 144 页。

的'崩溃'，没有任何先于话语的'先验所指'"①。斯特罗克也指出，符号秩序本身就是一种系统，人不过是这一系统的一些"事件"而已，"这样一来，结构主义就站到了反对个人主义乃至人道主义的立场上，因为在文化解释的过程中，意象性的人类能动作用往往是无关紧要的。在很多场合里，结构主义者提到了'主体的消亡'。这表明他们已经对本质主义抱有了强烈的偏见，在某种程度上否定了人类的整体存在，认为它只是呆板僵化的系统中存在着的一种变换不定、可以替代的形式"②。而这种反本质主义的思想无疑给了拉克劳和墨菲巨大的理论资源和理论支持，并进而形成了他们自己的话语理论。

二　拉克劳、墨菲的话语理论

（一）话语的构成

首先，拉克劳和墨菲在《领导权与社会主义的策略》（以下简称《领导权》）中，对话语及相关的概念做了界定：

> 我们把任何建立要素之间关系的实践称之为**接合**，那些要素的同一性被作为接合实践的结果而被修正（modified）。来自接合实践的结构化总体，我们称之为**话语**。不同的位置只要在一个话语之中被接合起来，我们就称之为**因素**（moments）。相对应地，我们称任何没有被话语接合的差异称为**要素**（element）。③

---

① 徐崇温：《结构主义与后结构主义》，台北：结构群文化事业股份有限公司1994年版，第225页。
② 约翰·斯特罗克编：《结构主义以来：从列维－斯特劳斯到德里达》，第16页。
③ 拉克劳、墨菲：《领导权与社会主义策略——走向激进民主政治》，第114页。本章所参照的中文版本即为本版本，但在引用本版本的译文时参照原文作了某种程度的改动，以后对此不再另作说明。

与这一话语理论紧密相关的是"话语场域"（field of discursivity）
和"关节点"（nodal points）这两个概念。简单地说，所谓话语
场域，实际上就是一个话语坐落于其中而比话语更大的空间或场
域，而关节点是暂时固定话语意义的中心点。

　　下面我们对他们的话语理论做一具体阐述。

　　首先，话语是通过不同的要素之间的接合①而建构起来的，
而这不同的"要素"在拉克劳和墨菲实际上就是索绪尔语言学
中的"能指"，即他们所称之为的"漂移的能指"。② 话语由此
在这里就不是索绪尔的能指与所指的接合，而是能指与能指之间
的接合。而这能指之间的接合所导致的直接结果，是意义的非固
定性。但如果能指一直处在这种毫无目标的漂移之中，那么事物
也就根本无法理解，世界就不可知了，这显然是不可能的，正如
拉克劳他们所说的："绝对的固定性和绝对的不固定性都是不可
能的。"③ 由此能指在接合中又必须于不固定中获得暂时的或局
部的固定，这就是"关节点"的作用。正如他们所说的："意义
最终固定的不可能性意味着必须存在局部的固定……我们将把被
赋予特权的局部固定性的话语点称为**关节点**。"④"关节点"实际
上可以看作是一种具有优势性的能指，通过它，各种因素被接
合——被暂时接合在一起，从而形成一个相对固定的话语或
"话语形构"的中心。这正如约伯·托尔芬（Jacob Torfing）所

---

　　① 关于"接合"的含义及功能，可参阅本书第四章的相关阐述。简单地说，
接合与话语实践密不可分，它排除了线性的决定关系和单一的对应，排除了任何先
验性规定和还原论倾向，接合没有既定的普通主体，它本身是一种暂时的固定状态。
对于拉克劳他们来说，霸权其实也是一种接合实践。参阅周凡《霸权接合的哲学批
判》，博士论文，复旦大学，2004 年。
　　② 拉克劳、墨菲：《领导权与社会主义策略——走向激进民主政治》，第 126
页。亦参见曾志隆《拉克劳与穆芙》，台北：生智文化事业有限公司 2002 年版，第
112—113 页。
　　③ 《领导权与社会主义的策略——走向激进民主政治》，第 23 页。
　　④ 同上书，第 124 页。

说的："关节点通过建构一个确定意义的结（knot）创造和维持了一个特定话语的身份。"①

但是话语的这种固定只是暂时的，因为"关节点"不可能完全掌控整个话语的各个因素，这就是他们所说的，"'要素的身份'是漂移的能指，不可能被整个连接到话语链上，而且这个漂移的特征渗透到每个话语的（即社会的）同一性之中"②。由此在建构话语中心的过程中，又必然有着话语"意义的剩余"，它们溢出话语边界而构成了"话语场域"。这也就使得任何话语的边界都不是完全确定的，而是在话语因素的意义剩余的不断溢出中变得模糊起来。虽然话语可以通过修正它的关节点，把这个他者吸纳进去，从而重新确立和扩大它的边界，但这最终并不能消除话语的不可缝合性。

由此从这"话语场域"与话语的关系来看，一方面，话语场域对于任何话语来说是必不可少的，它为话语提供了存在的条件，是每个社会实践构造的"必要的领域"，话语就是关节点在话语场域内接合那些漂移的能指的结果；而另一方面，它又不断地通过话语内部的意义剩余而对话语进行颠覆。就是说，"关节点"虽然暂时固定了话语的意义，但这漂移的能指并不就被完全固定下来，其意义不断地溢出话语，进入话语场域，而这溢出的过程也就是解构或颠覆话语的过程。由此，话语场域同时既提

---

① Jacob Torfing, *New Theories of Discours: Laclau, Mouffe, and Žižek*, Oxford: Blackwell Publishers, 1999, p. 98. 后来，拉克劳又用"空的能指"（empty signifier）来指这种具有优势的关节点，这一方面是因为有许多概念本身在被很多不同的阐释者阐释之后，其本身失去了其本来的固定意义，如上帝、民族、政党、阶级等；而另一方面，拉克劳使用这一概念亦在强调关节点的强大的接合功能，即能指之"空"正是建构话语的基础，而有着具体而固定内容的能指是不可能具有强大的接合功能的。见 Jacob Torfing 此书第 98 页的分析，以及 David Howarth et al. (eds), *Discourse Theory and Political Analysis*, Manchester: Manchester University Press, 2000, pp. 8 - 9。

② 拉克劳、墨菲:《领导权与社会主义策略——走向激进民主政治》，第 126 页。

供意义的部分固定的可能性条件，也提供不可能的条件。①

在这里我们可以举一个简单的例子，就是学校关于"好学生"的话语建构。首先，关于"学生"由许多组成因素或能指组成，如政治素质过硬，学习优秀，尊敬师长，乐于助人等；而学校则通过"听话"即听学校和老师的话这一关节点把学生中的这些好好学习等能指固定下来，从而形成学校关于"好学生"的话语，但这一话语建构并不能把关于学生的各种因素都包括进去，还有像不断指出老师的错误，上课看课外书，甚至迟到等并不听话的学生，这些关于学生的"要素"溢出了学校关于好学生的话语建构之外，形成不断丰富的关于学生的话语形构，并不断解构着关于好学生的话语。当然，学校也会不断修正自己的关节点，把原来溢出其话语边界的能指重新包容进去，如把爱思考，反驳老师的观点等不听话的学生也包容进去，强调学生的创造性，而不是一味地把这样的学生看作是不听话而排除出去。但无论学校怎样调整自己的关节点，它始终不可能完全把关于学生的各种能指都包容进去，由此而使得学生这一概念永远保持着开放性和未完成性。也就是说，要想完整地界定学生是不可能的，这就是他们的关于"任何特定话语进行最后缝合的不可能性"②的观点，而由此推论也就是他们所一直强调的"社会的不可能"。

简短地总结一下，关于关节点、话语、话语领域等之间的关系可用下面的话综括：

> 社会从来没有形成与自身的同一，因为每一个关节点在溢出它的交互性内部被构成。接合实践因此由部分上固定意

---

① Jacob Torfing, *New Theories of Discours: Laclau, Mouffe, and Žižek*, p. 92.
② 拉克劳、墨菲：《领导权与社会主义策略——走向激进民主政治》，第123页。

义的关节点构造，而且这一固定的部分特征来自社会开放性，接着的结果是所有话语由于话语场域的无限性不断的溢出。①

（二）话语的运作

根据在拉克劳他们，话语主要是通过"等同"（equivalence）效应或等同逻辑来运作的，就是把话语场域中的各种漂移的能指转换到"等同链"（chain of equivalence）上，使这些因素之间的差异被抵消，于异中求同。他们举例说殖民国之所以能统治不同衣着、肤色、语言的殖民地人民，就在于其统治权力的日常存在把这些不同都等同化了，即同等地服从于殖民国家，他们之间的差别也便被取消了。② 由此等同就是对差异的消解和抵偿。

但等同逻辑显然并不能完全消除差异，由此"差异"（difference）逻辑的存在就构成了对话语的一个持续性的威胁，由此也就使话语一直处在不稳定之中。这也就是他们使用福柯的"分散中的规则性"所阐述的话语的连贯性问题。"分散"是话语因素的差异，"规则"是关节点的统一性。也就是说，话语中的因素虽然处在漂浮分散之中，但也并不是处在完全散乱的状态中，这里就有一个围绕着关节点而建立起来的暂时的中心，正是通过关节点的"规则"运作，话语中的"每一个要素占有一个不同的位置"③，并通过关节点，形成一个中心，只是这中心并不是持久的、固定的，而是永远处在被颠覆的变化之中。话语的等同或差异在政治斗争中体现得最为明显，约伯·托尔芬就指出，政治斗争会强调等同或差异的某一方面而取得成功，强调等同会简化社会及政治的空间，会把差异打破而吸纳进等同链条之

---

① 拉克劳、墨菲：《领导权与社会主义策略——走向激进民主政治》，第126页。

② 同上书，第144页。

③ 同上书，第115页。

中，这就必然会导致内在于差异的意义的丧失。①

比如，中国延安时期把文艺规定为"为工农兵服务"，这就建立了一种等同效应，即把所有的创造都连接到这个工农兵的链条上来，从而建立了共产党的文艺话语。而这在很大程度上修正、更改、消解了那些这种话语所不能接合的文艺因素（如当时包括丁玲、王实味等人在内的许多杂文），甚至走向了直接清除那些不能被连接到这一等同链条上的文艺工作者（如王实味）。但即便如此，差异是永远存在的，由此等同与差异之间的紧张就是不可解决的，而也正由此，形成了话语的开放性和最后完成的不可能性。

（三）话语的特征

拉克劳和墨菲从三个方面阐述了话语的特征，这就是话语的连贯性，话语的维度和范围，话语的开放性和封闭性。

话语的连贯性就是上面我们所说的"分散中的规则性"。从话语的维度和范围来说，他们拒绝了话语与非话语的区别，而肯定了"每个对象被构造为话语对象"，而所谓的非话语的综合体（complexes），如制度、技术、生产组织等都是由话语接合所建构的。② 拉克劳他们取消话语与非话语之间区分一直是后人所诟病的重要方面，也许他们预见到了这一点而对此做了进一步的阐述。他们指出："每一个客体被构成为话语客体的事实与是否存在外在于思想的世界、现实主义与理想主义的对立**没有关系**。"也就是说，把一个物体建构为话语客体与这个物体客观地存在于这个世界之间并不是矛盾的，这是两个不同的问题，话语地建构物体并不否认物体的客观存在。比如，

---

① Jacob Torfing, *New Theories of Discours：Laclau, Mouffe, and Žižek*, p. 97.

② 拉克劳、墨菲：《领导权与社会主义策略——走向激进民主政治》，第116—117 页。

我们可以把一块石头看作是一件武器飞弹（即话语地把它建构为飞弹），也可以从美学的角度去认识它，把它建构为一个美学意象，但所有这些话语建构都并没有否认这块石子的客观存在性。拉克劳他们也举了一个地震或砖头落下的例子。他们指出，这种现象可以有不同的解释，或者解释为自然现象，或者解释为上帝的惩罚，这些都是话语建构，即"总是依赖于话语领域的结构化"去解释和建构。但这并没有否定地震或砖头落下这一客观发生的事实。由此他们指出："被否定的不是外在于思想的客体，而是能把自身构造为外在于任何出现的话语条件的对象这一不同的主张。"① 也就是说，拉克劳他们要否定的不是物体的客观存在，而是否定那种主张物体可以不由话语建构的观点，一切都是话语建构的。

在这里我们反观霍尔对拉克劳的批评就可以看出，霍尔实际上是误解了拉克劳的观点，拉克劳虽然强调所有的物体都是话语地建构的，但他并没有把所有的物体都**等**同于话语，像霍尔所言的把 X 如 Y 般运作置换成了 X = Y。拉克劳他们并没有把 X 等同于 Y，而是 X 都是由 Y 建构的。不过即便是这样，拉克劳的话语理论还是走向了极端，因为物体除了话语地建构外，也还有非话语地建构，比如政治的、经济的等。在这方面，拉克劳与福柯是不同的。对福柯来说，比如医学话语，除了话语建构的因素外，还有非话语的因素，如政治条件、经济关系、体制的变化等。② 而在拉克劳他们那里，把这些非话语条件都还原成了话语条件。贝斯特和凯尔纳在《后现代理论》中指出，"问题并不在于他们将任何事物都还原成了话语，因为客体通过话语所获得的可理解性并不会不真实……真正的问题在于他们把非话语条件消

---

① 拉克劳、墨菲：《领导权与社会主义策略——走向激进民主政治》，第118页。

② 见 Jacob Torfing, *New Theories of Discours: Laclau, Mouffe, and Žižek*, pp. 90-91 的分析。

解为话语条件①，并置语言于实践与制度之上"，可"如果缺乏具有普遍约束力的法律、权利和自由，民主同样也是不可能的"，由此这就使得他们的政治规划成为一种乌托邦。② 也就是说一切事物都可以话语地建构，但并不能以此而否定或取代非话语的建构。

第三，关于话语的开放性和封闭性，他们指出："任何连接都不可能导致每个'要素'不加限定地成为'因素'。"③ 即每个因素都会受制于话语形构的规定。这是话语的封闭性特征。而它的开放性，他们借用了德里达的阐述，指出了中心的非焦点性特征。

> 中心不可能以当前存在的形式被思考，中心没有天赋的场所，它不是一个固定的焦点，而是一个功能，一个非焦点，在其中，无限多的符号替代进行着活动。这是语言侵袭普遍问题的时刻，在中心或起源缺席的时刻，每件事情都变成了话语——使我们对这个词达成一致意见——就是说，中心在其中被表示的体系、起源或超越性所指，从来不是绝对地在差异体系之外到场，超越性所指的缺席无限扩展了意义的领域和游戏。④

由此，"中心"并不是一个固定封闭的整体，而只是一个"场

---

① 中文原译为"非推论性条件和推论性条件"，为误译，根据原文"non-dis-cursive"和"discursive"，实为"非话语条件"和"话语条件"。见 Steven Best and Douglas Kellner, *Postmodern Theory: Critical Interrogations*, Houndmills, Basingstoke, Hampshire: Macmillan, 1991, p. 203.

② 斯蒂文·贝斯特、道格拉斯·凯尔纳:《后现代理论: 批判性的质疑》，张志斌译，中央编译出版社 1999 年版，第 264—266 页。

③ 拉克劳、墨菲:《领导权与社会主义策略——走向激进民主政治》，第 122 页。

④ 同上书，第 124 页。参见德里达《书写与差异》，张宁译，生活·读书·新知三联书店 2001 年版，第 280 页。

所"，一个提供交流与活动的场所，或者说只是一个暂时的"关节点"，当"中心"被放弃后，——而也唯有放弃中心后，围绕着中心这一"超越性所指"的理念、本原、目的、潜能、本质、真理等也就被放弃了，从而也就"确定了为差异流动提供基础意义的可能性"①，而世界也就在这没有中心中获得了极大的丰富和扩展。这是他们的最终目的，也是他们的理想。

（四）话语的主体

对于拉克劳和墨菲的主体理论，在上一章我们曾指出过霍尔对他们的批评，就是他们只谈"位置"而不谈主体。在《领导权》中，拉克劳和墨菲指出："无论什么时候我们在本文中使用'主体'范畴，在话语结构中都是在'主体位置'的意义上去这样做的。"②"'人'是一个话语构造的主体位置。"③ 拉克劳他们对主体位置的强调，意在突出人的多元身份，这在现代社会中是很好理解的，比如一个具体的个人，他可能是一个白人，但同时也可能是一个中产阶级，一个基督徒，一个男人，甚至一个恐怖分子等。由此我们显然不可能把人简单地固定在某一位置上。墨菲在《领导权与新政治主体》中就明确指出了主体的多元性。她说："在每一个社会内部，每一个社会能动者都被铭刻在一个社会关系的多元性中——不仅仅是生产关系，而且还有其他的性别、种族、民族性及邻近的社会关系中。所有这些社会关系决定了位置性或主体位置，而每一个社会能动者由此成为许多主体位置的地点（locus），但不能被还原为仅仅一个（位置）。"由此"一个给定的社会能动者的主体性，总是不稳定的和暂时固定

---

① 拉克劳、墨菲：《领导权与社会主义策略——走向激进民主政治》，第 124 页。参见德里达《书写与差异》，第 123—124 页。

② 同上书，第 128 页。

③ 同上书，第 129 页。

的，或者用拉康的术语来说，是被定位在多种话语的交叉点上"①。这是再清楚不过的对多主体多元性的阐述了。

应该说，拉克劳和墨菲对人的这种多元主体的认识是有一定道理的，在一定程度上揭示了人在当代资本主义社会，尤其是在发达资本主义社会里身份的多变性与非固定性。但这又往往造成主体的漂移不定，即不断地从一个位置跳到另一个位置，从而也就在一定程度上消解了人的主体性，甚至产生人对自身身份的困惑，引发身份危机。而另一方面，就是消解了主体在社会发展中的根源性以及与此相关的工人阶级的主体地位。他们指出："每一个主体立场的话语特征被连接到拒绝作为本源和根本的总体概念上"，由此"主体不可能成为社会关系的本源——甚至在赋予了给出可能性经验的权力这一有限意义上也不能——因为所有经验都依赖严格的话语可能性条件"②。主体也就只成为了一个个的能指，而根本不可能作为革命的根源。这是他们反对马克思主义本质主义主体观的体现。在《领导权》中，他们指出了马克思主义的起始点和不变的主体，就是："主体是社会阶级，它的统一是围绕着生产关系中的地位决定的利益来构造的。"③ 而"'工人阶级'这一措辞以两种不同的方式被使用：定义生产关系中特殊的主体立场；**命名**持有主体立场的代表"。在他们看来，所有这一切都是"荒谬的"④，因为革命并不是由某个特定的、预先给定的阶级（如工人阶级、无产阶级或资产阶级等）所发出的，阶级只能是一个位置而不是革命的起源，一切都在接合中形成和建构。这就是他们对葛兰西领导权的新理解。

---

① Chantal Mouffe, "Hegemony and New Political Subjects: Toward a New Concept of Democracy", in Cary Nelson and Lawrence Grossberg (eds), *Marxism and the Interpretation of Culture*, pp. 89 - 90.

② 拉克劳、墨菲:《领导权与社会主义策略——走向激进民主政治》，第128页。

③ 同上书，第132页。

④ 同上书，第133页。

三　拉克劳、墨菲话语理论中的领导权

　　白瑞特曾指出："《霸权与社会主义策略》的真实论点决定于拉克劳和穆夫对葛兰西的解读。"① 而拉克劳他们对葛兰西领导权理论的解读则是建立在他们的话语理论的基础上的。"他们在葛兰西霸权概念的基础上阐发了一种完全基于话语接合的祛除了阶级痕迹的新霸权观念。"②

（一）领导权与"社会的不可能性"

　　根据他们的话语理论，领导权实际上也就是一种接合实践。他们指出，"接合"范畴"为我们提供建立领导权概念的出发点"③。而"领导权出现的一般领域是连接实践的领域，即'要素'具体化为'因素'的地方"④。而这种接合是对不同"漂浮的能指的接合"⑤，只要某一特定的能指企图掌握话语场域，而接合其他能指的动作，这就是他们所说的领导权。由此领导权也就类似于他们话语理论中的一个"关节点"。

　　但领导权的出现是有条件的，不是任意的。这条件之一，就是社会的不完整性和开放性，或者说是"社会的不可能性"。在1983 年的《社会的不可能性》这篇短文中，拉克劳指出，社会的不可能性体现在两个方面，第一个方面是社会的总体性不能完全建构起来。拉克劳认为，总体性的状况就是社会秩序的本质状

---

　　① 米开尔·白瑞特：《意识形态、政治、霸权：从葛兰西到拉克劳和穆夫》。见斯拉沃热·齐泽克等人《图绘意识形态》，方杰译，南京大学出版社 2002 年版，第 234 页。

　　② 周凡：《霸权接合的哲学批判》，博士论文，复旦大学，2004 年，第 34 页。

　　③ 拉克劳、墨菲：《领导权与社会主义策略——走向激进民主政治》，第 104 页。

　　④ 同上书，第 152 页。

　　⑤ 同上书，第 154 页。

况，是社会生活表面上表达的处于经验变化背后的有待认识的状况，这是一种本质主义认识论。与此相反，拉克劳指出，今天我们倾向于接受社会的无限性，即任何结构体系都是有限的，总是受到难以把握的"多余意义"的包围；这样，建立在自身部分过程之上的、作为一元的、可理解对象的"社会"，就是不可能的。①

在《领导权》中，他们指出："在关系同一性的封闭体系内，每一个因素的意义是绝对确定的，不存在任何领导权实践的地方，一个排除了任何漂浮能指的完全成功的差异体系，不可能进行任何连接，在这样的体系内重复的原则会控制每一个实践，而且没有任何东西可以领导权化。正是因为领导权假定了社会的不完整和开放性特征，才可能只在连接实践控制的领域进行领导权实践。"②"社会的开放性因此成了每个领导权实践的前提。"③也就是说，在一个封闭的同一性的社会中，在意义的绝对封闭中是不可能有领导权的接合实践的（比如在一切都是必然的封建专制社会是不可能有领导权的争夺的）。在他们对领导权的谱系考察中，他们就指出，领导权的概念"是要填充历史必然性中被打开的裂缝。'领导权'将暗示缺席的总体，并且暗示重组或重新连接的不同尝试……'领导权'不会是对同一性的宏伟阐释，而是对危机的反应。"④"领导权概念填补了危机所带来的空白。"⑤这就清楚地表明了领导权是在裂缝中接合，而不是在封闭中去接合。

这种接合尤其体现在社会失去秩序（或曰"失位"）的时

---

① 恩斯特·拉克劳：《我们时代革命的新反思》，孔明安、刘振怡译，黑龙江人民出版社2006年版，第108页。

② 拉克劳、墨菲：《领导权与社会主义策略——走向激进民主政治》，第152页。

③ 同上书，第161页。

④ 同上书，第1页。

⑤ 同上书，第50页。

刻，即曾经必然的社会被打破，社会秩序出现真空，或空的能指，由此不同的社会力量出来，试图通过自己的话语填充这个真空，重新使社会归于秩序，由此而出现领导权的争夺。正如约伯·托尔芬所说的："失位是领导权接合的**绝对必要的条件**。没有失位，社会的总体性就会被完全缝合起来和被客观化（objectivized），而这对领导权接合来说也就没有什么空间了。"①

　　强调总体性或统一性不能完全建构并不是要完全否定意义相对固定。对于拉克劳来说，如同话语可以通过关节点（nodal point）可以暂时形成相对固定的意义，社会同样可以通过设立关节点，达到意义的相对固定。拉克劳指出，社会总是超越试图构建社会的有限性。但与此同时，"总体性"并没有消失。通过节点的制度化，还是可能达到社会相对的确定化。"每一个社会形态都有其自己的决定性及其相对独立性，它总是通过复杂的多元决定而制度化，因而，它是不能被先天建立的。"②由此我们可以看到，拉克劳他们并不是一个完全的相对主义者，他们即强调接合的偶然性来否定先天的必然性，但也并没有走向完全的相对主义的泥潭，否则这个社会就不是不可能的，而是根本不可理解的了，而通过部分的固定，我们不断地去理解社会。

（二）对抗、对立与矛盾

　　拉克劳他们又提出了领导权出现的第二个条件，对抗力量的存在。没有对抗也就无所谓争取领导权了。拉克劳和墨菲在《领导权》中比较细致地区分了"对抗"（antagonism）与"对立"（opposition）和"矛盾"（contradiction）之间的区别。在拉克劳和墨菲看来，对立是 A 与 B 的现实关系，"是一个服从实证

---

①　Jacob Torfing, *New Theories of Discours: Laclau, Mouffe, and Žižek*, p. 109.
②　恩斯特·拉克劳：《我们时代革命的新反思》，第 109 页。

物理规律的物质性事实"，比如他们所举的两个交通工具相碰撞的例子。① 而矛盾是 A 与非 A 的逻辑关系，两者处于一个同等的并列层面，并不必然产生冲突。拉克劳和墨菲举例说，现在社会上同时并存着的大量的相互矛盾的信仰体系（比如基督教和佛教），它们之间是矛盾的，但并不必然会形成冲突或"对抗"。在拉克劳和墨菲看来，无论是对立还是矛盾，当事双方都是一个独立的完全确定的实体，对立是现实的确定，矛盾是逻辑上的确定，由此一方并不必然影响或威胁另一方的存在或完整。而对抗中的双方都只是一种可能，一方的存在影响或威胁着另一方的存在或完整性，由此而产生对抗。比如女权主义运动的兴起就是一种对抗，因为社会习俗或社会体制（以男性为象征）否定了"作为女人的女人"的存在，由此而形成了与社会习俗或体制的对抗。② 拉克劳和墨菲对对立、矛盾和对抗做了如下的概括和对比：

> 在矛盾的情形之中，因为 A 完全地是 A，非 A 才是矛盾——和不可能性。在现实对立的情形之中，正因为 A 也完全是 A，他与 B 的关系才产生了客观决定的作用。但是，在对抗的情形之中，我们面对的是不同的情况："另一个"的存在阻止我成为完整的自我，关系并没有从完全的总体中产生，而是来自于它们构成上的不可能。……只要存在着对抗，我就不能成为一个自身完整的存在……现实的对立是可确定的、可定义事物中的一个客观关系，矛盾同样是概念之中可定义的关系，对抗构成每个被展现为局部的、不稳定客观化的客观性的限度。③

---

① 拉克劳、墨菲：《领导权与社会主义策略——走向激进民主政治》，第 138 页。
② 同上书，第 177 页。
③ 同上书，第 142 页。

那么，对抗关系又是如何形成的呢？拉克劳和墨菲在对对立、矛盾和对抗的区分基础上又具体区分了从属关系、压制关系和对抗关系。他们指出，从属关系并不等于压制关系，应把"从属"从"压制"中分离出来，从属关系只是这个"代表（即为这种关系中的一方——和）必须服从另外一个的决定"，而压制关系则是"已经转变为社会对抗场所"的"从属关系"。① 或者说，从属只是一种形成压制的可能条件而并不必然形成压制关系，而压制关系是从属关系的一种结果体现。由从属关系转变为压制关系是需要条件的，那就是首先从属关系要转变为对抗关系。他们通过举例指出：

> "农奴"、"奴隶"等等概念，其自身并不能表明对抗性立场，只有在一种不同的话语形态中，比如"天赋人权"，这些范畴的不同实证性才可能被颠覆，从属关系才能被建构为压制关系，这意味着，没有从属的话语得以被解释的话语"外在性"，就不会有压制关系。②

也就是说从属关系从来就存在，但并不一定就会形成压制关系，从而进一步产生对抗，只有在一定的话语条件之下，才会形成对抗，这就把压制关系建立在了外在的话语基础之上。正如他们所说的："严格地说，对抗不是内在的，而是外在于社会的。"③ 正是这外在的话语促使从属关系向对抗关系的转换，而这外在话语在他们看来显然就是像"天赋人权"这样的民主话语。再举女权主义的例子，他们指出："正是因为民主意识形态原则上对所

① 拉克劳、墨菲：《领导权与社会主义策略——走向激进民主政治》，第170页。
② 同上书，第171页。
③ 同上书，第142页。

有公民承认的权力否定了作为女人的女人，才出现了从属女性主体构造中的裂缝，在这个裂缝中对抗才可能形成。"① 也就是说，由于民主意识的出现，从属者才意识到了自己的从属地位，意识到了自己在这从属关系中并不能成为完整的自己，从而使本来稳定的从属关系出现裂缝，由此而形成对抗关系。由此，在拉克劳和墨菲看来，对抗并不是来自于从属者自发的革命行为，而是来自于外部的民主话语。这正如伍德所说的："社会主义的解放冲动并不源起于——作为在生产关系的层次上建构起来的因素——工人阶级的利益；相反，那种冲动是由自由民主话语形成的，这种话语使得从属性关系具有压迫性。"② 这其中的理路，按照他们的阐述就是，由于民主意识或民主革命的兴起，使得从属者意识到了政治上的不平等并由此而对其进行了批判，而也正是"从政治不平等批判，通过不同的社会主义话语，置换成经济不平等的批判，走向了对其他从属形式的怀疑，并产生新的权利要求"③，由此而爆发革命。这样，社会主义革命在拉克劳和墨菲那里不是由经济不平等开始，而是由民主意识和政治不平等引发的。这与马克思主义的革命理论正好相反，而由此社会主义革命也就成为了"民主革命的一种内在要素"，只是民主革命的一种形式或部分，这与后来的女权运动，同性恋运动等没有什么不同。这就从根本上否定了社会主义革命的独立意义和价值，从而使革命成了一种如伍德所说的"无根的政治"④。

总之，我们可以这样认识拉克劳他们的领导权，就是在非完整或非确定的社会中，由于民主力量的兴起，使得原来理所当然的从属关系转换成了对抗关系，从而形成领导权的争夺与斗争。

① 拉克劳、墨菲：《领导权与社会主义策略——走向激进民主政治》，第177页。
② 艾伦·伍德：《新社会主义》，尚庆飞译，江苏人民出版社2008年版，第69页。
③ 拉克劳、墨菲：《领导权与社会主义策略——走向激进民主政治》，第173页。
④ 艾伦·伍德：《新社会主义》，第63页。

在这里，民主是拉克劳他们政治理论中的一个关键词。

（三）领导权与民主革命斗争

应该说，拉克劳他们对领导权的话语阐述，是他们对资本主义社会所出现的各种新的斗争形式认识的结果。在《领导权》中，他们考察了 20 世纪以来所出现的许多新的社会对抗点，包括都市的、生态主义的、反权力主义的、反制度化的、女权主义的、反种族歧视的、少数民族权力的、地区的和性少数的斗争，等等。[①] 在《我们时代革命的新反思》中，拉克劳进一步指出了目前（1990 年）的社会历史发展与几十年前大不相同，这主要表现在以下几个方面：（1）资本主义的结构变化导致了后工业资本主义的出现，引起了工人阶级数量的锐减。（2）资本主义的生产方式深刻而不断地渗透到了社会生活的各个领域。（3）福利国家的官僚化，引发了新社会对抗形式的产生。（4）第三世界的群众运动并没有遵循传统阶级斗争的逻辑模式。（5）现存的社会主义国家中出现的社会体制危机，以及以无产阶级名义建立的新的统治形式。[②] 对于这些新的历史发展特点和新出现的社会对抗点，拉克劳和墨菲指出，"这些'新的对抗'是对商品化、官僚主义和社会生活自身不断同质化的反抗形式"[③]。它们表明，"所谓的'客观规律'领域已经失去了它作为合理的社会基础这个特征"[④]，而最突出的一点，就是我们在马克思一个世纪之后所生活于其中的社会，"越来越不是一个阶级的（classist）社会了"，可我们这个时代虽然还存在着剥削、对抗和斗

---

① 拉克劳、墨菲：《领导权与社会主义策略——走向激进民主政治》，第 177 页。

② Ernesto Laclau, *New Reflections on the Revolution of Our Time*, London：Verso, 1990, p. 97. 中文译本《我们时代革命的新反思》，第 117—118 页。

③ 拉克劳、墨菲：《领导权与社会主义策略——走向激进民主政治》，第 183 页。

④ 同上书，第 42 页。

争，"但斗争却越来越不是**阶级**（class）斗争了"①，现在谈的不再是大写的"解放"而实际是小写的"解放"，也就是说解放已进入了一个多元的领域，有着多种的解放形式，而任何斗争也只是一种"局部的斗争"。而与之相关的是身份或主体的位置的越来越宽广和复杂，社会主义目标也被"解普遍化"（de-universalization），社会主义只是激进民主革命的一部分。由此社会进入了一个多元斗争和多元对抗的时代。而"每一个对抗，自身包含着对抗，是一个漂浮的能指，都是一种没有预定与社会形态中其他要素连接形式的'滋生'对抗"②。

由此他们强调民主革命，强调"激进、自由和多元的民主斗争形式"。他们指出："左派的任务不是放弃自由民主的意识形态，相反，是在激进的和多元的民主方向上深化和扩大民主。"③ 雷诺兹曾对此指出，激进民主这个概念"反映了一种承诺，即多元的、各种各样的不同身份，对强调平等和社会公正的、无所不包的民主政治的进入、支持、参与和捐助的承诺"④。这可看作是人们在新的社会形势下对民主的渴望⑤，但这一话语无论如何是有着一定的模糊性的，尤其在他们取消了主体，消解了主体的能动性之后，谁实施这一民主话语的问题就必然浮现了出来。胡大平指出："激进民主"（radical democracy）"是一个包含着重迭含义的多义词，它既可以理解为把现有民主制度彻底化和普遍化的政治主张——在这一含义上可译为'彻底民主'，

---

① *New Reflections on the Revolution of Our Time*, p. 165. 中文译本《我们时代革命的新反思》，第 197 页。

② 拉克劳、墨菲：《领导权与社会主义策略——走向激进民主政治》，第 191 页。

③ 同上书，第 198 页。

④ 雷诺兹：《后马克思主义是超越马克思主义的激进的政治理论和实践吗？》，张明仓译，载《世界哲学》2002 年第 6 期。

⑤ 关于这一点，可参阅胡大平对 20 世纪以来人们对民主的追求与渴望的分析（《激进民主、对抗性与霸权——拉克劳和墨菲后马克思主义政治规划的批评性解读》，《求是学刊》2004 年第 1 期，第 21—22 页）。简单地说，20 世纪上半叶两次世界大战在使人们在看到了民主的脆弱同时，也加重了人们对它的依赖。

又可以理解为替代现有民主制度的乌托邦政治规划。而这正是拉克劳和墨菲的话语特征。这种话语与传统的马克思主义话语相比，具有明显的歧义性（这是后现代话语的基本特征之一）：一方面，它具有极大的乌托邦成分，但总体上不是对未来可能性的承诺；另一方面，它是对当前解放斗争复杂形势的描述，但它又拒绝提供任何可行的出路。"① 这一分析是恰当的。

（四）领导权与反本质主义

拉克劳和墨菲对葛兰西领导权概念的理解有一个发展变化的过程，早在 1977 年的《马克思主义理论中的政治和意识形态》中，拉克劳就指出了葛兰西的霸权概念的非还原性。② 而拉克劳在这本书中，通过对葛兰西领导权的反还原主义的阐述，对领导权进行了改造，这主要就体现在用"人民/权力集团"替代领导权的统治阶级（集团）/被统治阶级（集团）这一对立结构。拉克劳在书中指出了传统马克思主义的还原论，就是："所有的意识形态内容都有一个清晰的阶级内涵，而任何矛盾——通过多少有些复杂的中介系统——都可被还原为一种阶级矛盾。"由此在经济斗争和政治斗争之间有着一定的一直性和对应性。③ 对此拉克劳进行了批判，指出并不是所有的对抗都是阶级斗争，也不是

---

① 胡大平：《激进民主、对抗性与霸权——拉克劳和墨菲后马克思主义政治规划的批评性解读》，《求是学刊》2004 年第 1 期。

② 对此拉克劳指出了三点，一是其独创性并不仅仅在于强调历史过程中的上层建筑的重要性，而在于"他同时努力去克服经济主义和阶级还原论"（Ernesto Laclau, *Politics and Ideology in Marxist Theory*: *Capitalism*, *Fascism*, *Populism*, London: NLB, 1977, p. 141 注释）。这就指出了葛兰西领导权的非本质主义的特质。这也是墨菲的观点。二是由陶里亚蒂所提出的意大利共产主义的重大主题远离了葛兰西的霸权观念而变得不可理解。这是对僵化地使用领导权概念的否定。三是这一概念在葛兰西那里只是一个轮廓，还需要通过民主意识形态的非阶级特征进一步去发展它（*Politics and Ideology in Marxist Theory*: *Capitalism*, *Fascism*, *Populism*, p. 142 注释）。这也就是他与墨菲在《领导权》中的发展。

③ Ernesto Laclau, *Politics and Ideology in Marxist Theory*: *Capitalism*, *Fascism*, *Populism*, p. 105.

所有的阶级之间的斗争都是马克思主义意义上的阶级斗争。他指出，马克思使用"阶级斗争"这一词语具有一定的模糊性，因为阶级之间的斗争有两种形式，一是传统意义上的阶级斗争，二是"人民—民主斗争"（popular-democratic struggle）。在第二种斗争中，人民并没有确定的阶级内涵，统治阶级的意识形态通过对"人民—民主"这种召唤进行意识形态的转换，或者把自身的阶级话语接合进非阶级的矛盾和召唤中，或者吸收被统治阶级的意识形态，由此而形成人民—权力集团之间的斗争。① 但这种斗争并不建立在生产关系基础之上。作为对比，拉克劳指出："如果在生产关系的抽象层面上，阶级矛盾是主导矛盾，那人民/权力集团的矛盾在社会形构层面就占主导地位。"② 从这里我们可以看出，拉克劳在此时虽然反对马克思主义的阶级还原论，但并没有完全否定马克思主义的阶级论，更多的是一种补充，即在阶级、阶级斗争之外，还有非阶级和非阶级斗争，由此而形成其人民/权力集团的关系概念。

墨菲在 1979 年的《葛兰西中的领导权与意识形态》一文中，重点阐述了葛兰西在三个方面的反还原论。一、所有的主体并不必然都是阶级主体，也有许多非阶级主体，或亚集团存在；二、社会阶级并不必然有专属于自己的典范的意识形态，各个社会阶级往往会接合进许多其他的意识形态因素；三、所有的意识形态因素并没有一个必然的阶级归属。③

总之，无论是拉克劳还是墨菲，他们早期还是更多地强调葛兰西领导权的非还原性或反还原论。1981 年，拉克劳与墨菲合写了论文《社会主义战略，下一步在哪?》，明确提出了要"超

①　Ernesto Laclau, *Politics and Ideology in Marxist Theory*: *Capitalism*, *Fascism*, *Populism*, p. 162.

②　Ibid., p. 108.

③　Chantal Mouffe, "Hegemony and Ideology in Gramsci", in Chantal Mouffe（ed.），*Gramsci and Marxist Theory*, pp. 185 – 195.

越葛兰西"。在这一小标题下，他们写道：

> 两个有争论的要点涉及到工人阶级的必然的霸权性（即领导）功能和这一中心地位得以实现的党的代理作用。因为，即使确凿地承认工人阶级是一种决定性的力量——没有这一力量也就不会有欧洲的社会主义，工人阶级的先锋作用也不能够被视为一种由经济结构所先验地担保的本体论上的特权。相反，这一作用必须依赖于它能发展政治的规划——它能够被其他民主主体公认为是实现他们自己要求的基础。在霸权规划中工人阶级的中心地位仅可能是它努力占据这一位置的结果；它并不是其他集团被迫承认的和先验地接受的特定位置。就党的作用而论，主要的危险在于将社会运动的特征归结为那些把党视作霸权工具的任一概念所固有的。如果在民主与反资本主义的要求之间的整个范围内锻造一致性无可置疑地是必要的，这一致性也决不能通过从上面强加那种试图抹杀差别并以独裁主义的方式同质化社会领域的统一性原则来进行。在此我们并不是主张"党"的形式已经过时、传统的那种政治斗争已被超越，而勿宁是接受：这些东西，在我们现已界定的宽泛意义上，仅只构成政治斗争的一个领域。它们必须与多种多样的自治性社会运动共存并一起共同起作用，这对激进的反资本主义和民主的集体意志的构成具有决定性意义。①

这段文字被有的学者看作是必然性逻辑已完全退场，而偶然性逻辑全面胜利的体现。② 实际上我们也看到，这一超越在其后来

---

① 周凡、李惠斌主编：《后马克思主义》，中央编译出版社 2007 年版，第 62—63 页。

② 周凡：《霸权接合的哲学批判》，博士论文，复旦大学，2004 年，第 56 页。

1985 年的《领导权》中，也得到了更为明确的认定和阐述。在《领导权》中，他们就大力批判了葛兰西领导权"残存的"两个本质主义方面，这就是：

> （1）他所坚决主张的领导权主体必然在基本阶级的平面上被构造；（2）他所假定的，除了由组织危机构造的暂停时间外，每一个社会形态围绕着单一的领导权中心建构它自己。……这两方面是残存于葛兰西思想之中的最后两个本质主义因素。但是作为放弃它们的结果，我们现在必须面对并非起因于葛兰西的两个连续的系列问题。①

这两个系列问题第一个涉及层面的分离，这我们在前面的阐述中有所涉及，就是领导权并不以阶级、阶级斗争为核心，也有非阶级的社会力量之间展开的斗争，领导权体系是一个差异体系，而阶级或阶级斗争则把差异体系给完全焊接在了一起，也就是一切都通过阶级内涵给预先决定了领导权的内容、形式乃至结果，这就消除了接合实践的可能，从而也就消除了领导权。由此真正的领导权应该是"在领导权取得成功的情形中连接实践已经成功地构造了差异和关系同一性的体系，领导权力量的外在特征也没有消失②。也就是在一个领导权建构起来后，还依然有着外在的差异和对抗，成为历史集团新的差异，从而再进行新的领导权斗争。

第二个涉及领导权中心的单一性。"一旦我们拒绝把领导权铭刻在社会**中心**和社会本质的本体论层面，就明显不能继续坚持领导权关节点的单一性这种观念。"③ "在特定社会形态中，可能

---

① 拉克劳、墨菲：《领导权与社会主义的策略——走向激进民主政治》，第156页。
② 同上。
③ 同上书，第157页。

存在着多样化的领导权关节点。显然，它们中的一些可能是高度多元决定的。"① 也就是说，社会斗争并不是单一的斗争，像以前所说的资产阶级与无产阶级之间的斗争，而是呈现出复杂多元的倾向，而在每一个斗争点上都可能形成领导权中心，如女权运动、和平运动等。而社会主义也只是这其中的一个；或者说，社会主义运动仅仅是其激进民主革命中的一部分。

小　结

拉克劳与墨菲以话语理论重新思考葛兰西的领导权理论，无疑为领导权理论的发展做出了重要的贡献，消除了人们的一些传统的、僵化的认识和思想，并为我们思考现实提供了一个新的视角，而这对文化研究也产生了积极的影响。凯尔纳曾指出："拉克劳与墨菲试图重建一种新的后现代政治理论和实践的努力，已经在各种团体和个人之间引起了反响。许多女性主义者、有色人群以及来自于不同社会运动的个人都接受并发展了他们的观点。"②

但他们过于极端的观点也招来了持续不断的批评（虽然这其中也有对他们的误解）。雷诺兹曾指出，拉克劳和墨菲对葛兰西领导权的阐释，"剥夺了这个概念的解释力和动员力量。霸权从一个具有非常特定意义、植根于（在处于特定的历史关头的一定政治领域内部的）各阶级力量的决定性冲突之中的概念，走向变成一个有关（在以多样性为特征的社会里）有权有势与无权无势的平衡的隐喻"③。也就是说，拉克劳他们过分强调了

---

①　拉克劳、墨菲：《领导权与社会主义策略——走向激进民主政治》，第157—158 页。

②　斯蒂文·贝斯特、道格拉斯·凯尔纳：《后现代理论：批判性的质疑》，第266 页。

③　雷诺兹：《后马克思主义是超越马克思主义的激进的政治理论和实践吗?》，张明仓译，载《世界哲学》2002 年第 6 期。

领导权的话语性建构，而"拒斥社会过程的物质脉络，因而拒斥某种意识形态分析"，从而使"他们陷入了一种仅仅指涉自身的语言游戏的陷阱之中"①，而领导权最终也就"成了一个空洞的概念"②，无法对社会的结构力量、意识形态力量和国家权力进行更为深入的批判性的分析。这种批评与我们前面所引述的凯尔纳对他们的批评是相通的。不过对他们批评最严厉的莫过于艾伦·伍德了。他指出，拉克劳与墨菲把话语看作一切，这"实际上也强调，正在发生的各种社会斗争在与反民主相'结合'方面可能如同其与民主话语的'结合'一样容易。在最后的分析中，一切都依赖于知识分子进行'一系列复杂的随机的支配性操作'的成功。在这里，我们可以这样认为：一开始是语词（也以语词结束），然后语词与上帝在一起，然后语词就是上帝，最后的主体化身于……拉克劳与墨菲？"③ 这样的批评也许过于激进，但在某种程度上也击中了他们的要害。因为如果把领导权还原成了话语而单纯地依靠民主斗争，那势必会无视社会中所出现的各种非话语的压制甚至暴力斗争，这是我们所要警惕的。

---

① 雷诺兹：《后马克思主义是超越马克思主义的激进的政治理论和实践吗?》，张明仓译，载《世界哲学》2002 年第 6 期。

② 同上。

③ 艾伦·伍德：《新社会主义》，第 74 页。

第六章

葛兰西与后殖民主义理论

后殖民主义是一种带有鲜明政治倾向和批评色彩的学术理论①，它主要关注的是殖民时期之后宗主国与殖民地之间的文化话语权或文化对抗性的关系。后殖民主义往往采用多种批评策略，广泛运用解构主义、女权主义以及后现代主义等方法，葛兰西的文化领导权理论也是后殖民主义所经常运用的一种分析策略。在本章中，我主要以萨义德的东方学与印度的庶民研究为主，分析后殖民主义是如何运用葛兰西文化领导权理论的。

一　东方学的霸权建构

在《东方学》中，萨义德曾对东方学做过多次界定。在萨义德看来，东方学并不是从天而降的关于东方的客观知识，而是从以前继承过来的，为语言学这样的学科所世俗化、重新处理、重新建构的一套结构或一种机制②，它"通过做出与东方有关的

---

① 关于后殖民主义的文章和专著很多，在这里我们没必要进行详细的综述和分析，可参阅姜飞《跨文化传播的后殖民语境·绪论》（中国人民大学出版社 2005年版）中对后殖民研究的综述。

② 萨义德：《东方学》，王宇根译，生活·读书·新知三联书店 1999 年版，第158 页。

陈述，对有关东方的观点进行权威裁断，对东方进行描述、教授、殖民、统治等"。简言之，东方学是"西方用以控制、重建和君临东方的一种方式"①。正是通过东方学，西方"创造"了一个西方的东方，东方也就在这种"被创造"中失去了作为"一个思想与行动的自由主体"的资格。② 借用葛兰西的文化领导权理论，萨义德对东方学做了进一步的阐述。他说：

> 葛兰西对民众社会和政治社会做过有益的区分，前者由学校、家庭和民间社团这类自愿的（或至少是理性的、非强制性的）联合体组成，后者由国家机器（军队、警察和中央政府）组成，其作用是对前者进行直接控制。当然，人们会发现文化乃运作于民众社会之中，在此，观念、机构和他人的影响不是通过控制而是通过葛兰西所称的积极的赞同（consent）来实现的。在任何非集权的社会，某些文化形式都可能获得支配另一些文化形式的权力，一如某些观念会比另一些更有影响力；葛兰西将这种起支配作用的文化形式称为文化**霸权**（hegemony），要理解工业化西方的文化生活，霸权这一概念是必不可少的。正是霸权，或者说文化霸权，赋予东方学以我一直在谈论的那种持久的耐力和力量。……确实可以这么认为：欧洲文化的核心正是那种使这一文化（把"我们"欧洲人与"那些"非欧洲人区分开来的集体观念——引者注）在欧洲内和欧洲外都获得霸权地位的东西——认为欧洲民族和文化优越于所有非欧洲的民族和文化。此外，欧洲的东方观念本身也存在着霸权，这种观念不断重审欧洲比东方优越、比东方先进，这一霸权往往排

---

① 萨义德：《东方学》，第 4 页。
② 同上书，第 5 页。

除了更具独立意识和怀疑精神的思想家对此提出异议的可能性。①

　　葛兰西的文化领导权理论原本是描述在发达资本主义国家内部统治者与被统治者之间的文化领导权关系，而萨义德受这种分析方法的启发，把这一理论扩大运用到了不同国家之间、西方与东方之间的文化霸权关系上。由此，萨义德的东方学实质上也可以看作就是西方对东方进行霸权统治的一种方式。那么，西方是如何进行霸权控制，从而建立起一整套关于东方的话语呢？萨义德指出，东方学涉及政治、经济、社会、历史以及美学、哲学等领域，是对西方整个"利益"体系的一种"精心谋划"。在这里，我们则主要从文学和新闻报道两个方面，看萨义德是如何揭示东方学对东方进行霸权建构的。

（一）文学中的霸权建构

　　康拉德的《黑暗之心》往往被看作是康拉德对殖民主义和帝国主义进行揭露和谴责的经典之作。但在萨义德的笔下，《黑暗之心》则成了东方学的经典案例。萨义德认为，帝国主义的霸权态度被非常巧妙地编织进了这部小说的叙事形式中。

　　小说记录了船长马罗在一艘停靠于伦敦外的海船上所讲的刚果之行的故事。马罗的故事除了涉及他自己年轻时的非洲经历之外，主要讲述了他在非洲期间所认识的一个叫克尔茨的白人殖民者的故事。主人公克尔茨是个英、法混血儿，他"立志"要把"文明进步"带到非洲，后来却堕落成一个贪婪、暴虐，恣意愚弄、奴役和杀戮非洲土著居民的新殖民者。萨义德指出，康拉德想要我们看到，克尔茨伟大的掠夺冒险、马罗逆流而上的旅途以及故事叙述本身，有个共同的主题："欧洲人

_____

①　萨义德：《东方学》，第9—10页。

在非洲、或在非洲问题上表现出来的帝国主义控制力量与意志。"① 帝国主义这种欧洲与非欧洲的二元区分，形成了小说典型的二元结构：白人/黑人、文明/野蛮、人类/兽类等。正是基于这样的逻辑和认识，萨义德认为康拉德恐怕不会通过马罗来展现帝国主义世界观以外的任何东西。这是因为，当时康拉德和马罗有可能看到的非欧洲的东西十分有限。在他们眼中，独立是属于白人和欧洲的；低等人或臣民是要加以统治的；科学、知识和历史是从欧洲发源的。康拉德只能想象世界被瓜分成这个或那个西方的势力范围。而读者所能看到的也只是白人看到、经历过的讲述着的非洲，白人帝国之外的世界在白人叙述中给遮蔽了，也就是说，非洲在这里缺席了，没有了自己的声音。萨义德深刻地指出："旧帝国世界有充分余地以传统的方式得到发展，随心所欲地按照欧洲或西方帝国主义的愿望改变世界并在二战之后巩固自己。西方人可能离开了亚非拉殖民地，但他们不仅把它们当作市场，而且当作思想意识的领地保留起来，继续他们在精神与思想上的统治。"② 显然这是一种旧有殖民思想的延续。

　　萨义德除了上述揭示《黑暗之心》所体现出的帝国主义霸权之心之外，也看到了小说所体现出的另一种霸权观念。这种观念并不像上一种观念那样具有强烈的显在的霸权色彩，而是具有一定的隐晦性，这种隐晦性源自小说讲述人的身份。萨义德说：

　　　　尽管康拉德的叙述者有欧洲人的名字和行为，他们却不是欧洲帝国主义庸常的见证人。他们并不简单地接受在帝国主义观念的名义下发生的一切：他们对此加以思考，他们为

---

① 萨义德：《文化与帝国主义》，第 29 页。
② 同上书，第 31 页。

此忧虑；他们实际上十分担心他们是否能使这些看来很平常。但帝国主义的观念从来都不是平常的。康拉德证明正统的帝国主义观念和他自己对帝国主义看法之间区别的方式，是继续把人们的注意力吸引到思想和价值观如何通过叙述者的语言错位而构成（与解构）的。①

萨义德在这里所指出的"语言错位"，指的是叙述者讲述的隐晦不明。马罗在讲故事时从来不用清晰明确、直截了当的话语，通常是用模棱两可、相互矛盾的表达方式，甚至表达得很饶舌，有时又会游离故事中心。而克尔茨的讲述也并不确切和清晰，甚至也有自相矛盾的地方，由此也就无法给读者留下在刚果的确切信息，使旁边的听众和读者强烈地感觉到他们所表现的并不完全与事情的真相或表象一致，这与官方那种带有强烈霸权倾向的殖民话语好像并不一致，而这也影响乃至遮蔽了读者对帝国形象的判断和认识。但事实是，在马罗他们躲闪叙述的掩盖中，是一次次他们对非洲冷酷无情的掠夺和占有。萨义德指出，克尔茨和马罗所说的整个问题，事实上是帝国主义统治，是白色欧洲人对黑色非洲人及其象牙、文明对原始黑色大陆的统治。对于马罗、克尔茨还有康拉德来说，他们虽然对帝国主义观念心存一定的戒心，承认"黑暗"（非洲）有其独立的性质，但他们却无法更进一步承认，他们所见到的那种伤害和摧残人的非欧洲的"黑暗"，实际上是一个非欧洲的世界在反抗帝国主义，有一天它将能重新获得主权和独立，而不是像康拉德所说的那样，重新制造黑暗。对于康拉德他们来说，他们坚信有一天欧洲"能再侵入并重新获取帝国主义已有的东西"。这显然是帝国霸权观念的典型体现。萨义德由此指出：

---

① 萨义德：《文化与帝国主义》，第37页。

康拉德悲剧性的局限在于，虽然他可以清楚地在一个层次上认识到帝国主义的本质主要是纯粹的统治与掠夺土地，他却无法得出结论，看到帝国主义必须结束，以便使殖民地人民在没有欧洲统治的情况下自由地生活。作为他那个时代的产物，尽管康拉德严厉地批评了奴役他们的帝国主义，他却不能给殖民地人民以自由。[①]

由此，萨义德认为康拉德的作品包含了帝国主义不相同但又紧密相联的两个方面：建立在对领土强行掠夺能力之上的一种强权观念和对于强权观念的伪装、欺骗行为。这种伪装是通过在帝国主义的受害者和作恶者之间建立一套关于权威扩张的辩解体系来实现的。[②] 不管是哪种形式，康拉德所展示给读者的只有一个事实，那就是克尔茨的抢掠行径、马罗的非洲之旅和小说的叙事自身拥有一个共同的主题——欧洲人在行使对非洲（或关于非洲）的霸权统治和意志。帝国主义霸权在文学中得到了清晰的体现。

（二）媒介中的霸权建构

除了文学中显现出明显的东方学之外，在新闻报道中，同样充斥着对东方的"建构"。这在萨义德的《报道伊斯兰》中得到了详细而具体的体现。

《报道伊斯兰》所关注的是一般阅听大众在日常生活中暴露其中的大众传播媒体，其核心是要揭示西方世界，尤其是美国对伊斯兰世界的反应，而也正是在这种"反应"中，西方为受众塑造了一个非西方的伊斯兰，并由此决定着西方观看或看待东方

---

① 萨义德：《文化与帝国主义》，第38—39页。
② 参阅丛郁《小说的"始源"、权威与霸权——萨伊德"文学霸权理论"管窥》，《外国文学评论》1995年第4期。

的方式，这也就是该书副标题所说的"媒体与专家如何决定我们观看世界其他地方的方式"。

　　萨义德指出，今日"伊斯兰教"一词虽然看似是一件单纯的事物，其实却是"虚构加上意识形态标签，再加上一丝半缕对一个名为'伊斯兰'的宗教的指涉"①。西方用法中的"伊斯兰教"与伊斯兰世界中千变万化的生活之间，缺乏有意义的直接对应。后者涵盖 8 亿以上的人民，大部分在亚非的数百万平方公里的疆域，拥有数十个国家、社会、历史、地理与文化。另一方面，伊斯兰教在今日西方则意味着格外令人苦恼的新闻讯息。过去几年来，尤其是在伊朗事件强烈吸引欧美人士的关注之后，媒体开始大幅度地"报道/遮蔽伊斯兰：对它加以描绘、定性、分析并提供速称资讯，最后，媒体终于使得伊斯兰'为人所知'"②。而这"为人所知"的伊斯兰，与伊斯兰本身的真切知识，关系微乎其微。在小说、历史教科书、漫画、影视、卡通等中，伊斯兰教的形象如出一辙，就是经常把穆斯林嘲弄贬抑为石油贩子、恐怖分子，以及新近出现的残酷暴民。③

　　西方对伊斯兰世界的这种歪曲认识，源于一种从至晚 18 世纪末直到今日的极端简化的思考模式，这种思考模式的共通基础是一直想象的、但泾渭分明的地理界线，将世界划分为两个不对等的部分，比较大的、"不一样的"那部分叫东方；另外一个也就是"我们的"世界，则称之为西方。伊斯兰教一直被归类于东方，在整个东方主义的架构中被认识。萨义德通过具体细致的文献分析，清晰地展现了西方包括媒体、政府以及专家如何报道伊斯兰，从而在受众中形成伊斯兰扭曲的形象的。比如，萨义德

---

　　①　萨义德：《报道伊斯兰：媒体与专家如何决定我们观看世界其他地方的方式·绪论》，阎纪宇译，上海译文出版社 2009 年版，第 2 页。
　　②　同上书，第 2—3 页。
　　③　同上书，第 9 页。

通过引述新西兰裔历史学家凯利对于东方的言论，对其做了大力
的批判。萨义德指出，凯利的言论暗示了 15 与 16 世纪的葡萄牙
殖民主义是当代西方政客最合宜的指南，好像数百万人民的被征
服不过是一首田园牧歌，而他们被凌辱的情感、遭扭曲的历史与
悲惨命运都无关痛痒，只要"我们"能够继续获取对"我们"
有用的事物——珍贵的资源、地理与政治的战略要地，以及取之
不尽的当地廉价劳动力。亚非国家在数世纪殖民统治后的独立，
被凯利蔑视为回归野蛮落后或专制独裁。萨义德指出，根据凯利
的看法，在他描述的旧帝国秩序解体之后，唯一的可行之道就是
重新发动侵略。"他怂恿西方名正言顺地去攫取'我们的东西'，
背后潜藏着一股对亚洲——凯利期盼由'我们'来统治——当
地伊斯兰文化的极度鄙夷。"[1] 正是像凯利这样的所谓的专家，
以一种帝国霸权的心态，参与建构了公众心目中的扭曲的东方
形象。

　　在关于伊斯兰的新闻事件的报道中，萨义德指出，西方记者
其实并不真正了解伊斯兰，几乎没有真正懂波斯语的，他们往往
只是拿陈词滥调或零零星星的新闻知识来充数。因此新闻事件中
的伊斯兰世界形象是扭曲的，而且还在不断强化着这种形象。在
这里，萨义德着重分析了伊朗事件中，美国新闻媒介对伊朗的
报道。

　　1979 年 11 月 4 日，伊朗学生占领了美国驻德黑兰大使馆，
劫持人质，形成震惊美国的伊朗事件。在事件发生后，各大媒体
迅速做出反应，进行连篇累牍的报道，但"在漫长的伊朗危机
期间，美国的新闻消费者一直在接受关于一个民族、一项文化、
一种宗教——其实不过是一种定义贫弱、误解严重的抽象事
物——的讯息，就伊朗案例而言，这个民族、文化与宗教，总是

---

　　[1]　萨义德：《报道伊斯兰：媒体与专家如何决定我们观看世界其他地方的方
式·绪论》，第 7 页。

被再现为好战、危险、反美"[1]。即便有不同的声音，也往往被遮蔽或被引导到对伊斯兰世界的扭曲中。比如《纽约时报》曾邀请关于伊斯兰问题的七位专家讨论伊朗问题。讨论中虽然有学者指出伊斯兰世界自身的历史特点，其与西方不同的政治进程，但讨论会被限定在伊斯兰教对美国利益的威胁上，最终专家的意见被"重组"或遮蔽，形成伊斯兰在美国心目中是邪恶的结论，因此，得出"劝说与讲理都没有用处，因此武力可能是最后的解决之道"这样的结论。[2]

西方对伊斯兰的这种简化扭曲报道，会在很大程度上影响公众对伊斯兰的认识，因为美国公众对伊朗的认识90%来自广播、电视和报纸。这样会使得无论伊朗人或穆斯林如何说明它们的正义感、它们被压迫的历史、它们对自身社会的展望，都无济于事。[3]

由上所述，在萨义德看来，西方通过各种方式，歪曲报道和蓄意推行乃至宣扬对殖民地国的帝国主义意识形态，从而使得东方学的这些观念已经深深地渗透进了公众的头脑之中。比如，阿拉伯人被构想为骑在骆驼上、专门制造恐怖、长着鹰钩鼻的荒淫无耻的好色之徒，他们不劳而获的财富是对人类文明的一种亵渎。而在西方人的骨子里头到处隐藏着这样的观念：尽管西方消费者从数量上说只占少数，但他却有权利占有或享用（或二者兼备）世界资源的多数。为什么？因为他与东方人不同，是人类的真正代表。"白皮肤的中产阶级的西方人相信，管理并且占有其他肤色的世界是自己的特权，原因只是'他们'本质上不像'我们'那样具有人性。"萨义德对此表达了极大的愤怒。他

---

① 萨义德：《报道伊斯兰：媒体与专家如何决定我们观看世界其他地方的方式》，第109页。

② 同上书，第117—118页。

③ 同上书，第11页。

说："没有比这更丧尽人性的例子了。"①

二 葛兰西、福柯与东方学

萨义德对东方学霸权建构除了运用葛兰西的文化霸权理论之外，还大量运用了福柯的知识（话语）/权力理论。福柯的这一理论在一定程度上改造了葛兰西的文化霸权理论。

（一）福柯的知识权力理论

权力/知识（power / knowledge）是贯穿在米歇尔·福柯（Michel Foucault）后期著作的一个重要命题。在福柯看来，由于知识总是在实践中被应用来规范社会、规范他人的行为，从而与权力之间有着纠缠不清的关系。权力生产知识，知识生产权力，权力与知识密不可分。权力与知识之间的这种关系甚至比真理问题更重要，而真理实际上也是权力运作的结果。

首先，福柯质疑并批判了传统意义上对权力的理解，即把权力看成是压制性的、否定的、消极的、坏的等，并由此对权力进行了更为细致和深入的分析。福柯并不否认国家、法律、君主或统治阶级拥有统治地位，拥有绝对的权力，但福柯的关注点并不在此，而是努力把我们的注意力从宏大的、总体性的传统权力策略转移到权力得以循环的许多局部的范围、策略、机制和效能上，也就是转移到被福柯称之为"细小仪式"或权力的"微观物理学"上。

在福柯看来，权力并不是单向的，自上而下的，并没有一个特定的来源，被一个中心，如统治者、统治阶级或国家所垄断，权力来自于下面，它从无数个点出发，像毛细血管渗透到社会存在的各个领域，渗透到社会生活的每一个角落。可以说，权力无

---

① 萨义德：《东方学》，第 142 页。

处不在，像一张网，把我们大家都卷入其中，每个人既是压迫者，也是被压迫者，既是权力的实施者，也是权力的实施对象。支持被压迫的人在他的家庭中可能就是一个压迫者，而受歧视的人也可能会歧视其他弱者。由此，权力会在任何地方被不断地生产出来，简单的"支配者—被支配者"这样的二元对立的结构由此也就被否定了。

其次，从权力的运作上看，福柯认为，权力并不外在于社会，外在于各种关系，如经济、学问、性等现象的诸多关系之外而运作，而是在这些关系中，在人们的各种社会实践中运作。由此，福柯否定了那种旨在通过扭曲个人信仰而施加对人的影响的意识形态权力观，把权力紧密地联系在了实践，或身体上。在福柯看来，权力就在我们的身体中，而不在我们的头脑中，在理解权力对我们的影响时，实践比信仰更为重要。由此福柯在进一步对社会的发展和演变的考察中，摒弃了马克思主义传统上生产力决定生产关系、经济基础决定上层建筑的垂直纵向的发展模式，强调了权力与社会同处于一个层面，而不是外在于社会，权力的形态在同一个层面上决定了社会的形态，社会形态正是权力形态的一个横向的扩大，而不是纵向的生产和派生的结果。

再次，福柯表明，现代权力并不是消极的、否定性的，而是"生产性的"，它不只是作为一种否定性的力量在压制我们，它还审查和生产各种事物，它带来愉悦，形成知识，产生话语。比如在性的权力中，福柯就否定了那种压制性的、否定性的性压抑说，而是强调了其生产性的、创造性的特点。福柯指出，在对一些性的反常形式（如婚外性行为等）的压制中，权力要明确界定那些本来模糊的无人问津的反常性的性活动，要对它们进行观察、分析、描述，为它们进行分类，给它们命名，让它们有一个范围，有一个看得见的能够分析的存在形式。而权力和权力机构的这些所作所为恰恰确定了这些反常的性行为，肯定了它们的处境，让它们从匿名的状态中浮现出来，从而强化了它们的存在，并由此形成了一整套关于性的知识。因此，权力虽然可能对性进行压制、拒绝，但同样也可能在激励、引发人们谈论性，扩散性的话语，加快性的影响等，从而最终促进了性科学和知识的建立和发展。

在这样的权力理论中，福柯进一步考察了权力与知识之间的复杂关系。与现代理论把知识看成是中立的和客观的（实证主义），或者看成是解放性的观点（马克思主义）相反，福柯强调知识与权力体系的不可分割性。福柯指出，知识并不空洞地运作，它是通过各种特定技术和应用策略，在特殊的境遇以及体制化秩序中运作的。知识一旦用于规范他人的行为，就要对人们的各种实践进行强制、规范和控制。因此，要研究某种知识，比如犯罪学，就需要研究知识和权力之间的关系，研究权力/知识是如何结合而产生出犯罪和罪犯的特定观念的。由此，福柯在《规训与惩罚》、《性史》等著作中一再指出，权力与知识直接地相互拥抱，权力生产知识，不存在任何没有相关知识领域之构造的权力关系，也不存在任何没有不同时以权力关系为先决条件并构造出权力关系的知识。如精神病学、社会学、犯罪学等，就产生于权力关系网络中，反过来他们又发展、完善、传播了新的权力技术。总之一句话，在福柯那里，权力产生出知识，知识产生出权力。权力与知识密不可分。①

（二）葛兰西与反本质主义的东方学

在《东方学》中，萨义德明确指出："我发现，米歇尔·福柯（Michel Foucault）在其《知识考古学》（*The Archaeology of Knowledge*）和《规约与惩罚》（*Siscipline and Punishment*）中所描述的话语（discourse）观念对我们确认东方学的身份很有用。

---

① 关于福柯的权力论，已有众多学者分析，在此只是概括阐述，也可参阅前面相关章节的阐述。

我的意思是，如果不将东方学作为一种话语来考察的话，我们就不可能很好地理解这一具有庞大体系的学科，而在后启蒙（post-Enlightenment）时期，欧洲文化正是通过这一学科以政治的、社会学的、军事的、意识形态的、科学的以及想像的方式来处理——甚至创造——东方的。"①

　　也正是循着福柯的权力论，萨义德区分了纯粹知识与政治知识，认为并没有所谓的真正的纯粹的知识，知识总是与政治，与权力紧密相关。"'真正'的知识本质上是非政治性的（反之，具有明显政治内涵的知识不是'真正'的知识），这一为人们广泛认同的观点忽视了知识产生时所具有的有着严密秩序的政治情境（尽管很隐秘）。"② 就文化而言，萨义德也做出了自己的理解。他所谓的文化，有两重意思：一指的是描述、交流和表达的艺术等活动。这些活动相对独立于经济、社会和政治领域。同时，它们通常以美学的形式而存在，主要目的之一是娱乐。在第二种意义上，萨义德指出，文化成为了一个舞台，各种政治的、意识形态的力量都在这个舞台上较量。文化不但不是一个文雅平静的领地，它甚至可以成为一个战场，各种力量在上面亮相，互相角逐。③ 或者说，文化也是一个权力斗争的场地，也会成为一种"无孔不入的霸权体系"④。萨义德也正是在这一意义上使用文化这一概念。

　　正是在这一意义上，萨义德批评了那种所谓纯粹的学术研究，批评了美国长期以来文学研究把政治和意识形态排除在外的做法，明确指出东方学就是一种话语，一种符号，一套被人为创造出来的理论和实践体系，其中隐含着各种权力关系。由此，萨义德强调要把握和研究东方学中的各种力量关系，"或更准确地

---

① 萨义德：《东方学·绪论》，第4—5页。
② 同上书，第13—14页。
③ 萨义德：《文化与帝国主义·前言》，第2—4页。
④ 萨义德：《东方学》，第19页。

说，其权力结构"。具体来说，这些权力关系又包括东方学与政治权力（比如殖民机构或帝国政府机构）、学术权力（比如比较语言学、比较解剖学或任何形式的现代政治学这类起支配作用的学科）、文化权力（比如处于正统和经典地位的趣味、文本和价值）、道德权力（比如"我们"做什么和"他们"不能做什么或不能像"我们"一样地理解这类观念）之间的交换。在《东方学》及其他著作中，萨义德正致力于通过文学、新闻等霸权体系，揭示西方控制东方的各种权力。①

应该说，通过福柯，萨义德更为细密地考察并揭示出了东方学中所隐藏着的西方对于东方的各种权力霸权体系，在很大程度上拓宽了葛兰西的文化霸权理论。这其实也可以看作是萨义德运用福柯的理论对葛兰西霸权理论的改造。在《东方学》中，我们能够清晰地看到这一点。但在《东方学》中，我们也同样看到另一点，那就是萨义德过分关注霸权体系的权力运作，忽视乃至放弃了来自第三世界的反霸权运动。根据葛兰西，霸权与反霸权总是相伴而生的，单纯的霸权几乎是不存在的，那只能是暴力或专制。对于《东方学》中忽视来自东方的反霸权运动这一点，萨义德其实也看到了。在《文化与帝国主义》的《前言》中，萨义德就明确指出："我在《东方学》中没有谈到的，就是以遍布第三世界的声势浩大的非殖民化运动为顶峰的对西方控制的反应。"② 这种忽视在很大程度上也归罪于福柯。因为福柯所关注的是权力的运作，是个人如何被权力所牵制，被分类、排斥、客观化、个体化、约束以及规范化，而不是个体如何打破这种无处不在的权力。在福柯看来，抵抗并没有某个固定的据点，权力无法完全排除这种抵抗。而这与葛兰西的霸权理论显然形成了鲜明的对比。对于福柯与葛兰西的区别，萨义德在其后来的著作中也

① 萨义德：《东方学》，第16—17页。
② 萨义德：《文化与帝国主义·前言》，第2页。

有了清晰的认识。

在《理论旅行》（1982）一文中，萨义德指出"福柯是一个矛盾"，他的"权力"和"知识"理论为读者提供了一套分析工具话语的概念和范畴，但他却没有丝毫说明权力的"力量源泉"① 之所在，是在制度之内、知识领域还是社会本身，而这在萨义德看来源于福柯理论的封闭体系，与社会制度、意识形态等政治情境割裂开来，把所有事项都"悄无声息地吸收进权力的微观网络里"。而这所导致的一个最为严重的后果，就是"福柯不愿意认真思考如何抵抗权力的问题"。② 在后来的访谈录中，他还通过其他的一篇短文，重申对福柯的意见，即"福柯沉浸于权力的运作，而不够关注抵抗的过程"③。萨义德还把葛兰西与福柯做了比较，他说：

> 福柯所说的历史最终是文本的，或者说文本化的，其模式与博尔赫斯的相近，但与葛兰西的大相径庭。葛兰西当然会赏识福柯考古学的精致性，但会发现他的考古学竟然匪夷所思地丝毫没有提到那些纷涌的运动，只字不提革命、反霸权或历史阻滞。在人类历史上，即使再严密的统治制度，也总是有无力顾及的地方；正是这些地方使革命成为可能，限制了福柯所说的权力，使那种权力理论步履艰难。④

从这里我们可以看到，萨义德似乎要从福柯转回到葛兰西，回到霸权与反霸权结构体系。但如果我们仔细审视萨义德对东方学的论述，我们会发现，萨义德其实并没有真正回到葛兰西，他并没

---

① 《赛义德自选集》，谢少波等译，中国社会科学出版社 1999 年版，第 155 页。
② 同上书，第 157—158 页。
③ 萨义德：《知识分子论》，单德兴译，生活·读书·新知三联书店 2002 年版，第 111 页。
④ 《赛义德自选集》，第 158 页。

有真正放弃福柯，而是在葛兰西的霸权理论框架中，嫁接进了福柯的权力理论。何以言此？从萨义德如何分析来自东方的反霸权运动中我们可以清楚地看到这一点。

应该看到，萨义德在《东方学》所忽视的东方的反霸权，第三世界的声势浩大的非殖民化运动，在《文化与帝国主义》中得到了突出的体现，萨义德开始有意识地关注东方对西方控制的反应，比如19世纪发生在阿尔及利亚、爱尔兰、印度尼西亚这样不同地区的武装斗争，还有各地的文化抵抗运动和对民族属性的诉求。而在政治层面，萨义德也看到了第三世界涌现了各种组织和政党，以自治和民族独立为共同的目标。萨义德指出："一股反殖民和最终反帝国的活动、思想与改革的巨大浪潮（用葛兰西生动的比喻）'在互相围攻中'袭击了西方帝国的大厦，向它发出挑战。"[①] "没有一处，西方入侵者所遇到的是麻木不仁的非西方的当地人，相反，他们总是遭遇到某种形式的反抗；而且，在大多数情况下，总是以反抗一方的胜利而告终。"[②]

在《文化与帝国主义》中，萨义德还专列"抵抗与敌对"一章，阐述来自第三世界对西方的抵抗。但我们在这里需要注意的是，萨义德是如何关注和阐述来自东方的反霸权运动的呢？

在这一章的起始一段中，萨义德强调要关注"西方与非西方在力量方面长期的差异"，反对以一成不变的关于非欧洲与欧洲本质的观念、关于地理拥有权的叙述，以及合法性和赎罪的形象来解释文化，因为这样会把力量的问题隐藏起来了，"掩盖了较强一方的历史是如何与较弱一方重叠并依赖于它的程度"[③]。对于萨义德来说，他对抵抗的关注主要在于强调不同文化之间的

---

① 萨义德：《文化与帝国主义》，第277页。
② 萨义德：《文化与帝国主义·前言》，第2页。
③ 萨义德：《文化与帝国主义》，第272页。

差异与对话，反对的是那种对不同文化的本质化的叙述，而不是要求去阐述东方如何通过抵抗西方的文化霸权，建立对西方的文化领导权。萨义德的这一主题无不体现在他下面的论述中。

　　萨义德在这章中具体阐述了非殖民化文化抵抗的三个主题。一是非殖民文化抵抗坚持整体、一贯完整地看待社会的历史权力，给受囚禁的国家以自由。萨义德认为，民族文化组织并保持了社区的历史，像当地奴隶的叙述、关于心灵的自传、狱中回忆录等形成了与西方大国的浩繁历史、官方话语和展示全貌的准科学观点的对抗。而也就在这种抵抗叙述中，东方建构起自己的历史。

　　二是认为抵抗远不只是对帝国主义的一种反动，它是形成人类历史的另一种方式。萨义德认为，不同概念的形成在很大程度上是建立在打破文化间的障碍的基础上的。比如萨尔曼·拉什迪在其小说创作中，有意识地进入欧洲与西方的话语结构，和它打成一片，改变它，使它承认边缘化了的、受压制的，或被遗忘了的历史。由此形成一个真正整体性的人类历史。人类历史在萨义德看来就应当是不断打破那种无论是对西方还是对东方的本质化叙述。

　　三是明显的脱离主张分离的民族主义，而趋向于人类社会与人类解放的更统一的观点。在这里，萨义德批判的是那种极端的民族主义或极端的本土主义的思想和行为，强调不同文化之间的相互理解、借鉴与融合，反对那种本质化认识他者文化的思维方式，比如东方学之认识东方。萨义德说："一切文化的历史都是文化借鉴的历史。文化不是不可渗透的。正像西方科学借鉴了阿拉伯人的科学一样，我们也借鉴了印度与希腊的科学。文化永远不只是拥有的问题、绝对的债务人与债权人之间的借与贷问题，而且是不同文化间的共享、共同经验与相互依赖的问题。这是一个普遍的准则。"① 萨义德所要阐述的其实正是这一普遍准则，

---

　　①　萨义德：《文化与帝国主义》，第309页。

抵抗西方文化的目的也在于此，而不是像葛兰西所说的争夺领导权，进而推翻统治者，建立新的政权。这一思想几乎贯穿在他整个的理论阐述中，比如他对民族主义的更为详细的阐述中。

由这三个主题我们可以看到，萨义德所阐述的并不是东方如何通过抵抗西方的文化霸权，建立对西方的文化领导权，而是强调打破那种本质化的叙述方式，建立一个真正整体性的人类历史。为此，萨义德强调身份的建构及文化的融合。萨义德指出："每一文化的发展和维护都需要一种与其相异质并且与其相竞争的**另一个自我**（alter ego）的存在。自我身份的建构——因为在我看来，身份，不管东方的还是西方的，法国的还是英国的，不仅显然是独特的集体经验之汇集，最终都是一种建构——牵涉到与自己相反的'他者'身份的建构，而且总是牵涉到对与'我们'不同的特质的不断阐释和再阐释。每一时代和社会都重新创造自己的'他者'。因此，自我身份或'他者'身份决非静止的东西，而在很大程度上是一种人为建构的历史、社会、学术和政治过程，就像是一场牵涉到各个社会的不同个体和机构的竞赛。……简而言之，身份的建构与每一社会中的权力运作密切相关，因此决不是一种纯学术的随想（woolgathering）。"①

很显然，包括东方身份，所有的身份都不是固定不变的，都是处在不断建构的过程中，而我们所要做的，就是摒弃那种本质化的身份界定——如东方学对东方的界定，分析身份建构中的权力运作。这一思想与福柯显然是相通的。

在这种身份的建构中，伴随着文化的融合或混杂。在萨义德看来，随着宗主国与来自曾经殖民地国家的文化与知识分子之间的交流，曾经对抗性的东西文化就有了"重叠与相互依赖"，这种重叠在萨义德那里实际上就是一种文化"杂交"（可参阅前面第三章关于亚文化风格的相关阐述）。在《文化与帝国主义》的

①　萨义德：《东方学》，第426—427页。

《前言》中，萨义德说："我们认识到，新的权威不能代替旧的权威；而跨越国界、跨越国家类型、民族和本质的新的组合正在形成。正是这种新的组合现在正在向帝国主义时代文化思想的核心——身份认同——这种极端僵化的概念挑战。"[①] 在"向正统与权威挑战"一节中，萨义德又详细指出：

> 用"传染"这个词似乎不太恰当。但是认为所有的文学，事实上所有的文化都是混杂的（用霍米·巴巴使用这个词的复杂的含义），都是与未来成分的互相融合、交织和重叠——这种认识在我看来是对当前革命现实的最根本估计。……我们无法再把历史看作线性的或是黑格尔式的超然的；我们也不能再接受地理和领土上的前提，把大西洋看作中心，而把非西方地区看作天生的或有罪的边缘地区。如果关于"盎格鲁—萨克逊文学"或"世界文学"这样的定位有什么意义的话，那也是因为由于，它们的存在和现实状况正好可以证明它们作为文本和历史经验而产生的竞争和不断斗争的存在，还因为它们向以民族主义为基本的文学构成和研究理论发出了强大挑战；同时，也因为它们一向赋予西方宗主国文学的那种超然的地理和漠不关心的态度。[②]

萨义德的反本质主义思想对打破东方学叙述有着积极的意义，但也会必然带来两个问题，一是他并不是为了推翻西方的霸权统治，建立取代西方的新的民族国家而进行论述。葛兰西文化霸权的革命意义大大减弱了；二是在强调身份建构中，他并不是去论述西方宗主国和东方殖民地国家的制度和文化本身，不去深入探讨东方文化的内涵，以此提出反霸权的革命策略。在1994

---

① 萨义德：《文化与帝国主义·前言》，第 21 页。
② 萨义德：《文化与帝国主义》，第 451 页。

年完成的《东方学·后记》中，萨义德明确指出："书中的观点显然是反本质主义的（anti-essentialist），对诸如东方和西方这类类型化概括是持强烈怀疑态度的，并且煞费苦心地避免对东方和伊斯兰进行'辩护'，或者干脆就将这类问题搁置起来不予讨论。然而，实际上，在阿拉伯世界，《东方学》是作为对伊斯兰和阿拉伯的系统辩护而被阅读或讨论的，即使我在书中明确地说过我没有兴趣——更没有能力——揭示真正的东方和伊斯兰究竟是什么样的。实际上我比这走得更远，因为我在书中很早即表明，像'东方'和'西方'这样的词没有与其相对应的作为自然事实而存在的稳定本质。况且，所有这类地域划分都是经验和想像的奇怪混合物。"①

由此，萨义德的反本质主义思想提供给我们的并不是一个什么样的东方，而是一个不应当像《东方学》中的那样的东方。他既不是一个反西方主义者，也并不就是一个新东方主义者。萨义德的理想是建立一个真正非本质主义的世界，一个"更宽容、更多元的世界前景"②。萨义德认为：第一，完全有可能发现一个不是由互相斗争属性组成的世界。第二，存在着一种普遍的、不具胁迫性的世界观。相信所有的人都只有一个属性——爱尔兰人只是爱尔兰人，印度人只是印度人，非洲人只是非洲人等等，会使人感到厌恶。第三，而且是最重要的，超越本土主义并不意味着放弃民族，而是意味着不把地方属性看作包罗一切，因而不急于把自己限定在自己的范围内。这个范围内有它归属的仪式、固有的狭隘民族主义和有限度的安全感。③

强调非本质主义并没有什么不对，但过分强调势必又解构乃至消解葛兰西曾经强调的反霸权主体历史集团，从而导致一

---

① 萨义德：《东方学》，第425—426页。
② 萨义德：《文化与帝国主义》，第328页。
③ 同上书，第327页。

种非主体的反霸权运动。这也体现在后殖民理论对庶民的研究中。

三　葛兰西与庶民研究

始于 1982 年的印度庶民研究是后殖民主义理论中的一个非常重要的课题，它与葛兰西的反霸权运动紧密相关，而且也涉及革命主体问题。本节我们在考察后殖民的庶民研究与葛兰西理论之间关联的基础上，进一步探讨后殖民乃至后现代主义状态下，关于革命的主体问题。这其实是葛兰西文化霸权理论的一个非常重要的问题，而且这一问题在后现代状态下，愈发显得重要。

（一）葛兰西的庶民

"庶民"源于英语 subaltern，有的也译为"属下"、"下层"、"底层"甚至"贱民"等。在后殖民理论那里，一般把它的源头归之于葛兰西。葛兰西在《狱中札记》中曾纲领性地阐述了庶民的形成及发展史，提出了研究庶民的六个主题（显然对葛兰西来说，并不止于这六个主题）。

1. 在经济生产领域的发展与变化的作用下，下层社会集团的客观形成；它们在数量上的扩散及其与早已存在的社会集团之间的渊源关系，它们在一段时期内保存着这些集团的心态、意识形态和目标；2. 它们积极或消极地加入统治政治阶层，为了坚持自己的要求而试图影响这些阶层的纲领，它们所作的这些努力在分化、改造和新生过程中的决定作用；3. 旨在保住下层集团的首肯并维持对它们的控制的统治集团的新政党的诞生；4. 为了坚持对部分有限地位的要求，下层集团自身所造就的阶层；5. 那些维护下层集团自治权（在旧体系内部）的新阶层；6. 那些维护整体自治等等的阶层。①

对于葛兰西来说，他看到了庶民阶层的复杂性，这种复杂性既来自庶民阶层自身，也来自庶民阶层与其他社会集团，尤其是与统治集团之间的复杂关系。或者说，葛兰西更多的是在庶民阶层与统治集团的关系（权力关系）中来理解和分析庶民阶层的。

首先，葛兰西肯定了庶民阶层形成的经济基础根源，认为经济生产领域的发展和变化的作用，是庶民社会集团客观形成的根源（第一个主题）。这是葛兰西在强调文化霸权、强调意识形态作用的同时所并没有放弃的（参阅前面对文化领导权的阐述）。

其次，葛兰西并没有明确指明庶民具体包括哪些社会阶层，但从他对意大利南方问题的关注与阐述中看，其庶民主要指的是南方的农民阶层，因为他们比北方无产阶级"遭受了更可恨和更野蛮的压迫和剥削"②。当然，除了农民外，庶民阶层也会包括一些底层的小资产阶级和工人。不过也有学者认为葛兰西的庶民是无产阶级的隐语（斯皮瓦克）。但实际上在葛兰西那里，庶民与无产阶级还并不是完全一致的，最多可以说庶民概念是葛兰西把马克思的"无产阶级"概念放在具体的意大利土地上的结果。③

再次，就庶民阶层本身来看，葛兰西认为这一阶层本身很难形成自身的历史，其历史"必然是支离破碎的"④；而且庶民阶层的活动往往会受到统治集团活动的支配，甚至当它们起义反抗的时候亦如此。早在1919年，葛兰西在《个人和农民》一文中

---

① 葛兰西：《狱中札记》，曹雷雨等译，第35页。为尊重译文，在引用时还是按照原来的译文，并没有统一改为"庶民"。

② 《葛兰西文选 1916—1935》，第231页。

③ 李应志：《解构的文化政治实践：斯皮瓦克后殖民文化批评研究》，上海三联书店2008年版，第152页。

④ 《狱中札记》，曹雷雨等译，第36页。

就指出，农民虽然会起来反抗地主的压榨和剥削，但他们"不会把自己看作是集体（即私有者所理解的民族，无产者所理解的阶级）的一员，不会采取系统的和经常的行动来改变共同生活的经济和政治条件"①。在后来的《南方问题的一些情况》及《狱中札记》中，葛兰西对庶民的基本状况也做了阐释，比如庶民阶层本身"没有凝聚力"，像一盘散沙，"他们不能作为一个整体集中表达自己的意向和要求"②。也就是说，庶民在葛兰西那里是一个没有话语权，不能自立、自主，缺少整体性的群体。

　　最后，正因为庶民阶层的上述特点，他就不可能独立完成反霸权的重任，因此庶民阶层要完成这一重任，一方面必须发展自己的阶级意识，建立自己的内部阶层或革命势力，比如工会、政党。葛兰西曾通过阐述现代工业日益完善的劳动分工指出，整个工厂的劳动力量应该把自己看作一个"集体工人"。这些都是工厂运动的前提。正是通过"集体工人"，从属阶级不再具有从属的性质，或者至少已经可以证明他们开始走出从属的地位，向外部表现他们自己获得的政治觉悟。③ 对于建立政党，葛兰西也说，"在下层集团内部，人们会或往往会通过一个政党的斡旋来行使某种霸权"④。另一方面，葛兰西也强调庶民阶层与其他社会阶层结成联盟。比如在葛兰西提出的六个主题中的那些维护庶民集团自治权（在旧体系内部）的新阶层，英文版注释认为可能是改良主义政党。那些维护整体自治的阶层，英文版注释认为可能是共产主义政党等。葛兰西指出，意大利资产阶级无法把大众统一在自己的周围，而这正是它失败的原因及其发展中的障碍。葛兰西虽然是从政党的角度来说的，但庶民阶层只有通过与这些阶层结成联盟，才可能发出自己的声音，也才能进一步培养

---

① 《葛兰西文选 1916—1935》，第 44 页。
② 《狱中札记》，曹雷雨等译，第 242 页。
③ 同上书，第 164 页。
④ 同上书，第 35 页。

自己的阶级意识，把自己从一种支离破碎的状态中解放出来，获得健全的见识，以此来对抗霸权统治，甚至与无产阶级、工人阶级一道建立自己的政权。

由上所述，在葛兰西那里，庶民阶层是在统治与被统治、霸权与反霸权的关系中思考的，其最根本的目标是建立政权和国家。或者说，葛兰西的庶民概念是其整个政治规划或文化领导权争夺中的一部分，这是我们理解葛兰西庶民概念所必须首要注意的，正如有的学者所指出的："葛兰西提出的庶民研究的六点规划不是一种静态的社会分析，而是来自于并且着眼于当时意大利的政治斗争实践。"①

（二）后殖民批评中的庶民研究

查特吉在《关注底层》（《读书》2001 年第 8 期）一文中，明确指出"底层"这个词是底层研究的历史学家从意大利马克思主义者安东尼奥·葛兰西那里借来的。他解释了葛兰西在《狱中札记》"底层"这个概念的两种含义。其一，用做产业无产者的代名词。其二，葛兰西是在前资本主义社会结构中讨论底层阶级问题的。

那么底层研究中的底层包括哪些阶层或群体呢？其实在底层后殖民理论中对庶民的界定也并不明晰。古哈在《庶民研究》第一辑的序言里指出："庶民"一词在《简明牛津词典》中的解释是："低等级的。"而在《庶民研究》中，"它是作为一种总称，用以指称南亚社会中被宰制下层，不论是以阶级、种姓、年龄性别和职位的意义表现的，还是以其他任何方式来表现的"②。在另一个地方，古哈甚至把"庶民"和"人民"当做相同的词义来使用，包括在这范畴内的各种社会群体和成分，"体现着**全**

---

① 陈燕谷：《印度的庶民研究》，《天涯》2005 年第 6 期。
② 刘健芝等选编：《庶民研究》，中央编译出版社 2005 年版，第 1 页。

体印度人与所有那些被我们称为'精英'的人之间的统计学意义上的人口差别。这些阶级和集团中有一些，如较小的乡绅、破落地主、富农和上中农，他们'自然地'属于'人民'和'庶民'阶级行列"①。

底层研究虽然没有给庶民一个确切固定的阶层分类，但其研究视角却是明确的，即把庶民看作是与权力精英相对的阶层或集团。古哈指出，除非把被宰制下层作为一对关系中的基本构成之一来看待，否则我们是无法理解它的。而在这对关系中，另一方是居于支配地位的，因为"庶民群体总是受统治集团的活动支配，即便是在他们起来造反时也是如此"②。在此基础上，古哈大力批判了传统的精英主义的历史书写，强调庶民阶层自身的独立自主的历史。这里的精英主义既包括殖民主义者的精英主义，也包括资产阶级民族主义者的精英主义。古哈认为，在殖民主义者和新殖民主义者的史学中，印度的民族独立被认为是英国殖民统治者、主管、政策、制度和文化教育的产物；而在民族主义者和新民族主义者的史学著作中，这些成就被认为是印度的精英人物、制度、活动和思想的产物。前者把印度的民族主义描绘成一个向殖民者的"学习过程"，印度民族主义精英卷入这个过程并不是为了民族的普遍利益这种崇高的理想主义，而只不过是期望分享由殖民统治而产生的以及与此相连的一些利益，如财富、权力及特权等。而后者史学观则极力突出民族主义精英对殖民政权对抗的一面，而淡化两者之间的合作关系；同时又把精英描绘为人民的解放运动的推动者，是他们领导人民从被征服状态走向自由。针对这种精英主义史学观，古哈则强调庶民阶层在印度民族解放史中的独立贡献。他说："人民**自己**在建立和发展民族主义

---

① 刘健芝等选编：《庶民研究》，第11页。
② 同上书，第2页。

方面，**独立于精英的贡献**，更不用说去解释此贡献。"①

正是在此基础上，庶民研究考察了大量的庶民活动，试图从精英主义或官方史料的"断层和空白"中，挖掘出庶民的反抗斗争史，重构作为独立自主的庶民阶层的历史，突出庶民意识的自主性。《底层研究》的第一阶段工作主要是关于农民起义的。庶民研究者们通过细致地考察庶民造反时刻的材料，揭示出底层斗争的独立性。比如查克拉巴提对 1890—1940 年间加尔各答黄麻工人历史状态的阐述。② 古哈在《农民造反的基本情况》（*Elementary Aspects of Peasant Insurgency in Colonial India*，Oxford University Press，1983；New edition，Duke University Press，1999）中，更是重新把农民从精英的课题和实证主义的史学研究中发掘出来，重构了一个作为反抗主体的庶民阶层的斗争史，明确指出现代印度农民的暴动"是一种政治的斗争"③。古哈在书中对农民的造反意识、谣传、通过神话对事物的看法、笃信宗教和社区联系等方面作了引人入胜的描述。从古哈的叙述中可以看出，庶民自有其社会风俗习惯和政治群体形式，是与国家和阶级的概念不相一致的，并且也挑战了传统史学研究所用的理性和社会行为的模式。④

可以说，通过对庶民起义造反的再解读，庶民研究重构了一个具有独立意识和自主性的革命主体，这与葛兰西的庶民阶层反霸权斗争是一致的。但是，随着庶民研究的深入，庶民研究者越来越发现，早期庶民研究的那种简单的庶民/精英、抵抗/压制的二元对立模式并不合适。庶民作为一个阶层涵盖多种社会成分，这些不同的社会群体会因其各自不同的生存环境，在经济、政

---

①　刘健芝等选编：《庶民研究》，第 5 页。

②　见刘健芝等选编《庶民研究》，第 12—78 页。

③　转自迪普希·查克拉巴蒂《边缘化欧洲的构想》，《国外理论动态》2008 年第 7 期。

④　刘健芝等选编：《庶民研究》，第 323 页。

治、宗教、文化等方面不可能形成统一的意识，更不用说庶民内部就存在着不平等的权力关系。因此庶民并不具有真正的统一性或同质性，其本身具有差异性，也是一种异质性的存在。加亚特里·斯皮瓦克在《庶民研究：解构历史编纂》中也指出，庶民研究小组设想存在一种纯粹的或基本的庶民意识形态，赋予庶民自身"一个无差别的［专有］名称"，将庶民作为一个特定的结构独立于精英，进而将之作为书写历史的主体，从而与他们所批判的精英主义意识形态形成对立，这就重新陷入了他们所反对的本质主义之中。①

　　庶民研究小组也注意到了这种情况，查特吉就指出，大约在《底层研究》出版第五和第六卷的时候，研究者就开始认识到："底层历史是碎片化的、不连续的、不完整的，底层意识的内部是分裂的，它是由来自支配和从属阶级双方经验的元素建构起来的。"② 迪皮斯·查克拉巴提就针对古哈把 1855 年的山塔尔反抗运动看作是农民主体意识体现的说法指出，农民本身的反抗未必就是自我主体意识的体现，山塔尔人自己认为他们之所以反抗，"是因为 Thakur（山塔尔人的神——引者注）显现并告诉我去反抗"。因此，庶民并不必定是他或她自己的历史主体，而在《庶民研究》或任何有民主倾向的历史书写里，庶民却是他或她自己的历史主体。因此查克拉巴提提醒人们在庶民研究中要注意："一方面，我们要认真看待庶民的想法——他们把反叛的原动力归结为神赐的；另一方面，我们又想把历史的原动力或主体性赋与庶民自己，而这却是庶民自己的说话所否定的。"③

　　庶民研究中女性视角的引入也进一步揭开了庶民的差异性与

---

① 刘健芝等选编：《庶民研究》，第 151 页。
② 查特吉：《关注底层》，《读书》2001 年第 8 期。
③ 刘健芝等选编：《庶民研究》，第 414—415 页。

复杂性，这来自斯皮瓦克的女性庶民研究。她在《底层人能说话吗?》中，通过讨论印度寡妇自焚的情形，提出了庶民不能说话的论断。在斯皮瓦克看来，帝国主义势力总是与阶级压迫和性别压抑纠缠在一起。如果说庶民阶层受到了统治阶级的压制而无法言说的话，那么庶民女性则同时受到了男权的双重压迫。因此，即便民族解放运动获得了解放，女性照样会受到压制而无法言说。寡妇自焚是印度宗法制社会中的一种封建礼教仪式，妻子在丈夫死后，要爬上亡夫的火葬堆殉夫，以此表示对丈夫的忠诚。英国殖民当局把这一习俗废除掉了，认为这是"白人正从褐色男人那里拯救褐色女人"的实例。但印度的男性土著保护主义者却认为："妇女实际上想要那样死。"[1] 针对这两种对立的观点，斯皮瓦克指出，它们实际上都忘记了一个重要事实，即女人自己的声音被淹没了。斯皮瓦克说：

> 在夫权制与帝国主义之间、主体建构与客体形成之间，妇女的形象消失了，不是消失在原始的虚无之中，而是消失在一种疯狂的往返穿梭之中，这就是限于传统与现代化之间的"第三世界妇女"被位移的形象。[2]

由此，女性在帝国主义殖民统治和夫权制的双重压制下，从未拥有主体的地位。由此也就不可能形成反霸权的力量。

正是随着对庶民历史的破碎性、不连贯性和不完整性的认识，庶民研究也发生了转向，由"什么是底层真正的形式?"转为"底层如何被表述?"这一转向使得庶民研究的方法和主题也随之发生了变化。在殖民地印度传播的现代知识的整个领域就向

---

[1]　陈永国等主编：《从解构到全球化批判：斯皮瓦克读本》，北京大学出版社2007年版，第117页。

[2]　同上书，第126页。

底层历史敞开了。很多研究主题，如殖民统治的扩张、英语教育、宗教和社会改革运动、民族主义的兴起等，都向《庶民研究》历史学家们开放了。此外，研究的重点还集中在现代国家和公共制度方面。查特吉指出，正是通过它们，理性和科学的现代观念以及现代权力体系在殖民和后殖民的印度传布开来。换言之，学院和大学，报纸和出版社，医院、医生和医疗体系，人口普查，登记注册机构，科学制度，所有这一切都成了庶民历史写作的主题。① 应该说，庶民研究小组的转向的确拓展了庶民研究的范围，但我们需要思考的是，在这种反本质主义的研究转向中，庶民还可以作为一个反霸权的主体吗？

四 历史细语中的反霸权主体

对于葛兰西来说，反霸权必须有一个明确的主体，即便是庶民，通过其自身的意识觉醒，尤其是通过其他社会阶层，如知识分子、政党的引导，同样也可以成为革命的主体。在他写于1919 年的《工人和农民》中明确指出："产业工人和贫苦农民是无产阶级革命的动力"，"他们是革命的主要骨干，是无产阶级进攻部队的钢铁营，这个营将以不可阻挡的攻击力扫除自己道路上的一切障碍……共产主义——这是他们的文明，是他们借以获得真正的个性和尊严、真正的文化并使自己成为进步和美的创造者的历史体系"②。这种对农民的认识与传统马克思主义是相一致的，虽然葛兰西对农民、庶民的认识更为复杂，也看到了庶民的不足之处，但这从根本上并没有动摇或否定他对庶民作为革命主体的认识。但对于庶民研究（甚至包括整个的后殖民研究）来说，庶民的主体性却是被发掘、"被打捞"（李应志）出来的，

① 参阅查特吉《关注底层》，《读书》2001 年第 8 期。
② 《葛兰西文选 1916—1935》，第 52 页。

这很大程度上将直接影响到庶民主体地位的确立。

由前所述，由于官方或精英主义史学是遮蔽庶民的反霸权斗争的，因此庶民的斗争往往是通过对这些官方的和精英主义者的历史材料进行转换或置换来获得的。根据斯皮瓦克的论述，这种置换通常经由两种方式：

> 第一，变革的（多个）环节被多元化，并被描绘为冲突而非过渡（因此这些环节就跟统治及剥削的历史联结起来，而不是限于那套宏大的生产方式叙述）；第二，符号系统在功能上的变化是这些变革的标志。最重要的功能变化是从宗教转变到激进斗争。然而，文集所收的著作还显示符号系统中其他功能变化：从犯罪到造反，从农奴到工人，等等。①

斯皮瓦克进一步指出："这种视角上的修正或转变的最显著结果就是，变革的能动性（agency）被放在造反者或'庶民'身上。"②

经由这种置换的庶民，能在多大程度上可以真正成为主体，是值得怀疑的。而且在斯皮瓦克看来，庶民意识几乎是不可真正被挖掘或再现出来的。她说："庶民意识从属于精英的欲力投入，它永远不能完全复原出来，它总是受到其被认定接受的能指所歪曲，即使被揭示出来，实际是被抹掉。它不可克服地是在话语中建构出来的。"③ 因此可以说，庶民阶层意识是不可能真正建构起来，庶民无法真正建立起独立的主体。正是在这一意义上，斯皮瓦克提出了"主体效果"（subject-effect，或译为"主

---

① 刘健芝等选编：《庶民研究》，第143—144页。
② 同上书，第144页。
③ 同上书，第154页。

体效应"）这一概念以及"策略性的本质主义"（Strategic Essentialism）这一命题。

何谓主体效应？斯皮瓦克在《解构历史编纂》中说：

> 主体效应可简述如下：看似作为主体起作用的可能是一个巨大的非连贯的多股绞缕交织的网络（一般意义上的"文本"）的一部分，这些绞缕可以定名为政治、意识形态、经济、历史、性、语言，等等。（任何一股绞缕，如果孤立起来，也可以被视为许多股绞缕交织的网。）异质限定决定了这些绞缕的网结及排列，而前者自身又依赖于无数的现实状况，后者产生起作用的主体之效应。然而，认同连贯性和同质性的思虑的意识在征候上需要为这种效应找一个连贯同质的原因，并因而假定一个自主统领的决定性主体。后者因而是某个效应之效应，是它设置的一个双重转喻，也就是用效果替代原因。①

也就是说，主体并不是一个独立自足恒定不变的整体，它其实只是政治、意识形态、经济、历史、性、语言等无数因素相互作用中的一个效果；这些因素的不同组合形成不同的语境，而这些不同的语境，产生不同的主体效果。斯皮瓦克提出的这一概念是其反本质主义思想的体现。对于斯皮瓦克来说，本质论是一个陷阱，会造成对差异的忽视，比如对女性差异的忽视。但完全的"反本质"又是不可能的，因为很显然，如果人们总是处在漂浮不定的状态中，是无法认识事物的。对于斯皮瓦克来说，完全的本质主义和完全的反本质都是不对的，因此她又提出了"策略性的本质主义"论。之所以是策略的，是因为这只是暂时的，

---

① 刘健芝等选编：《庶民研究》，第156—157页。

是情境性的，是认识和批判事物的一个暂时的立场。①

　　对于策略性的本质主义，斯皮瓦克在《解构历史编纂》中强调要"在谨慎可见的政治关注中策略性地运用实证主义本质论"②。在后来的一次访谈中，斯皮瓦克说："在话语内部，在有些地方要摆脱本质化是不可能的。本质主义或本质化的情况是不可化约的。在解构批评实践中，你必须意识到你无论如何也会走向本质化。因此，在策略性你可把这看作是本质主义，不是把它看作对事物存在方式的描述，而是看作对任何事物进行批评时所必须采取的某种方式。"③

　　在针对女性的界定上，斯皮瓦克也明确指出："对任何事物下严格的定义最终是不可能的。如果你愿意，你尽可以将男人与女人之间的对立不断地解构下去，最后表明这个二项对立在移置自身……但同时我也感到，为了能使我们继续深入探讨下去，为了能使我们获得某种立脚点，定义仍然是必不可少的。我能够确立的只是下一个临时性的、出于争论需要的定义，我不是根据一个女人假定应有的本质，而是根据通常使用的词语来构筑我作为女人的定义的。"④

　　斯皮瓦克提出主体效应和策略本质主义，与第五章拉克劳和墨菲提出的"主体位置"概念是相通的，都与现代社会运动的发展特点紧密相连。可以说，人们看到了现代社会运动的丰富性和复杂性，同样的一个个体，可能会以不同的身体参与不同的社会运动，比如一个女性，可能会参加女权主义运动，也可能会参与绿色和平组织，甚至也可能参与某一党派政治运动。由此，曾

---

　　① 参阅了关熔珍《斯皮瓦克研究》，博士学位论文，四川大学，2007 年，特此致谢。

　　② 刘健芝等选编：《庶民研究》，第 157 页。

　　③ Gayatri Chakravorty Spivak and Sarah Harasym, *The Post-Colonial Critic*：*Interviews*，*Strategies*，*Dialogues*，Routledge，1990，p. 151. 转自李应志《解构的文化政治实践：斯皮瓦克后殖民文化批评研究》，第 64—65 页。

　　④ 张京媛：《当代女性主义文学批评》，北京大学出版社 1992 年版，第 304 页。

经作为同质的主体就被不同的主体位置所代替，而主体也就成了这些主体位置上的一个"效果"。但我们在分析这些主体的时候，还需要策略性的把这些主体效果看作本质，比如把女权主义运动中的女性看作一个反男权的女性主体，这显然只是出于策略上的考虑，或分析时的立场。

斯皮瓦克提出的策略性的本质主义对于认识事物本质，理解反霸权主体具有重要意义。徐贲就曾对此指出，就后殖民批判而言，"策略本质论"实际上把关于对抗主体的辩论重点从某种抽象的、完全一致的第三世界主体的认识能力转移到批判理论在具体社会环境中的运用上来。后殖民批判的任务绝不是笼统抽象的反帝反殖，更不是为某种普遍的"第三世界"主体或历史申辩，而是在具体的历史社会条件下，从具体的人所遭受的结构性压迫和暴力出发，去形成具有某种程度的共性对抗意识。在不同社会中，最基本的、最具压迫性的社会关系和因素都是不同的，不断变化的。①

由此我们可以看到，随着现代社会运动的发展，人的身份开始走向多样化或多元化，葛兰西曾经的霸权主体也被"非本质化"。我们虽不能说现代社会缺少或消失了反霸权的主体，但事实是，反霸权主体却是被各种主体位置或主体效应所代替，我们虽不能否定每一个主体位置都不会引发反霸权的积极效应，但主体的多样化势必会削弱乃至分解主体的反霸权的力量。古哈在后来写的文章《历史的细语》中虽然意识到了国家意志、精英权力对庶民历史的遮蔽，使得庶民的声音只能像细语一样言说，但他还是乐观地认为"此种声音是誓要书写自己的历史的不屈的庶民性的声音"②。为此有学者明确指出："二十世纪八十年代以来世界发生的变化似乎要更深刻一些，不是用阅读技巧和理论方

---

① 徐贲：《走向后现代与后殖民》，中国社会科学出版社1996年版，第185页。
② 刘健芝等选编：《庶民研究》，第350页。

法所能够影响的。在轰轰烈烈的文化研究和文化批判表象的下面是全球革命力量的战略性消退。当资本的帝国以前所未有的蛮横姿态向全世界的‘庶民’发号施令的时候，用‘历史的细语’之类政治正确性自我安慰是无济于事的。庶民研究真正的核心问题也许恰恰是正视远远超出印度或南亚社会的‘历史性失败’。”[①] 我们虽不能完全肯定庶民研究是否就真的是历史性的失败，但在这个被消费所包围着的社会中，在大众的声声娱乐声中，我们看到的却是，主体被彻底解散为一个个散兵游勇的个体，在资本主义内部，在“享受着”资本主义生活中，“享受着”对资本主义霸权统治的游击战。这是我们下一章对费斯克的“在资本主义社会中的大众文化理论”的分析。

---

① 陈燕谷：《庶民研究·序二：关于“庶民的历史”》，见刘健芝等选编《庶民研究》，第34—35页。

第七章

葛兰西与费斯克的大众文化理论

在费斯克的大众文化理论来源中，葛兰西的领导权理论并不占主要地位，费斯克所经常引用的理论，有布迪厄（Pierre Bourdieu）、德塞都（De Certeau）、巴特（Roland Barthes）、霍尔、巴赫金（Mikhail M. Bakhtin）等人的理论。但从费斯克大众文化的宰制与臣服、权力与抵抗的分析框架来看，显然采用的是葛兰西霸权与反霸权的斗争模式。本章所着力分析的是费斯克如何使用葛兰西的领导权理论，在使用中有什么偏颇；另外，本章也试图通过葛兰西的领导权理论去反观、评价费斯克的大众文化理论所存在的问题，并由此进一步考察文化研究的范式危机是如何从费斯克身上引发开去的。

一　费斯克对领导权的理解

在《传播符号学理论》中，费斯克专门阐述了葛兰西的领导权理论。他指出，领导权是必要的，而且必须努力去赢取，"取得霸权的过程是不断赢得，再赢得大多数人对统驭他们的系统的共识"① 的过程，在这种赢得的过程中，统治阶级必然会遭

---

① 约翰·费斯克：《传播符号学理论》，张锦华等译，台北：远流出版事业股份有限公司 2001 年版，第 231—232 页。

受到从属集团的反抗，而"若想取得人民对统治者所规划的社会秩序的共识，优势意识型态（即意识形态——引者注）必须先克服这些反抗"，由此在这种克服与反抗（也就是霸权与反霸权）的过程中，"任何霸权的胜利，任何赢得的共识，必然不是稳定的，绝不可以视为理所当然，要不断地经历斗争、再斗争，赢得、再赢得的过程"①。这就是费斯克所指出的葛兰西领导权的两个因素之一的"不稳定性"（instability），这实际上也就是葛兰西所说的领导权的"运动中的平衡"。

　　但对于费斯克来说，他更关注的是葛兰西领导权的另一个因素："反抗"（resistance），即反霸权。费斯克指出："反抗可以克服，却不可能永远消除。"② 费斯克通过对比葛兰西的理论、阿尔都塞和马克思的理论指出：

　　　　马克思和阿图塞（即阿尔都塞——引者注）的意识型态理论对优势意识型态无所不在、毕其功于无形的现象，解释得很清楚；但也因此忽略或低估了它所遇到的阻力和必须面对的抗争。两人的理论都假设意识型态的力量几乎是不可阻挡的。因此意识型态的分析也倾向于着重文本的一致性——所有的要素都在诉说同一个故事，以白种男人为尊的资本主义的故事。而霸权理论则将焦点延伸到统治的力量，引导我们注意文本也有力有未逮的时候，在意识型态的平稳和一致性上也有冲突矛盾的时候。霸权理论一方面指出优势力量对抵抗力量的兼并企图；另一方面也怀疑此一策略的最终结果，并认为反抗势力不可能完全消灭。从争霸观点对文本进行分析，即可能发掘这些冲突及反抗的轨迹及其意义……③

---

① 约翰·费斯克：《传播符号学理论》，第 232 页。
② 同上。
③ 同上书，第 241—242 页。

在这里，费斯克特别强调领导权所"企图推翻却永远无法消灭的反抗"。而通过分析《十七岁》杂志插图，费斯克也指出："优势体系不可能完全得到受统治阶级的同意，怨恨或反抗永远存在，不同的读者共识的程度也会有相当大的差别。"①

由此，强调反抗，关注大众的各种积极的反抗形式，成为费斯克大众文化理论的核心；而体制或霸权一方在费斯克那里所表现出来的，更多的是一种"容许"或宽容。费斯克针对《十七岁》杂志的插图指出："霸权理论容许'较不具传统色彩、较有叛逆意味的年轻女性的意涵'存在的空间，向现存优势意涵挑战，甚或修正。"② 由此我们甚至可以说，反抗是在体制或霸权一方容许的情况下进行的，这就使得这种反抗大大打了折扣，因为体制的"容许"显然是有限度或底线的，它不可能容许你任意的反抗，更不可能让你去颠覆它，由此大众的反抗也只能是体制内的反抗，而不是对体制的反抗，这就是费斯克的"在资本主义社会**中**的大众文化理论"③（黑体为引者所加）。这样所导致的结果，就是把资本主义的存在看作是理所当然的，对它的"容许"或宽容过分乐观，从而进一步忽视了对它的具体而深入的分析，尤其是对它的压制方面的分析，这是人们所经常批评费斯克的地方。下面我们就具体分析一下费斯克的"在资本主义社会中的大众文化理论"。

二　费斯克的偏于反抗与快感的大众文化理论

（一）反抗的符号游击战

在《理解大众文化》中，费斯克分析了大众④的各种反抗

---

① 约翰·费斯克：《传播符号学理论》，第144页。
② 同上。
③ 参阅约翰·费斯克《理解大众文化·前言》，王晓珏、宋伟杰译，中央编译出版社2001年版。
④ 对于费斯克来说，"大众"（the popular）并不是由结构所决定的被动的主体，而是实践中的能动的主体，而这种能动性又集中体现在它的"游牧性"或流动

体制的方式方法，这些方法总起来说就是"权且利用"（making do）①的艺术。而之所以这么说，是因为大众在资本主义社会里无法生产并流通自己的商品以与权力集团对抗，因此，"大众必须凭借他们手头拥有的东西度日，而他们所拥有的，便是文化（和其他）工业的产品。大众文化的创造力与其说在于商品的生产，不如说在于对工业商品的生产性的使用，大众的艺术乃是'权且利用'的艺术"②。也就是利用资本主义的物品反抗资本主义。

　　这"有啥用啥"的抵制艺术，具体体现在费斯克所说的"外置"（excorporation）和"拼贴"两种行为中。外置实际上就是"反收编"，是被支配者从宰制性体制所提供的资源和商品中，利用"现成可用之物"，创造出自己的文化。外置在费斯克那里更多的是一种破坏性的反抗，如把自己的牛仔裤弄破就是一种典型的外置行为。费斯克说："这是对商品化的拒绝，亦是对个人权力的首肯，即，每个人都可在商品系统所提供的资源之外，创造自己的文化。"③对此，费斯克指出："这意味着大众文化的研究者不仅仅需要研究大众文化从中得以形成的那些文化商

————————

性这一特质上，这就是费斯克所说的"游牧式的主体"（nomadic subjectivities），即能在高度精密的社会结构网络中"穿梭往来"，"并根据当下的需要，重新调整自己的社会效忠从属关系，进入不同的大众层理"（《理解大众文化》，第29—30页）的主体。正是在这种穿梭往来的流动中，大众与种种权力关系形成不同的社会效忠从属关系和对抗关系，由此显示了大众极大的能动性。游牧式主体又类似于费斯克所不常使用的另一个概念"社会行为人"（social actors），即"游走在各种主体位置之间"（《理解大众文化》，第212—213页）的具有积极行为的人。社会行为人在各种主体位置之间"游走"这一变化不定的特点，正体现了大众的能动性，大众与权力集团的抵制的能动性。

　　①　徐贲翻译为"有啥用啥"更为形象。见《走向后现代与后殖民》，第257页。

　　②　约翰·费斯克：《理解大众文化》，第33—34页。

　　③　同上书，第23页。

品，还要研究人们使用这些商品的方式。"① 这实际上体现出了费斯克研究大众文化一种思路和方式，就是关注使用或创造的行为过程，而不是所使用的对象，这显然体现了费斯克对大众能动性的充分关注，但却显示出对体制分析的不足，这成为人们批评他的一个重要方面（详见后）。

如果说"外置"更多的是对资本主义现有资源的破坏性的抵制的话，"拼贴"则强调了对资本主义现有资源的再组合与再使用。费斯克指出，"拼贴"是一种比较缓和但依旧是生产者式的抵制方式，"这种实践在意识形态上也许不是抵抗性的，但它是生产性的，有快感可言的，而且在经济上它即使不是抵抗性的，至少是逃避于体制之外的"②。

在与体制或权力集团的直接对抗中，这"有啥用啥"的抵制艺术便体现了一种符号游击战。而之所以说是符号战，是因为这种对抗并不是真正意义上的物理身体上的反抗或颠覆，当然更不是一种革命性的运动，而只是一种象征意义上反抗或抵制。这种游击战花样很多，包括使用"诡计"，引诱保安上当而开他们的玩笑，在商场顺手牵羊或把价钱高的标签换成低的，占用商场的空间休息、聚会等，还有在商场不断地试换衣服但不买，以及"假发"③（la perruque）行为，等等。费斯克一再强调"年青人是商场里出类拔萃的游击队员"④。费斯克指出："游击队员也许无法积累他们赢得的胜利果实，但他们完全可以保持他们游击队员的身份（status），他们的战术调遣，是传统的'权且利用'的艺术，这种艺术会在他们的场所内部，凭借他们的场所，

---

① 约翰·费斯克：《理解大众文化》，第22页。
② 同上书，第178页。
③ 这一概念来自德塞都，指的是工人或其他工作人员在工作的时间做自己的事情，或利用公司的工具为自己服务。见《理解大众文化》，第49—50页。
④ 约翰·费斯克：《理解大众文化》，第46页。

建构我们的空间，并用他们的语言，言传我们的意义。"①

在所有这些抵制与反抗中，大众并不是简单的被动的反抗或抵制，而是一种积极的生产。费斯克通过把"金融经济"（financial economy）与"文化经济"（cultural economy）区分开来，也把观众从被动的消费者转变成了主动的生产者。费斯克指出："在文化经济中，消费者的作用并不作为线形经济交易的终点而存在。意义和快感在文化经济中流通而不真正区别生产者和消费者。"② 应该说，这一转变意义是重大的，直接决定了费斯克对大众主动性能动性反抗的极大关注与重视，而在这种反抗或抵制中，大众最终获得的是反抗的快感与意义。

（二）反抗的快感与意义

在《电视文化》中，费斯克区分了两种类型的快感，一是与主导意识形态一致时所形成的快感，一是与主导意识形态不一致时所产生的"规避"或"抵制"的快感。对于费斯克来说，他更注重的是第二种快感，这种快感实际上又可分为两种快感形式，"规避"侧重于身体的快感，而"抵制"则是在对霸权力量进行符号学的抵抗中，意义的生产与创造上的快感。③ 这就是费斯克所说的："逃避式的快感往往集中在身体上，而生产对抗式意义的快感则集中在心灵。"④ 但两者又是相互关联的，"规避是抵制的基础；避免在意识形态上或是在身体上被俘虏，是游击队员的首要任务"⑤。

费斯克又通过巴赫金的狂欢理论，具体分析了电视节目《摇

---

① 约翰·费斯克：《理解大众文化》，第 44 页。

② 罗钢、刘象愚编：《文化研究读本》，第 232 页。

③ 约翰·费斯克：《理解大众文化》，第 61 页。

④ 同上书，第 85 页。

⑤ 约翰·费斯克：《解读大众文化》，扬全强译，南京大学出版社 2001 年版，第 10 页。

滚与摔跤》，阐述了大众文化反抗的快感。费斯克首先指出了巴赫金所发现的民间狂欢节三种主要的文化形式，即（1）仪式化的奇观（ritual spectacles），（2）喜剧式的语言作品——倒装、戏仿、滑稽模仿、羞辱、亵渎、喜剧性的加冕和废黜等，（3）各种类型的粗言俚语——骂人话、指天赌咒、发誓、民间的褒贬诗等。① 在《摇滚与摔跤》中，这三种文化形式都出现了。

首先，《摇滚与摔跤》节目所转播的并不是一个体育项目，而是一种奇观仪式，它夸大可见之物，吹捧、凸显那些浮面的表象，"拒绝意义或深度"，展示肉体化的内容，比如前臂的猛摔，飞起身体的砰然砸下，蛮力捶打等。这正如费斯克所说的，"这些仪式所采取的形式真正强调的对象是奇观，是肉体的力量，而不是在比赛中是否能'赢'"②。

其次，就摔跤比赛的喜剧式的戏仿或滑稽模仿来看，它是对规则的无情的嘲弄。费斯克说："'游戏'在那儿，就是为了被打破，而裁判之存在，则完全是为了被遗忘。"③ "《摇滚与摔跤》节目拒绝'公正'，它就是不公正。"④ 这包括对失败者的羞辱等。而在比赛中的怪诞的身体，体现了一种与完美、圆满的古典理想的背离乃至颠覆。费斯克指出："如果说美的身体是完成的、定型的社会身体，那么怪诞的身体就是未完成的、不定型的身体。"而正是这种拒绝定型的身体颠覆了电视的规范，"其成功的程度就像它反转了社会规范一样"⑤，这也就是费斯克所说的，"摔跤比赛中的怪诞的身体所展现的粗陋的现实主义，在符号学与政治的意义上，对抗着宰制的力量"⑥。

---

① 约翰·费斯克：《理解大众文化》，第101—102页。
② 同上书，第102页。
③ 同上书，第103页。
④ 同上书，第105页。
⑤ 同上书，第108页。
⑥ 同上书，第122页。

最后，就摔跤比赛中的粗言俚语来说，它体现了工人阶级在文化形式的参与上与中产阶级的不同。在《摇滚与摔跤》电视节目上，粗言俚语主要表现为诅咒、欢呼、起哄、喝彩等。"摔跤选手用身体语言咒骂着对手、裁判与观众，观众同样也发出诅咒与欢呼，高举起海报。"① 而中产阶级的文化参与形式是疏远与批判式的欣赏，身体的参与仅仅限于鼓掌，而在语言上也只是偶尔喊一声"再来一次"。而粗言俚语的强烈的参与性，使得大众挣脱了体制的束缚而获得了身体的解放。

关于狂欢节的作用，费斯克一方面指出了它作为"安全阀"的作用，即狂欢节作为主流社会秩序的遏制策略，它允许大众通过狂欢这种形式进行有节制的压力放松，但"它最终还是被复原到那一秩序当中"。不过在另一方面，费斯克又通过他人的阐述指出，不可将狂欢节本质化，在某些场合可以用来强化社会秩序，但在其他场合、语境，特别是社会紧张的时刻，它常常是破坏性的。② 这也就是他在《电视文化》中所指出的，狂欢节并不能被仅仅认为是一个安全的阀门，是为了稳定现状，"它所生产的快感从来就不会在总体上被回收到系统中来，它们通常生产一种把社会控制置于窘境的威胁"③。由此，狂欢的存在即便不是对体制和社会秩序的颠覆，也是对它的一种威胁。这一点也体现在费斯克对电子游戏的分析中。费斯克指出，在电子游戏中，"'控制'从社会传给自我，快乐变得可能"④。而这种快乐"因其对能指的强调及对所指的否定，就成了意识形态的抵制的一种方式。电子游戏中心成了能指的盛筵；所指在闪烁的疾驰的电子能指的坚决主张之前失色成了意味"⑤。而这也就成了一个身体

---

① 约翰·费斯克：《理解大众文化》，第 108—109 页。
② 同上书，第 122 页。
③ John Fiske, *Television culture*, London: Methuen, 1987, p. 277.
④ 约翰·费斯克：《解读大众文化》，第 92 页。
⑤ 同上书，第 95 页。

解放时刻。电子游戏的这种快乐即便是短暂的，它也"留下了颠覆性的残余——它保留在从属者之中，使社会控制感到不安"①。而也就是在大众的快乐与对社会控制或霸权力量的威胁而之不安中，大众享受着自己的快感，创造着自己的大众文化。

三　葛兰西与费斯克批判

（一）偏于反抗而忽视体制

在费斯克看来，大众文化是大众自己创造的，而不是强加的，"它产生于内部或底层，而非来自上方"②，"大众文化之形成，永远是对宰制力量的反应，并永远不会成为宰制力量的一部分"③。这典型地体现出了大众的能动性与主动性。但在这里，费斯克显然过分关注了大众反抗或反霸权的创造性和积极性，而忽视了体制或霸权压制的一方。可在葛兰西那里，霸权与反霸权是相对而共存的，是一个复杂的斗争与谈判的整体过程，强调任何一方而忽视另一方都是偏颇的，都不可能全面而深刻地认识问题。由此，费斯克偏于大众反抗而忽视体制或霸权压制的大众文化理论必然招致了很多学者的批评。

尼克·史蒂文森在《认识媒介文化》中就指出，费斯克没有对文化接受的体制结构给以足够的关注，而实际上，"阶级结构除了设置象征性障碍之外，还给文化的参与形式设置了物质障碍，费斯克对各种符号和象征的关注却忽视了这一情况"，从而也就缺少了"一种文化的主导性理论"④，"将通俗文化视为抵抗

---

① 约翰·费斯克：《解读大众文化》，第 94 页。
② 约翰·费斯克：《理解大众文化》，第 31 页。
③ 同上书，第 53 页。
④ 尼克·史蒂文森：《认识媒介文化——社会理论与大众传播》，王文斌译，商务印书馆 2001 年版，第 155 页。

的场所，而不是支配之地"①。由此史蒂文森希望通过"一个更具有体制性的参照系统"，"将受众的回应与在社会方面可以再生产的统治结构联系起来，借此使受众的创造性回应得到更加充分的语境化"②。也就是受众的能动性或创造性能真正在体制的框架中去具体分析，而不只是一味强调大众的能动性。

麦克盖根在《文化民粹主义》中更是以"不加批判的民粹主义"对费斯克提出了尖锐的批评。麦克盖根指出："在菲斯克之'符号学民主'与自由市场经济中的'消费至上'理念之间有着惊人的相似"③，对消费至上的过分强调，直接导致了对社会政治经济，对社会体制的忽视，从而造成了意义的微观过程与政治经济的客观过程之间的分立，"结果，媒介机构的经济问题和消费者文化的主要经济动力很少去调查，简单地用括号括去了，因而严重削弱了文化研究的解释与（效果上的）批判能力"④。而在我们这个社会中，还依然存在的种种经济剥削、种族主义、压制等现象，由此，文化研究需要与政治经济相结合，关注体制上的压制。

过分强调大众的能动性而忽视对体制的关注，一方面会造成对大众抵制的盲目崇拜，似乎抵制是很容易的事，像那些商场的游击队员那样，随处可以反抗体制。但这在很大程度上只是一种幻觉，理想化地把文化消费者瞬息即变的行为看作是对社会的一种意识抵抗形式。⑤ 很多学者也指出，许多人往往为协商性读者讨价还价的能力所迷惑，认为那足以与庞大的社会经济、文化势

---

① 尼克·史蒂文森：《认识媒介文化——社会理论与大众传播》，王文斌译，第156页。
② 同上书，第154页。
③ 吉姆·麦克盖根：《文化民粹主义》，第82页。
④ 同上书，第45页。
⑤ 陈龙：《在媒介与大众之间：电视文化论》，学林出版社2001年版，第132页。

力相抗衡了，其实是一种十分天真的想法。① 在葛兰西看来，抵制霸权或反霸权是一项艰巨而复杂的工程，或曰"阵地战"，其中既牵涉到对大众的启蒙与教育，也牵涉到对体制的深入分析与认识，而对于费斯克来说，则显然把这种抵制或反抗给简单化了。

忽视体制的另一种后果就是忽视了对文本，尤其是对文本具体生产过程的分析。正如阿伯可龙比所说的："在强调观众力量时，文本被遗忘了；在赞扬观众的主动性时，文本艺术或道德上的贫乏可能被掩盖了。"② 这所导致的进一步的后果是以观众来判断电视节目或文本的优劣，"只要观众在主动地收看电视节目，那么节目就肯定不错"③。可在实际情况中，阿伯可龙比指出："人们可能观看某个节目，但那并不意味着那个节目好，它很可能是观众惟一可以看到的节目。"④ 这一点在垄断情况下显得尤为突出。安德鲁·都德在《解码文化》中也指出："一旦我们忽视了大众文化的意识形态功能……及其在特定政治经济中的嵌入性，那就只有去赞扬创造性的读者在他们的阅读实践中的多样化与创见性的能力。（这就使得）广为流传和流行的东西就是所谓的好的东西，也就是不能为一种批判的文化研究留下任何的空间。"⑤

实际上，在费斯克的大众文化理论中，他并没有对社会体制或霸权力量进行具体分析。体制始终处在一个背景之中，甚至只是为大众的规避或抵制而存在。费斯克说："大众文化是由大众而不是文化工业促成的。文化工业所能做的一切，乃是为形形色

---

① 陈龙：《在媒介与大众之间：电视文化论》，第133页。

② 尼古拉斯·阿伯可龙比：《电视与社会》，张永喜等译，南京大学出版社2001年版，第245页。

③ 同上。

④ 同上书，第245—246页。

⑤ Andrew Tudor, *Decoding Culture: Theory and Method in Cultural Studies*, p. 178.

色的'大众的层理'（formations）制造出文本'库存'（reper-toire）或文化资源，以便大众在生产自身的大众文化的持续过程中，对之加以使用或拒绝。"① 从这里就可以清楚地看到，由于过分强调大众反抗的能动性，使得霸权一方好像只是为反霸权而存在似的，从而也就消弭了费斯克对霸权方的具体分析。在《解读大众文化》中，费斯克表述得更为清楚不过了。他说："在我们的社会中，大众文化无论怎样反抗和规避，它总是资本主义的大众文化，而且，无论资本主义如何约束和压制民众，它总是为他们带来了真正的利益和回报，不管这种利益和回报的分配多不公平。"② 这就决定了费斯克的大众文化理论是"在资本主义社会中的大众文化理论"。

费斯克之所以忽视体制，与他对资本主义体制的认识有着紧密的关系。一则他潜在地把资本主义体制看作是根本无法打破的，大众只能在体制内部去生存，或者说去"找乐"。在《理解大众文化》，他通过柯恩和泰勒指出，他们认为"更重要的问题可能并不是如何改变世界，而是'人们应该以何种方式抵抗或顺从生活世界的要求，以便让生活变得可以承受，以便保留某种认同感'"③。而这实际上也就是费斯克的观点。由此费斯克说："我再次强调一次，我们需要把理论中心从结构过程转移到社会实践上去。"④ 而之所以转移，就是因为体制从根本上是打不破的，而我们所做的只是如何在这其中过得舒服。

另一方面，费斯克又似乎对资本主义体制的民主抱有与对大众能动性的认识相同的乐观。因为大众要获得对体制的抵制或规避的快感，显然是因为体制本身有着内在的结构上的裂隙，或者说体制本身有着高度的民主，可以为大众"赋权"，能够让你去

---

① 约翰·费斯克：《理解大众文化》，第 29 页。
② 约翰·费斯克：《解读大众文化》，第 233 页。
③ 约翰·费斯克：《理解大众文化》，第 41—42 页。
④ 同上书，第 225 页。

抵制它、规避它，否则大众是根本不可能与之进行所谓的符号游击战的。正如他在分析《十七岁》杂志插图时对葛兰西霸权概念所认识到的："霸权理论容许'较不具传统色彩、较有叛逆意味的年轻女性的意涵'存在的空间，向现存优势意涵挑战，甚或修正。很显然，霸权理论较诸其他只将焦点集中于优势意识型态的理论，是较乐观也较进步的。"① 事实上我们看到，费斯克愈对大众的抵制乐观，也就会愈加相信体制的民主，从而也就愈会忽视体制的压制方面。

（二）同质化大众

过分注重大众抵制的能动性，忽视对体制的分析，会很容易忽视对相同行为的具体分析，而把一切都归为是对体制抵制的快感体现。可实际上，相同的行为或结果却未必就有相同的原因。比如商场里的顺手牵羊未必一定如费斯克所说的"并非处于经济的需要，而是受'偷偷摸摸的刺激'这一欲望所驱使"②，也许就是处于一种贫困的需要而偷窃。赵斌在《理解大众文化·中文版导言》中批评费斯克"放弃了严肃的社会学分析，将被分裂为能指和所指的符号拿来摆积木游戏，结果肯定是社会现象的严重误读"，他最大的错误在于"他将两种性质根本不同的权力混为一谈，资本的支配与普通人在市场上对商品行使的选择权被当成一回事，无视商品的选择需要购买力支撑这一最简单的事实。'买不起的人'在费氏的符号解读体系中就成了'选择不买的人'，而且这些人仍然能享受到选择的快乐"③。由此，过分强调大众反抗的一致性，往往会忽视那些没有能动性的大众部分，从而忽视了大众的多样性，这在一定程度上又形成了对大众新的

---

① 约翰·费斯克：《传播符号学理论》，张锦华等译，第 144 页。
② 约翰·费斯克：《理解大众文化·前言》，第 48 页。
③ 约翰·费斯克：《理解大众文化》，第 IV—V 页。

"同质化"认识，这显然与费斯克反对同质化大众、强调差异的初衷是相悖的。费斯克在《理解大众文化》中指出："社会变革的动力，只能来自基于利益冲突的社会差异感，而非自由的多元主义，因为在这种多元主义那里，差异最终要服从一种共识。"① 也由此费斯克批判那种只是一味弹冠相庆大众文化的观点，因为这种观点只是"在礼仪的意义上对社会差异的管理，并从这些差异中产生出最终的和谐"，由此费斯克指出"这是精英式人文主义的民主观"②。而他在《解读大众文化》中，把大众文化看作是同质与异质的对立，即权力集团试图对社会差异加以控制、建构并使之最小化、以使它们为其利益服务，而大众的组成则"决不妥协地要保持他们的社会差异观念"③，由此而产生对立与冲突。从这里我们可以看到费斯克对差异与异质的强调。但这种差异与异质却更多的是与权力集团相对的差异与异质，至于大众本身的差异与异质，费斯克却并没有作深入的关注与分析，而有的只是抵制、规避与快感。

另外，费斯克还经常以自己对大众文本的感受代替大众的感受，这也规避了大众的复杂性。比如他在《理解大众文化》中，强调自己在观看流行大片、逛迪斯尼乐园等时，并不认为自己是受骗者，而是从中获得了极大的乐趣，"这是我的乐趣，我从他们的资源中创造出来为我所用"④。这的确是费斯克个人的感受和乐趣，但当费斯克用一句"我相信我是普通大众中典型的一员"时，他显然就把自己的感受和快感置换成了大众的感受和快感，从而漠视了大众的多样性和感受的多样性。史蒂文森指出："费斯克用经验性的事例，来证实他关于受众充满活力的活动的各种观点，然而缺少实质性的内容。……他对麦当娜的互文

---

① 约翰·费斯克：《理解大众文化》，第25页。
② 同上书，第30页。
③ 约翰·费斯克：《解读大众文化》，第8页。
④ 约翰·费斯克：《理解大众文化》，第210页。

性的分析，大致上建基于他自己的灵活性解读，而且对麦当娜'崇拜者'的视点只是通过一本少年杂志的来信专栏作了简单匆忙的探讨。"①

　　忽视大众的多样性，甚至以自己的感受、自己的快感代替大众的感受和快感，这在一定程度上把大众给抽象化了，在无形中形成了新的社会一致性。约克在《后现代主义与大众文化》中就指出，费斯克轻易崇拜大众文化并赋予它单一的意识形态的意义——平民主义（人民文化的胜利），而这种平民主义"是如此强大，如此固执，如此深入人心，再次生产了社会一致性"②，由此"乐趣之外还是乐趣"。而这实际上又在很大程度上悖论式地造成了费斯克的新的精英主义。这似乎与其关注大众，甚至与人们批评他的民粹主义相悖，但这又确乎是费斯克的另一个矛盾或悖论，所有这一切都与他过分强调大众单一的能动性有关。对此多米尼克·斯特里纳蒂在《通俗文化理论导论》中给予了清楚明了的阐述。她说："很有讽刺意味的是，平民主义代表了精英统治论的一种镜像，这揭露了它的批评的失败。它基本上是对于通俗文化理论的精英统治论的过激的反应。"③ 即反对那种把受众看作是一些消极的、不动脑筋的、易受骗的人的精英观点，而把受众看成是自觉的、积极的颠覆分子。但这种扭转太过激烈，使得它与精英统治同样错误，由此斯特里纳蒂说："倘若精英统治的受众概念是错误的，那么平民主义的受众概念也是错误的，而且理由相似。它们二者都按没有事实根据的漫画手法行事，没有对受众的社会和文化性质作出经验的和历史的适当鉴别。"④ 这也就是说，由于缺乏对大众的具体分析从而在客观上

----

① 尼克·史蒂文森：《认识媒介文化——社会理论与大众传播》，第100页。
② 约翰·多克：《后现代主义与大众文化：文化史》，第231—232页。
③ 多米尼克·斯特里纳蒂：《通俗文化理论导论》，阎嘉译，商务印书馆2003年版，第281页。
④ 同上。

造成了一种精英主义。这是费斯克的悖论。

在另一方面，费斯克过分注重大众的抵制及在抵制中的快感，也会忽视大众之间的联合或接合，这就使他的大众在不知不觉中又重蹈了他所批判的"皮下注射"模式中的"众"（mass）①，由此也就无法形成一个反霸权的"历史集团"去对抗体制。而根据葛兰西的霸权理论，要形成或取得反霸权的胜利，必须要形成一个"历史集团"，这是霸权形成的一个标志（这一点我们在第六章中也指出过），没有这样一个历史集团，显然是不可能与权力集团相抗衡。但对于费斯克来说，由于过分注重了大众的快感感受，而忽视了大众之间的联合，由此也就不可能形成一种反霸权的力量。

在这里，我们可以通过费斯克是如何使用接合理论的来看他与霍尔等人的区别。在霍尔看来，接合理论是他对葛兰西霸权理论的进一步的发展，其核心是要形成一个灵活的"历史集团"以与霸权力量对抗。可对费斯克来说，他更多的是把接合理论理解为文本与相关性的连接。费斯克说："所谓'言传'（即接合[articulation]——引者注）具有两种意义：其一是说出或表明（文本中心的意义），其二是形成一个灵活的关联，以建立与读者中心的意义的关联（使文本和读者的社会情境之间建立灵活的联系）。""'言传理论'在两种不同的解读文本的方式之间取得了一种均衡，一种方式视文本为意义的生产者与流通者，另一种视它为面向广泛的但并非无限制的生产力使用范围的文化资源。"② 也就是说，费斯克使用接合理论是在文本中心论与读者

---

① 在《解读电视》（郑明椿译，台北：远流出版事业股份有限公司1993年版）中，费斯克分析了电视功能中"皮下注射"理论中的电视观众的特点，就是"不出一个'众'（mass）字"，而作为一个"众"的观众具有以下列特征："（一）观众由各行各业组成；（二）观众由匿名的人们组成；（三）观众成员之间鲜有互动；（四）观众成员之间没有组织。"由此这种理论"忽视了大众对讯息的使用，以及不看新闻的人也无妨碍其生活的事实"（第56页）。

② 约翰·费斯克：《理解大众文化》，第173页。

中心论之间寻求平衡，强调的只是文本与读者的连接，而不是读者与读者，或大众与大众之间的连接。或者说，费斯克只是在解读文本的意义上使用接合，而不是在形成一个集团的意义上，或形成霸权集团的意义上使用它，也可以说，只是一种文本解读的微观层面上使用它，而不是宏观层面上使用它。

不过根据我们前面所分析的费斯克对资本主义社会的认识，费斯克也许根本就没有考虑形成一个历史集团去颠覆资本主义社会，而有的只是如何在资本主义社会这一前提下，过得更舒服，"让生活变得可以承受"。这涉及费斯克的政治观。

四　费斯克的微观政治与反霸权的可能性

费斯克其实很清楚他的政治观和他的大众文化的目的之所在，这集中体现在他对社会变革模式的区分上。

在费斯克看来，社会变革有两种模式，一是激进的革命模式，一是进步的大众模式；或者说，一个是宏观政治，一个是微观政治。而对于大众文化来说，只处在微观政治的层面上，是日常生活的政治，"它关注的是发生在家庭、切身的工作环境、教室等结构当中，日复一日与不平等权力关系所进行的协商"，而不是像激进主义宏观政治那样"企图改变在主要的场所分配着权力的那一体制"[1]。可以说，大众文化在微观政治的层面上"缓和了权力激烈的两极对立，使弱势者获取一定的权力，并维持他们的自尊与身份认同。它是进步的，但并非激进的"[2]。而这种进步就体现在，大众文化在与体制的抵制与对抗中试图"扩展自下而上的力量得以运作的空间"[3]，也即在资本主义体制

---

[1]　约翰·费斯克：《理解大众文化》，第68—69页。

[2]　同上书，第220页。

[3]　同上书，第69页。

内部为争取更大的生存空间。费斯克曾通过麦当娜阐述了微观政治的变革潜能。他说："我们不能低估微观政治层面上的这种变革潜能。麦当娜的歌迷从对麦当娜文本的使用过程中获取力量，以改变与男人之间的关系。这些歌迷可以将这种力量延伸到她们在家庭中、学校中或者工作中的各种关系，这可以是她们在大街上或者商场中的一种新的行走姿态，以要求人们对自己加以注意；这也可以为妇女在街上争取新的空间，以打破户内和户外这一区分所隐含的性别意义；这种力量也可以用来改变或减低男性窥淫癖的权利与快感。"①

那么，微观政治是否可以转变成宏观政治呢？费斯克认为有这种可能。他指出："在微观层面上，它们（指大众文化——引者注）可以很好地充当一种对宏观层面不断加以侵蚀的力量，从这一体系内部来削弱它，以便更易于在结构层面上改变它。……通过进步的社会变革——源自规避性的或内部的抵制——转变为微观政治层面上的行动，并由此转为对这一体系本身的更有组织的攻击，比通过激进的或革命性的变革更能满足民众的需要。"② 也就是说，大众文化的微观政治可以通过不断地侵蚀、削弱体制而有可能形成宏观政治，虽然这一点对费斯克来说"还有待商榷"③。对于费斯克来说，他自己也并不能确定这种转变是否可以成功，因为能产生激进变革的是需要"具体的历史条件"。由此，"我们不应该期望，麦当娜的性别进步性将促成激进女性主义行动团体的形成"④。甚至在有些时候，"大众文化的政治潜能也许永远不会被激活，即使是在微观政治的领域"⑤。因此，费斯克对大众文化的宏观政治潜能是心存疑虑的。

---

① 约翰·费斯克：《理解大众文化》，第 223—224 页。
② 同上书，第 12 页。
③ 同上。
④ 同上书，第 224 页。
⑤ 同上书，第 195 页。

但即便如此，费斯克还是坚信如果要实现宏观政治，那也必须从微观政治开始，微观政治是宏观政治的基础。他之所以如此，也是在批评左派的政治策略，即只注重宏观政治而忽视了微观政治的基础作用。费斯克指出："左派缺乏一种大众的修辞，历史上曾经有过许多契合历史情境的民粹主义式激进修辞，但对于当代西方社会来说，都已经不合适了。"① 也就是说，现在这个时代已不可能是直接进行宏观政治的时代了，需要的是由微观政治开始的变革，而这是左派所没有认识到的。由此，"左派人士需要花更大的精力，去关注进步与激进、微观与宏观的关系——左派理论家应该探讨究竟是在什么条件下，政治冰山百分之九十的浸没部分，能够冲破并耸立在社会的表层"②。

也正如此，费斯克明确地指出："人们不应该贬低或阻挠发生在体制内部、针对体制进行的日常生活斗争，而仅仅是赞成对体制的激进攻击，这种做法是与生产性相违背的。"③ "在日常生活中维持抵抗的微观政治，宏观政治的种子保留了一片肥沃的土壤，没有这片土壤，宏观政治必然无法繁荣昌盛。"④

应该说，费斯克的这种认识是清楚的、明确的，也是有一定道理的。我本来就没有关注宏观政治，你又何必以此来批评我呢？这就使得我们的批评归于无聊。但问题并不就止于此，因为当费斯克把大众文化从宏观政治中划分出去之后，又往往沉浸在了大众文化这种微观政治的快感之中，忘记了它向宏观政治转变的可能性，甚至取消了这种可能，或者说，费斯克区分微观政治和宏观政治，并不在于阐述这两者的关系及转化的可能，其最终的结果往往是对宏观政治的抛弃，而留下的就只有微观层面上的大众的反抗与快感了，这也就是他所说的，观众"不会为了揭露社会

---

① 约翰·费斯克：《理解大众文化》，第 221 页。
② 同上书，第 191 页。
③ 同上书，第 226 页。
④ 同上。

的意识型态架构，因而成天去颠覆电视惯用的传统与讯息"，而是在与意识形态的交涉中，找到一个可以得到娱乐的意识形态立场。① 因此，大众文化所"关心的是改善整个从属者群体的状况，而不是改变压制他们的这一体系"②。而也正是在这种取"改善"而去"改变"中，费斯克的大众文化也就永存于"资本主义社会中"。这显然使他失去了一种对资本主义的批判的视角或价值视角。对于微观政治学，曾有学者给予了尖锐的批评。埃伯特就指出："实际上，在新的社会运动中，微观政治学是一门忽视阶级，注意生活方式和消费的政治学，是一门抹杀一切对剥削结构进行检查，进而在其多重消费关系中替换主体行为的人类学研究的科学。"③ 这样的批评也同样适合费斯克。而也正是由这微观政治学，引发了文化研究中的"范式危机"（the crisis of paradigm）④。

对于这种由费斯克所引发的范式危机，很多人都给予了高度的关注，并提出了解救之道。比如麦克盖根就针对费斯克的不加批判的文化民粹主义，提出文化研究要与政治经济结合，进行对话。他认为："文化研究从文化的政治经济学中的脱离，迄为该研究领域之最自残的特征之一。……结果，媒介机构的经济问题和消费者文化的主要经济动力很少去调查，简单地用括号括去了，因而严重削弱了文化研究的解释与（效果上的）批判能力。"⑤ 由此，"一种圆满的电视理论需要在经济与符号的两种层面上考虑生产与消费的多元互动"⑥。道格拉斯·凯尔纳更是极

---

① 《解读电视》，第 10 页。

② 约翰·费斯克：《解读大众文化》，第 11 页。

③ 谢少波、王逢振编：《文化研究访谈录》，中国社会科学出版社 2003 年版，第 67 页。

④ 文化研究的"范式"及其"范式危机"是一个很复杂的问题，本章并不对此做具体阐述。本章所使用的"范式危机"，是只就那种由费斯克所引起的文化研究缺少批评视角，忽视体制的这种危机而言的。

⑤ 吉姆·麦克盖根：《文化民粹主义》，第 45 页。

⑥ 同上书，第 81 页。

力提倡文化研究的政治经济学研究。① 实际上从本书前几章的阐述中我们可以看到，文化研究过分强调大众反抗而忽视政治经济上的体制压制，与文化研究过分反对经济还原论有着很大的关系，当文化研究过分警惕经济还原论，过分强调文化因素时，往往容易会走向另一个极端，从而忽视甚至直接拒绝政治经济因素的深入。强调文化研究的政治经济学研究，当应该说是对费斯克的大众文化理论的一种纠偏，而这种方式或范式其实一直伴随着文化研究，只是没有被重视罢了，霍尔在《文化研究：两种范式》中也提到了在文化主义与结构主义这两种范式之外的文化研究的其他范式，其中就包括政治经济学范式。② 不过我们也应当看到，政治经济学在纠偏的同时，也有可能走向另一种单向度的研究，就是过分注重政治经济上的生产与压制，从而又形成一种新的偏颇。在这种情况下，默克罗比通过葛兰西，呼吁走一条"中间路线"。默克罗比说："我一直想要坚持一条中间路线：把葛兰西式的文化研究延伸到新兴的研究领域诸如通俗消费主义当中。这会导致对综合式分析模式的回归，避开所谓'文本陷阱'的诱惑。"③ 默克罗比对此解释说：

　　　　这种分析模式是起连接作用和综合性的，它可以检视文化生产与消费之间所有层次上的社会和意识形态关系。这意味着我们得给文化分析领域介绍进来更多的制度化声音，更多的种族理论，更多参与性的观察。这也意味着我们得想办

---

① 参见 Douglas Kellner, "Overcoming the Divide: Cultural Studies and Political E-conomy", in Marjorie Ferguson and Peter Golding (eds), *Cultural Studies in Question*, Lon-don: Sage, 1997, pp. 103 – 120, 以及凯尔纳的《媒体文化》, 丁宁译, 商务印书馆 2004 年版, 尤其是第 1 章。

② Stuart Hall, "Cultural Studies: Two Paradigms", in John Storey (ed.), *What Is Cultural Studies*?: *A Reader*, pp. 46 – 47.

③ 安吉拉·默克罗比：《后现代主义与大众文化》, 田晓菲译, 中央编译出版社 2001 年版, 第 58 页。

法抗拒诱惑，不再越来越多地从文化产品和消费品中阅读，虽然这些阅读总是可以给我们的诠释系统带来很大乐趣。这不是说，我们不要诠释，而好似说，我们不但要检视文化中产生的意义，还要检视意义被生产出来的过程。也就是说，在环绕着我们的日常生活的种种制度、习俗和关系中，社会创造意义，又消解和辩驳意义，我们必须检视这个从创造到消解的过程。①

　　在这里，葛兰西领导权走向了新的综合，一种真正的对于过程的具体分析和思考，这不仅是宏观上的霸权与反霸权斗争，也是在微观上对文化生产与消费、意义的生产过程的具体分析；这不仅是理论方法上的运用，也是一种批判社会的视角。可以说，葛兰西的领导权不仅为文化研究提供理论方法上的借鉴，如解决文化主义与结构主义的对立；同时它也为解决以费斯克为代表的不加批判的民粹主义提供了批判的视角。可以说，葛兰西的领导权理论的确成了文化研究一种内在的理论框架和批判视角。

---

① 　安吉拉·默克罗比：《后现代主义与大众文化》，第60页。

第八章

葛兰西、文化研究与知识分子理论

关于知识分子的研究完全可以称得上是卷帙浩繁，正如萨义德所指出的："只要把'的'字和'与'字加在'知识分子'一词之旁，几乎立刻就在我们眼前出现连篇累牍有关知识分子的研究，不但范围惊人，而且研究细致深入。"① 面对如此繁多的材料，我们显然不可能都涉及，这也不是本章的任务。我们本章的任务是在文化研究这一范围内阐述葛兰西的知识分子理论及其影响。知识分子是葛兰西所关注的一个重要议题，其重要性不亚于政党在反霸权运动中的领导作用。

在文化研究中，知识分子问题并不是一个简单的拥有多少文化知识的问题，也不是一个简单的传授知识的问题，而是一个知识分子在社会中的职能问题。这牵涉到知识分子与社会、与体制、与霸权，乃至与大众之间的复杂关系。在这种复杂的关系中，文化研究需要知识分子在保持其自身独立性的同时，必须积极地介入现实，走向社会公共领域，揭示并批判社会霸权的压制，让人们看清真相，并进一步引导人们走向反霸权实践，促进人们新的解放与进步。这就是文化研究所吁求的批判性知识分子或对抗性知识分子。

---

① 萨义德：《知识分子论》，单德兴译，生活·读书·新知三联书店 2002 年版，第16页。

一　葛兰西的知识分子理论

　　葛兰西对知识分子很感兴趣，在狱中来信中就多次提到要研究知识分子问题。在 1927 年的信中，葛兰西就指出首先要研究"意大利的知识分子，研究他们的起源，研究他们按文化流派所进行的组合，研究他们不同的思维方式，等等，并认为这是一个具有高度启发性的题目"[①]。葛兰西之所以对知识分子这么感兴趣，在于知识分子是领导权实施的一个重要保障。对于葛兰西来说，知识分子是国家、政党与大众之间的中介，担当着建构新文化，对大众的教育或启蒙，使之形成无产阶级集体意志的作用。如果没有知识分子的这一中介，政党的作用也就会大大降低，也就不容易发动起群众，不容易赢得争夺领导权或反霸权斗争的胜利。

　　何谓知识分子？这似乎是一个不言而喻的问题，但在葛兰西那里，则有着自己的认识。在葛兰西看来，知识分子界定的标准，并不在知识掌握的多少，而在于其在特定社会关系中的位置及其所承担的作用。葛兰西明确指出，在知识分子界定问题上，最普遍错误便是"在知识分子活动的本质上去寻求区别的标准，而非从关系体系的整体中去寻找，这些活动（以及体现这些活动的知识分子团体）正是以此在社会关系的总体中占有一席之地的"[②]。例如工人或无产阶级的显著特征并不在于他们从事手工或使用工具的劳动，而在于他于特定的条件下和特定的社会关系中从事这种劳动。对于葛兰西来说，单纯从智力活动角度来区分知识分子与非知识分子是不恰当的，因为所有人都会运用智能，所有活动都会有创造性的智力活动，即便是在最为低级和机

[①]　*Gramsci's Prison Letters*, edited by Hamish Henderson, p. 45.

[②]　葛兰西：《狱中札记》，曹雷雨等译，第 3—4 页。

械的劳动中。因此在这一意义上，葛兰西认为所有人都是知识分子。但对葛兰西来说，"并非所有的人在社会中都具有知识分子的职能"①。那么知识分子应当具有什么样的职能呢？葛兰西区分了传统知识分子（traditional intellectuals）和有机知识分子（organic intellectuals）。

所谓传统知识分子，是指在社会变动过程中，仍然凭借着文化的持续传承而保持相对稳定地位的知识群体。传统知识分子主要来自于那些与过去的经济结构或生产方式（如封建的生产方式、小资产阶级的生产方式等）相联系的知识分子，而当这些旧的生产方式没落或退出历史舞台后，这些知识分子仍然作为一种独立的力量而存在，"代表着一种历史的连续性"②，如教士阶层等。

但对葛兰西来说，他更强调的是随着社会的发展和新阶级的兴起而产生的"有机知识分子"。葛兰西指出："每个社会集团既然产生于经济社会原初的基本职能领域，它也同时有机地制造出一个或多个知识分子阶层，这样的阶层不仅在经济领域而且在社会与政治领域将同质性以及对自身功用的认识赋予该社会集团。"③葛兰西还指出："每个新阶级随自身一道创造出来并在自身的发展过程中进一步加以完善的'有机的'知识分子，大多数都是新的阶级所彰显的新型社会中部分基本活动的'专业人员'。"④

葛兰西所说的"有机"实际上有两层意思，一是与特定社会历史集团（或阶级）的"有机性"，即每一个社会集团都会产生出与其保持紧密联系的知识分子阶层。葛兰西指出，有机知识分子的形成是同所有社会集团相联系的，特别是同其中重要的集

---

① 葛兰西：《狱中札记》，曹雷雨等译，第4页。
② 同上书，第2页。
③ 同上书，第1页。
④ 同上书，第2页。

团相联系的，"任何在争取统治地位的集团所具有的最重要的特征之一，就是它为同化和'在意识形态上'征服传统知识分子在作斗争，该集团越是同时成功地构造其有机的知识分子，这种同化和征服便越快捷、越有效"①。由此无产阶级需要培养自己的有机知识分子，并且同化和征服传统知识分子。对于葛兰西来说，一个阶级是否能培养出自己的知识分子是决定一个阶级是否独立成长，甚至取得反霸权胜利的重要保障，正如柯里汉所指出的："一个阶级的有机知识分子既是这个阶级经济现实的产物，而且……也是这个阶级藉此成为自为阶级（class-for-itself）的途径。"②

知识分子有机性的另一层含义是知识分子与大众的"有机性"，这种有机性在葛兰西看来就是知识分子与大众的辩证法。一方面大众需要知识分子的教育与组织。葛兰西说："人民群众如果不在最广的意义上把自己组织起来，就不能'区别'自身，就不可能真正独立；而要是没有知识分子，也就是说，没有组织者和领导者，换句话说，没有由于存在着一个'专门'从概念上和哲学上研究思想的集团，而从理论—实践的关系中具体地区分出来的理论方面，也就不可能成为有组织的群体。"③但在另一方面，知识分子同样也需要大众运动的推动。葛兰西说：

> 发展过程凝结着知识分子与群众的辩证法。知识分子阶层在数量上得到了壮大，在质量上得到了提高，但是知识分子每一次朝着新的"充实性"和复杂性的飞跃都是与类似的朴实的群众运动紧密相连的。人民群众进一步提高

---

① 葛兰西：《狱中札记》，曹雷雨等译，第5—6页。
② Kate Crehan, *Gramsci, Culture, and Anthropology*, p. 144.
③ 葛兰西：《狱中札记》，曹雷雨等译，第245页。

了他们的文化水平，同时也扩大了他们的影响力，并在多少有些重要的个人或团体的推动下朝着专业化知识分子方向发展。[1]

由此可见，大众需要知识分子的引导只是问题的一个方面，而另一方面是知识分子也需要融入大众，从大众那里不断充实自己。在这方面，葛兰西批评了知识分子的一种错误认识。他说："知识分子的错误在于相信，即使和人民—民族分开，就是说，没有感觉到人民的基本热情，没有理解他们并在特殊的历史境遇中解释和证明他们，并把他们和历史的法则以及科学而融贯地精心构筑的更高的世界观——就是说知识——辩证地联结起来，知识分子也能成为一个知识分子（而不是一个纯粹的迂夫子）。人民不能在没有这种热情，没有知识分子和人民—民族之间的这种情感联结的情况下，去创造政治—历史。在缺乏这样一种联结的情况下，知识分子和人民—民族的关系就是、或者被归结为那种纯粹官僚的和形式的关系，知识分子就变成一种特权阶级或一种教士（所谓有机的集中主义）。"[2] 从这里可以清楚地看到，知识分子与大众之间是相互依存的，大众需要知识分子的引导、教育和启蒙，而知识分子更需要融入大众，从大众那里不断充实自己，提高自己。葛兰西之所以强调知识分子与大众的有机性，也源于他对意大利知识分子与大众关系的思考。葛兰西认为，意大利的知识分子长期以来与人民大众基本上是隔绝的，和人民缺乏联系，甚至在历史发展的关键时机采取逃亡的态度。[3] 如此，知识分子又如何引领大众走向解放，去赢得反霸权斗争的胜利？

---

① 转引自布鲁斯·罗宾斯编著《知识分子：美学、政治与学术》，王文斌等译，江苏人民出版社 2002 年版，第 112 页。

② 葛兰西：《狱中札记》，曹雷雨等译，第 333 页。

③ 同上书，第 310 页。

　　葛兰西所强调的这两个"有机"是紧密相连而非矛盾的，原因正在于无产阶级政党与人民大众的利益是一致的，而非矛盾对立的。由此我们可以看到，葛兰西一直强调知识分子在革命时期的有机性，目的显然希望知识分子能与政党、大众一起形成反霸权统治的历史集团。葛兰西说：

　　　　如果知识分子和人民—民族、领导者和领导者①、统治者和被统治者之间的关系，是以有机的融贯一致——在其中，感情—热情变成理解并从而变成知识（不是机械地而是以一种生动的方式）——为特征的，那时，而且只有在那时，才是一种代表的关系。只有在那时，统治者和被统治者、领导者和被领导者之间个别要素的交换才能发生，作为一种社会力量的共有生活——并创造出"历史的集团"——才能实现。②

　　总之，葛兰西并不是从知识拥有量上来区分有机知识分子与传统知识分子，而是从革命的目的着眼，强调知识分子所应承担的责任，最终目的是要赢取反霸权斗争的胜利。柯里汉曾指出，葛兰西对有机与传统知识分子区别的重要一点在于："葛兰西所关注的往往是权力藉此被生产和再生产或传递的**过程**，以及知识分子如何厕身其中，而不是关注个体知识分子自身。"③ 葛兰西知识分子理论中渗透的强烈的社会责任感和社会批判意识，这与"知识分子"一词的本义是相通的，而众多的知识分子理论也在不同程度上强调或突出了这一点。

---

　　① 原文如此，参照英文原文"the leaders and the led"［Quintin Hoare and Geoffrey N. Smith（eds.），*Selections from the Prison Nstebooks of Antonio Gramsci*, p. 418］，应译为"领导者与被领导者"，疑翻译有误。
　　② 葛兰西：《狱中札记》，曹雷雨等译，第 333 页。
　　③ Kate Crehan, *Gramsci, Culture, and Anthropology*, p. 143.

二 其他关于知识分子理论举要

从词源学的角度，"知识分子"一词实际上有三个来源：法语（intellectuel）、英语（intellectual）和俄语（Интеллигенция）。[①]在这三个来源中，"知识分子"一词的含义不尽相同，但知识分子无论在哪种语言中，都有着一个共同的使命或责任，就是坚定地介入社会，积极地批判现实。下面我们简要阐述几种有代表性的知识分子理论，并与葛兰西的知识分子理论作比较。

（一）曼海姆的"自由漂浮"的知识分子论

在各种知识分子的理论中，卡尔·曼海姆（Karl Mannheim，1893—1947）的"自由漂移"的知识分子理论堪称是最早的经典学说之一。曼海姆于1929年发表了他的知名著作《意识形态与乌托邦》[②]，系统地阐发了他的知识和知识分子理论。在曼海姆看来，知识分子是一个"非依附性"（unattached）的"自由漂移"（free-floating）的阶层，"我们在历史上的所有各种阵营中都可以找到无所归属（即非依附性——引者注）的知识分子"[③]。所谓"非依附性"，是指知识分子并不依赖于某一特定的社会集团或阶级，不属于任何阶级，可以说是一个没有或几乎没有根的阶层，这是知识分子获得"自由漂浮"的前提。正是在知识分子的非依附性、非阶级性中，知识分子才能获得自由的漂

---

① 参阅王增进《后现代与知识分子社会位置》，中国社会科学出版社2003年版，第一章。

② 该著作1936年被翻译为英文（*Ideology and Utopie: An Introduction to the Sociology of Knowledge*, London: Routledge & Kegan Paul），中文有两个版本，一是由商务印书馆2000年出版的黎鸣、李书崇翻译的《意识形态与乌托邦》；二是由华夏出版社2001年出版的艾彦翻译的《意识形态和乌托邦》。大家可对照着阅读这两个版本，而本节所依据的主要是后一个版本。

③ 曼海姆：《意识形态和乌托邦》，艾彦译，华夏出版社2001年版，第180页。

浮。但曼海姆强调知识分子的自由漂浮，并不是在强调知识分子的放任自流，其目的在于强调知识分子的独立性与批判性。因为只有在非依附性中，知识分子才可能获得真正的独立，才可以超越狭隘的阶级利益，在不受社会条件，尤其是不受某一特定阶级或党派利益的限制中，达到对社会现实普遍、公正、客观的判断。曼海姆说：

> 任何一个其阶级地位已经或多或少地明确确定下来的群体，都具有已经为它确定下来的政治观点。如果实际情况不是如此——就像就知识分子而言所发生的情况那样，那么，这里就会既存在一个广阔的选择领域，也存在某种相应的、对于总体性取向和综合的需要。……我们应当把拥有现存的各种思想流派互相解释和互相理解的可能性，归功于这样一种相对而言无所归属的中间阶层的存在；对于那些来自最多种多样的社会群体和社会阶级，可能具有各种观点的个体的持续不断的投入来说，这个阶层都保持开放状态。只有在这样一些条件下，我们一直在论述的、不断更新和不断扩展的综合才会出现。①

在这里，曼海姆明确指出了正是知识分子的无所归属的特性，才保证了其开放性，满足了对总体趋向和综合的需要。这里的总体性或综合就是对现实普遍、公正的判断。

但在这里我们需要注意的是，曼海姆所说的无所归属或自由漂浮，并不是说知识分子就不与任何阶级联合或结盟，这在现实社会中是不可能的，而是说知识分子以其自身的独立性和辨别力，可以在不同阶级或集团之间进行自由选择，适应任何一种党派或阶级的观点，有能力选择他们的从属关系，甚至可

---

① 曼海姆：《意识形态和乌托邦》，第183—184页。

以背叛自己原初的阶级，"归属于他们当初本不从属的那些阶级"① 中去，这才是知识分子的独特能力之所在。而知识分子一旦有了这种独立判断的能力，即使加入了某个党派，"他们也仍然能够形成具有总体性的取向"②，而不会受制于这个党派及其思想的制约。由此，曼海姆所说的知识分子的非依附性、自由漂浮的特性，更多的是在隐喻意义上使用的，而不是实体性的完全独立或孤立。

应该说，曼海姆的知识分子理论带有浓重的理想色彩，在充满了利益纷争和复杂权力关系的现代社会中，曼海姆的这种超越于所有社会集团或阶级之上的知识分子显然是十分罕见的。但自由漂浮也并不是绝对的，而是受到一定的限制的，问题的关键是，无论是知识分子与哪一阶层或阶级缔结联盟，其应有的独立性——独立的批判精神，则是无论如何是不能丢的，这是知识分子的生命力之所在。

（二）福柯的"专家"型知识分子理论

1968 年五月风暴之后，西方学界展开了对知识分子的反思，在这种情景下，作为后现代主义大师，福柯于 1976 年提出了他著名的两种知识分子角色理论：

> 知识分子现已不再以"普遍性代表"、"榜样"、"为天下大众求正义与真理"的方式出现，而是习惯于在具体部门——就在他们自己的生活和工作条件把他们置于其中的那些地方（寓所、医院、精神病院、实验室、大学、家庭和性关系）进行工作。无疑这赋予他们一种更为直接和具体的斗争意识。……这就是我要称作"专家性"知识分子，

① 曼海姆：《意识形态和乌托邦》，第 180 页。
② 同上书，第 183 页。

他相对于"普遍性"知识分子。①

福柯在这里指出了知识分子角色的深刻转变，即知识分子不再是社会正义和道德良知的普遍代表，而是在具体领域工作的专家，即专家型知识分子或特殊知识分子。在经历了法国 1968 年的五月风暴之后，福柯认识到，过去知识分子总是以民众代言人的身份自居，以他们的名义表达真理、良知和正义，向那些看不清真理的民众说话；可现在，知识分子发现群众并不需要通过他们来认识，他们能把自己认识得比知识分子更完美、更清晰，也表达得更好。② 由此，知识分子的角色便从"普遍性"，从兼济天下的普遍主体，转向了"专门性"和职业化，知识分子"已不再拥有所有人的价值，反对不公道的君主或其大臣，奋力呐喊，甚至死后也要使其声音在坟墓上回响。相反，现在他同其他一帮人一道，手上掌握着既可以有益于生活也可以彻底毁灭生命的权力，不管这是用来为国家服务还是用来反对国家。他已不再是呼唤永恒真理的狂热者，而是生与死的策略家，与此同时，'大作家'的形象现在处于消匿的时期"③。大作家的消弭也就是普遍性知识分子的消弭。

福柯的"专家"型知识分子与曼海姆的知识分子理论是相对的，福柯解构了曼海姆的具有强烈普遍性的自由漂浮的知识分子，而转向了专业领域中的局部的知识分子专家。在现实生活中，福柯指出，"二战"之后的原子能科学家，就扮演了普遍性知识分子和专家型或特殊性知识分子之间的转折点。

那么，由普遍性知识分子转向专家性知识分子，是否意味着

———————

① 《福柯专访录》，载《东西方文化评论》（第 3 辑），北京大学出版社 1991 年版，第 262 页。亦可参见《米歇尔·福柯访谈录》，载《福柯集》，杜小真编选，上海远东出版社 1998 年版，第 441—442 页。

② 《知识分子与权力：福柯与德勒兹的对话》，载《福柯集》。

③ 《福柯专访录》，《东西方文化评论》（第 3 辑），第 265 页。

知识分子批判意识的丧失？在福柯看来，知识分子退守到自己的专业领域，并不意味知识分子的批判职能的丧失，只是这种批判的方式和路径发生了变化，即由从某种先在的普遍真理出发进行批判，转向了从自己的专业角度出发进行批判。福柯针对原子能科学家对此做了阐述。他指出："正是由于原子能科学家（或以一个名字来代表：奥本海姆）同科学知识和机构具有直接而具体的联系，他们才得以出来干涉；但是，又因为核威胁影响着整个人类和世界的命运，因此他们的话语同时又是代表普遍性的话语。打着这种抗议的旗帜，原子能专家开始发挥他们在知识秩序中的专家地位。在我看来，这是有史以来第一次知识分子不再是有他所阐发的普遍性话语，而是由于他所掌握的知识而受到政治权力的诱惑：正是在这一水准上他才构成一种政治威胁。"①

从这里我们可以清楚地看到，一方面，专家性知识分子并没有完全沉浸在自己的专业之中而不闻不问国事天下事，并没有丧失批判职能；但另一方面，专家性知识分子的批判职能不再像以前那样从一个预定的先在的普遍真理出发去干预或批判现实，而是从自己的专业出发的干预和批判。

但福柯又进一步对知识分子的这种批判功能做了界定。福柯说：

> 知识分子的工作不是要改变他人的政治意愿，而是要通过自己专业领域的分析，一直不停地对设定为不言自明的公理提出疑问，动摇人们的心理习惯、他们的行为方式和思维方式，拆解熟悉的和被认可的事物，重新审查规则和制度，在此基础上重新问题化（以此来实现他的知识分子使命），并参与政治意愿的形式（完成他作为一个公民

---

① 《福柯专访录》，《东西方文化评论》（第 3 辑），第 263 页。

的角色）。①

在这里，福柯强调知识分子的功能，并不是要从根本上去改变人们的政治意愿，而是对所谓的普遍真理提出质疑，从而动摇人们对所谓的理所当然的事物和认识。这就消解了那种可以改变人们的思想、具有救世主功能的对知识分子的认识，强调了知识分子的功能只是一种质疑，一种责问，一种"解构"，至于最终能否改变人们的思想，这在福柯那里是不去关注的。在《权力与性》中，福柯就明确指出，特殊知识分子所致力于的只是不断地批判，并不预设什么目标，也不想知道往什么方向走，明天会是什么样子，他们只关心此时此刻，关心解构权力本身。② 应该说，福柯对知识分子功能的进一步的消解，既是社会现实的反映，知识分子功能衰落的体现，但在一定程度上也带有某种消极性，这是我们所要看到的。

应该承认，福柯的专家型知识分子理论的提出，是有着现实基础的，因为随着社会的发展，社会分工愈来愈细，学科分化现象愈来愈严重，对于知识分子来说，他只能局限于某一学科之中而不可能成为一个全能的人，知识分子介入现实或执行其批判职能也只能从其学科专业出发，这在现实中是非常多的，比如福柯所举的核物理学家的例子，比如一个环境保护专家，可以从其专业出发呼吁保护环境，制止环境污染；而一个医学家则可以从医学的角度呼吁珍惜生命，反对不道德的医疗措施等。

但这里的问题是，过分强调知识分子的专业化和职业化，也有可能湮没知识分子的反抗冲动，甚至成为制度或体制的维护者，从而丧失知识分子的批判职能，而只是沉浸在专业之中。这

---

① 福柯：《对真理的关怀》，载《权力的眼睛》，严锋译，上海人民出版社1997年版，第147页。

② 《权力与性》，载《权力的眼睛》，第48页。

在中国历史上过分强调考证的乾嘉学派，则就是只注重了学问、专业知识而忽视了对体制的反叛。这的确是值得我们警惕的，尤其是在现代社会。

另外，过分强调知识分子的专业化和职业化，必然会带来一个不同知识分子之间如何联合反抗体制和权力的问题。这与葛兰西的知识分子理论是不同的。对此雷德克里斯南给予了精当的分析。他指出："葛兰西不会接受一种没有方向的政治：'放任或狂放的政治'或与整体无关的'特殊的政治'都不是他能接受的。葛兰西并没有放弃整体（不是整体化）历史集团的集体主义观点，对他来说，在同一个社会中重视不平衡和不平等仍具深远意义。"[①] 葛兰西的政治比福柯的政治更具有一种"强烈的霸权权力感"[②]。其实，福柯的专家性知识分子的反抗体现了后现代社会中反抗的特点。

（三）古尔德纳的"新阶级"知识分子理论

1979 年，阿尔温·古尔德纳（A. Gouldner）出版了他的名著《知识分子的未来与新阶级的崛起》一书，提出了他的"新阶级"知识分子理论。

如果说曼海姆的知识分子是一种自由不拘的特立独行者，葛兰西强调知识分子与特定阶级和社会制度的依存关系的话，那么，古尔德纳的知识分子理论则从这种各执一隅中走了出来，强调知识分子既不是超然的天马行空者，又不是某个阶级的有机成分，准确地说，他们自己就是一个"新阶级"。这与葛兰西强调知识分子的非独立性是很不同的。

古尔德纳认为，教育的兴起使得广大的民众能够接受以前所无法接受到的教育，学校成了大规模生产知识匠和知识分子新阶

---

① 布鲁斯·罗宾斯编：《知识分子：美学、政治与学术》，第 112 页。
② 同上书，第 115 页。

级的基地，知识分子由此而获得了一定的自主性，他们除了获得
其专业知识之外，也就有可能把自己置身于经济和政治利益之
外，从而具有了一定的对整体社会的利益应负有责任的公共意识
形态，摆脱了以偏狭的价值观去看待事物，这就是古尔德纳所说
的"专业主义"意识形态。① 古尔德纳指出："专业主义其实是
新阶级的'集体意识'在某个发展阶段的形态。它虽然没有对
旧阶级作明显的批判，却是新阶级相对于旧阶级在技术和道德方
面优越感的无声的声明，并且暗示旧阶级只是一群既市侩又贪婪
的家伙，不能以才服众。……专业主义是新阶级悄然地削弱旧阶
级的权威，树立自己合法性的呼声的集中反映。""专业主义既
树立了自己的权威，也贬低了旧阶级的声望。"② 正是随着知识
分子的这种"专业主义"意识形态的出现，一个新的阶级兴起
了。

对于新阶级，古尔德纳指出要在两个方面进行基础性的探
索。"一、有关新阶级独特的言语行为和独特的言论文化的理
论；二、有关资本的一套理论，在这套理论中，'人力资本'和
旧阶级的货币资本，都只是资本的个别特例而已。"③

首先我们看文化资本与新阶级。在古尔德纳看来，新阶级之
所以不同于旧阶级或资本家阶级，就在于新阶级拥有旧阶级所没
有的文化资本或人力资本，而文化知识随着社会的发展愈来愈成
为一种强势资本，它虽然与财富货币资本不同，但却同样用来支
配人们的收入、地位和权力。新阶级正是一群"将历史和集体所
创造的文化变成资本，据为己有，并从中渔利的文化资本家"④。

但古尔德纳也指出，占有文化资本并不是新阶级的特权，社

---

① 阿尔温·古尔德纳：《新阶级与知识分子的未来·序言》，杜维真等译，人
民文学出版社 2001 年版，第 1—5 页。

② 阿尔温·古尔德纳：《新阶级与知识分子的未来》，第 15 页。

③ 阿尔温·古尔德纳：《新阶级与知识分子的未来·序言》，第 5 页。

④ 阿尔温·古尔德纳：《新阶级与知识分子的未来》，第 15 页。

会上有很多阶级都拥有或多或少的文化资本，由此是否拥有文化资本并不是新阶级与其他资本区别的唯一标准，为此，古尔德纳在两个方面进一步区分了新阶级和其他阶级的不同。一是，从文化资本所拥有的数量上看，新阶级拥有的文化资本量相对较大，而且他们收入的相对较大部分也来源于此。二是，从拥有文化资本的质量上看，新阶级拥有一种特殊性质的话语文化，形成了一个共同的言语方式的群体，这就是批判性的话语文化，而这才是新阶级的独有特质。

那么什么是批判式话语文化？古尔德纳指出了它的三种规范，"（1）它要求论者致力于证明其论断是合理的；（2）它不用诉诸权威的方式来证明自己的正确性；（3）它喜欢引用论据去说服别人，令人作出由衷的赞同。"[1] 总之，批判式话语文化以"确证"为中心去证明自己言论的正确性，并由此赢得对方的赞同。而也正是这种通过确证的话语方式，彻底否定和摧毁了那种权威式的话语方式，因为权威话语是不需要确证的，是先在的、强加式的。古尔德纳指出："最重要的是，批判式言论文化反对以言者的个人权威或社会地位等来判断其说法的正确与否。所以，批判式言论文化使所有基于传统社会权威的言论失去了权威性，同时将自己树立为所有'严肃'言论的标准。从此，从言论中便不能看出个人及其社会地位了。言论变成了非个人的，言者隐藏在了其言论之后。"[2] 而"这意味着既成的社会等级划分只是一个躯壳，重要的划分在于谁人能明白并说出真理，谁人不能。因此，参与批判式言论文化的人立即会从既成的社会等级秩序中解放出来，因而也就是对这个等级秩序的破坏。于是，参加批判式言论文化也就是一项政治活动"[3]。

---

① 阿尔温·古尔德纳：《新阶级与知识分子的未来》，第26页。
② 同上书，第27页。
③ 同上书，第63页。

由此，批判式话语文化就不仅仅是一种言语行为，而是一种批判性的政治行动，是对现状的破坏，而且也是一场"不断的革命"。"因而批判式言论文化要改变的不仅是现状而且是反现状，还有对现状所用的假定前提的批判。"① 这便是新阶级的革命性和进步性，无怪乎古尔德纳说新阶级可能是历史上迄今发给我们的"最好的一手牌"，并且其力量在不断增长，"定会在未来的某一历史时刻成大气候"②。

在古尔德纳的界定中，作为新阶级的知识分子范围极其广阔。具体说来，它包括两个基本部分，即人文知识分子和技术官僚知识阶层。从工程师、技术人员、媒体人士、教师、管理阶层、各种专家，甚至到政府官员，都属于这个行列。

古尔德纳的新阶级理论肯定了知识分子自己解放自己的作用，避免了以前精英与群众的二分法，尤其是其批判式话语文化影响了知识分子在政治上的（潜在）作用，这一切显然要比福柯的专家性知识分子要乐观一些，而比我下面所要阐述的利奥塔的"知识分子之死"和雅各比的"最后的知识分子"更要进步得多。但是，过分强调知识分子的独立性和自我解放的特性，势必会忽视知识分子与其他阶层乃至阶级的复杂关系，而在现代社会，知识分子的完全独立几乎是不可能的，由此，新阶级的独立性是有很大的限制的，他不可能不与其他阶级，包括统治阶级产生复杂的关系，由此博格斯指出"就文化资本仅是大生产工具内的一个因素而言，将现代知识分子定义为劳动和资本之间的一个阶层，而不是一个普通的或别的什么社会阶级——也许更加准确"③。

---

① 阿尔温·古尔德纳：《新阶级与知识分子的未来》，第63页。
② 同上书，第7—8页。
③ 卡尔·博格斯：《知识分子与现代性的危机》，李俊等译，江苏人民出版社2002年版，第119页。

（四）利奥塔的"知识分子之死"

1983 年，法国社会党政府发言人曾向知识分子发出号召，呼吁他们不要空谈"介入"，而要就法国经济与社会的实际发展做具体的思考。利奥塔对此做出应答，在该年 7 月 16 日的《世界报》上发表了题为《知识分子的坟墓》一文，提出了他的"知识分子之死"的理论。在文中，利奥塔指出，政府发言人是找不到他们所需要的知识分子的，因为那种类型的知识分子已经属于过去，普遍性知识分子已经寿终正寝。他说：

> 在我看来，"知识分子"更像是把自己放在人、人类、民族、人民、无产阶级、生物或其他类似存在的位置上的思想家。也就是说，这些思想家认同于被赋予了普遍价值的一个主体，以便从这一观点来描述和分析一种情形或状况，并指出应该做些什么，使这一主体能够实现自我，或至少使它在自我实现上有所进展。这种"知识分子"针对每个个人发言，因为每个个人都是这一存在的存放处或胚胎。根据这同样的原则，他们针对个人并起源于个人。"知识分子"的这一责任和普遍主体的（共有）概念是不可分开的。只有它才能赋予伏尔泰、左拉、佩基、萨特（限于法国范围而言）他们曾被给予的那种权威。①

在这里，利奥塔明确指出了知识分子的特质，那就是他们往往把自己放在人、人类、人民等这些普遍主体的位置上，习惯于针对社会的每一个人发言，这在启蒙时代，在现代社会是可行的；可随着后现代社会的降临，主体趋于多元化，普遍性被逐渐解构，

---

① 《后现代性与公正游戏：利奥塔访谈、书信录》，谈瀛洲译，上海人民出版社 1997 年版，第 116—117 页。

由此，作为被赋予了普遍价值的知识分子也便随之而趋向死亡，正如利奥塔所说的"不应该再有'知识分子'了"①。

对于利奥塔来说，随着现代社会的发展，尤其是现代科技的发展，大众不再期望教育会教出更开明的公民，大众接受教育不是为了拥有普遍的价值或道德观念，而只是为了能找到更好的工作。对于大众来说，"无知已不再是一种过错，学习知识是为了能带来更高工资的专业资格"②。而知识分子也由此从普遍性价值的代表者走向了一个一个的"专业人才"，他们不再"以在他们的专业领域中最充分地体现普遍主体为目的，而以在这一领域中作出最好表现为目的。这种表现是由和一次操作有关的最佳输入/输出（费用/利润）比例定义的。这是一种最完全意义上的技术标准（包括筹措资金、赢得或失去的时间、由公众对操作进行的评估，等等）"③。

由普遍价值的代表者走向专业人才，这在福柯那里也有体现，福柯由此而提出了"专家型"知识分子的理论，指出知识分子只能通过自己的专业介入现实，反叛现状。但对于利奥塔来说，他虽然也指出画家不能只是画画，哲学家不能只是研究哲学，科学家不能只是搞研究等④，但他对于知识分子除了这些专业之外还能做什么，显然不如福柯那么明确，最终使他提出知识分子死亡的结论。

知识分子之死这一观点看似是极端悲观、虚无的认识，似乎是在放弃理想和社会公正，但对于利奥塔来说，他有他的理路。利奥塔指出："普遍性思想的衰退，也许是没落，［但］可以把思想从整体化的强迫观念那里解放出来。责任的多样性和它们的独立性（它们的不兼容性），强迫或将强迫承担起这些大大小小

---

① 《后现代性与公正游戏：利奥塔访谈、书信录》，第 121 页。
② 同上。
③ 同上书，第 117 页。
④ 同上书，第 121 页。

的责任的人变得灵活、宽容、温和。"① 由此我们可以看出，利奥塔强调知识分子之死的目的，其实是在解构所谓的普遍性或整体性的观念，因为这种整体性已经成为了人们生活中具有强迫性的权威和中心，它使我们无法获得我们自身的独立性，而知识分子作为普遍性的代表，显然已经成了一种权威和中心，这在利奥塔看来是必须要解构或摧毁的，唯有如此，才能把人从这种强迫性的中心中带离出来，获得解放，而知识分子也可以避免现代性妄想狂（因为正是这现代性的妄想狂导致了人们对普遍性的追求），最终能更为理智而现实地承担知识分子的责任。利奥塔的这种知识分子理论与他的思想和实践显然是一致的。在一次电视台的演讲中，利奥塔为了摆脱传统的权威中心，要求在播放过程中，声道与屏幕影像不同步，这样，在人们可以听到他的讲话时，却看不到他本人的形象。这种特殊方法的目的就是要破坏听众对讲话者的权威性信赖，与此同时，也使哲学家走下讲台，远离众目所瞩的中心。②

由此我们可以说，利奥塔所谓的知识分子之死，并不是说所有知识分子之死，而是说启蒙时期以来的所谓的普遍性知识分子已经死亡了，其目的在于消解传统的权威中心，使人从权威的强迫下解放出来，从而使人的认识从一元转向多元，由整体转向片断，由一极转向多极。在这种状况下，普遍性知识分子显然就没有存在的理由了，代之而起的将是更为理智而现实的知识分子，但这又是什么样的知识分子呢？钟情于解构的利奥塔并没有给我们答案，但在这个充满着复杂权力关系的社会中，知识分子如果真的只原宥于自己的专业领域而忽视对社会的介入和批判，那么，知识分子就真的死了！

---

　　① 《后现代性与公正游戏：利奥塔访谈、书信录》，第122页。
　　② 参见《没有讲台的讲台》，载《后现代性与公正游戏：利奥塔访谈、书信录》，第1—8页。

（五）雅各比的"最后的知识分子"

与福柯普遍知识分子的消亡以及利奥塔的知识分子之死理论相呼应，雅各比在《最后的知识分子》（1987）一书中不无伤感地指出，随着知识分子在 1968 年"五月风暴"之后遁入校园，独立的知识分子渐渐消失了，缺席了。雅各比说："本书讨论的是文化中的一种缺失，即年轻人声音的缺失，或许是一代人的缺失。少数——极少数——在 35 岁甚至 45 岁以下的对社会有重要意义的美国知识分子已经很少引发什么评论了。他们之所以容易被忽视，主要是因为他们的缺席不是突然发生的，而是长时间、慢慢消失的；而且一去不复返了。这已为时晚矣——这代知识分子已老朽得无法出场了。"①

那么现在的知识分子为什么就缺失了呢？雅各比首先指出了公众方面的原因，就是随着社会的发展，公众在欣赏趣味和思想倾向上发生了很大的变化，曾经为革命而激动而抢购革命小册子的公众，或是站上几个小时听亚伯拉罕·林肯和斯蒂芬·道格拉斯辩论的公众如今已经不存在了，公众转而投向了电视，投向了繁荣昌盛的大众文化，他们关注的范围便缩小了，爱读书的公众也许再也没有了。这可以说是一代年轻知识分子缺席的原因之一，因为没有了听众，演讲者也只能谢幕了。

但雅各比又指出，公众的变化虽然是知识分子缺席的一个原因，但绝不是全部，读严肃书籍、杂志和报纸的公众虽然不多，但并没有完全消失。仍然有大量的公众关注公共文化，关注社会现实，"公众人数可能正在减少，但年轻的知识分子确实都消逝了"。由此雅各比说："这里要特别强调的是公共知识分子的消

---

① 拉塞尔·雅各比：《最后的知识分子》，洪洁译，江苏人民出版社 2002 年版，第 1 页。

失，而不是公众的消失。"① 或者说，知识分子的消失更多是自己的原因而不能怪罪到公众身上。

　　"公共知识分子"（public intellectual）是雅各比的一个很重要的概念，对后人影响很大，他所说的知识分子实际上就是"公共知识分子"，但对于这个概念，雅各比说是"一个充满困难的范畴"。首先它与曾经所流行的"公共专家"（publicist）一词是不同的。"公共专家"这个词现在已成为好莱坞和"公共关系"的牺牲品，指那种操纵媒体的人，挂名的负责人。而一名公共知识分子或老式的公共专家是另外一种人，这包括两个方面，一是要特立独行，也就是要有独立性；另一方面就是要超越自己的专业领域范围，进入到公共世界——以及公共的语言、方言。② 也就是说，作为一名公共知识分子必须既是独立的，也必须要拥有公共话语，这两者缺一不可。独立性是公共知识分子的基础，没有独立则根本就无法执行其公共的职能，但只有独立还不够，专业上的独立也是独立，如果不能超越自身的专业范围而获得公共话语，就无法进入公共世界，就如我们上面所指出的大学教师一样。在这方面，雅各比也批评了左派知识分子。在一般人看来，左派、马克思主义者乃至女权主义者应该算是典型的公共知识分子了。但在雅各比看来，他们虽然确实充斥了会议厅，且似乎无处不在，但数量上的增加并不能使他们成为真正的公共知识分子，因为他们更多的只是局限于会议室，并没有真正面向公众。这实际上也是西方社会主义革命现实，当初非常注重革命联系实践的马克思主义思想，现在更多的只是停留在了理论上而没有了实践，他们也许梦想着革命，但是，"他们却依赖其职业为生"，这就必然使他们不能成为公共知识分子。雅各比的批评是有道理的。

①　拉塞尔·雅各比：《最后的知识分子》，第4页。
②　同上书，第207页。

　　雅各比在书中考察了很多公共知识分子，其中一个典型的代表是 C. 怀特·米尔斯。米尔斯并不追求大学教师的职业和前途，也没有被鼓励成为学者，他虽然珍视他在哥伦比亚大学的职位，但他并不是那么高兴地安于这个职位，对学院生活保持怀疑，不相信他常常蔑视的职业常规。而也正如此，米尔斯抨击政府、抨击教授和知识分子，显示了一个公共知识分子的风采。雅各比指出："米尔斯是一位雄心勃勃的公共思想家，他也是一名教授；今天，激进的社会学家首先是教授，至于公共知识分子，即使有的话也是凤毛麟角。"①

　　对于公共知识分子的退位和缺席，雅各比表现出了一种伤痛的无奈，他说："毫无疑问，公共知识分子的退位反映出了公众自身的重组；这正好吻合了电视的疯狂发展、郊区的扩张、城市的衰败、大学的膨胀这些趋势。大型公众杂志如《展望》和《生活》的黯然失色，这本身就标志着划分开了那些曾经是同类的公众；它们被'专门趣味'的杂志所取代——网球、计算机、旅游、运动，从这些发展的眼光来看，一般化的知识分子消失而转变为专业性的，看来完全是可以理解的、不可避免的，并且可能是期待中的。"② 可即便如此，社会的发展仍需要公共知识分子，需要他们独立的思想，需要他们面向公众去批评现实，去促进社会的发展。由此雅各比在本书的结尾指出："年轻的知识分子响应了他们的时代，正如他们必须要做的那样；而他们也屈从了他们的时代，这却不是必须的。人性并不要顺从历史，而要创造历史。"③ 这是一种理想，也是对一度缺席的公共知识分子的呼唤。而雅各比在《最后的知识分子》2000 年再版序言中，更是明确指出："《最后的知识分子》与其说充满了哀悼的气氛，

① 拉塞尔·雅各比：《最后的知识分子》，第 105 页。
② 同上书，第 208 页。
③ 同上。

还不如说它在号召知识分子回归通俗表达，并且在公共生活里重新定位。"① 这显然是对公共知识分子的呼唤。

（六）萨义德的"向权势说真话"的知识分子

1993 年，萨义德受邀为久享盛名的英国广播公司瑞斯系列讲座（Reith Lectures）作了一轮关于知识分子的演讲。演讲每周一次，一次半小时，共六周。次年，演讲结集为《知识分子论》② 出版。

在该书的《序言》中，萨义德明确指出："知识分子的公共角色是局外人、'业余者'、搅扰现状的人。"③ "我把知识分子刻画成流亡者和边缘人，业余者，对权势说真话的人。"④ 这两句话可以说鲜明地体现了萨义德所认为的知识分子的特质。下面我们分别予以阐述。

1. 作为"业余者"的知识分子

在萨义德看来，当今知识分子面临着很大的威胁，而这种威胁"不论在西方或非西方世界，都不是来自学院、郊区，也不是新闻业和出版业惊人的商业化，而是我所称的专业态度（professionalism，也可译为职业态度）。我所说的'专业'意指把自己身为知识分子的工作当成为稻粱谋，朝九晚五，一眼盯着时钟，一眼留意什么才是适当的、专业的行径——不破坏团体，不逾越公认的范式或限制，促销自己，尤其是使自己有市场性，因而是没有争议的、不具政治性的、'客观的'"⑤。

---

① 雅各比：《回归公共生活》，载《公共性与公共知识分子》，许纪霖主编，江苏人民出版社 2003 年版，第 7 页。

② 该书原题为 *Representations of the Intellectual*。1997 年，台湾学者单德兴把该书译成中文在台湾出版，题为《知识分子论》。2002 年，该译本由生活·读书·新知三联书店在大陆出版简体本。本节所参考的就是这个简体本。

③ 萨义德：《知识分子论》，单德兴译，第 2 页。

④ 同上书，第 6 页。

⑤ 同上书，第 65 页。

关于知识分子的专业化，在前面我们所提到的理论中也有所涉及，但并不具体，在《知识分子论》中，萨义德则比较具体地阐述了专业化、专业态度所带来的压力。第一是专门化。萨义德指出，专门化导致了知识分子在教育体系中爬得愈高，就愈受制于相当狭隘的知识领域；而更为重要的是，专门化戕害了知识分子性格中不可或缺的兴奋感和发现感。当知识分子只是以冷漠的理论和方法专注于自己的专业时，也就排除了历史、音乐和政治，并进而形成一种"懒惰"的状态，"到头来照别人的吩咐行事，因为听命于人终究成为你的专长"①。第二是对专业知识和合格专家的崇拜。萨义德指出，要成为专家就得有适当的权威证明，而这些权威就指导你说所谓的正确的语言，引用所谓的正确的权威，局限于所谓的正确的领域，由此也就自觉不自觉地压制和削弱了正确的理论探究，而知识分子也就待在自己的狭小的专业领域，不敢越雷池一步，即便越了，那也会受到你所越的那一专业领域人士的攻击，因为你没有那一领域的专业知识。比如语言学家乔姆斯基谈论外交政策，就受到了一些外交专家的阻止，因为他不是这方面的专家。第三是无可避免地流向权力和权威，流向权力的要求和特权，流向被权力所直接雇佣。就是说，国家以及一些大公司、财团等利益集团，通过资助，雇佣并控制了知识分子的研究和计划，知识成为商业和政治的一部分，而知识分子也就在这种资助下，流向了权力集团，失去了研究的独立性。②

那么，知识分子应当如何克服这些压力？这就是"业余性"。萨义德明确指出：

尽管这些压力普遍可见，但都可以用我所谓的业余性来

---

① 萨义德：《知识分子论》，第 67 页。
② 同上书，第 67—72 页。

对抗。而所谓的业余性就是，不为利益或奖赏所动，只是为了喜爱和不可抹煞的兴趣，而这些喜爱与兴趣在于更大的景象，越过界限和障碍、拒绝被某个专长所束缚、不顾一个行业的限制而喜好众多的观念和价值。①

萨义德提出用业余性对抗专业化，并不是要让人们放弃专业研究，而是要从狭隘的专业化桎梏中解放出来，以一种关切和喜爱的态度，面向世界，走向独立和对现实清醒的认识与批判，"再现另一套不同的价值和特有的权利"②。因此业余性并不是实体上的，而是一种隐喻意义上的说法，与那种专业态度或职业态度直接相对。萨义德说得很清楚，"今天的知识分子应该是个业余者，认为身为社会中思想和关切的一员，有权对于甚至最具技术性的、专业化行动的核心提出道德的议题，因为这个行动涉及他或她的国家、国家的权力、国家与其公民和其他社会互动的模式。此外，身为业余者的知识分子精神可以进入并转换我们大多数人所经历的仅仅为专业的例行做法，使其活泼、激进得多；不再被认为是该做的事，而是能问为什么做这件事，谁从中牟利，这件事如何能重新连接上个人的计划和原创性的思想。"③ 因此，业余性不是问"做什么"的问题，而是问"为什么做"的问题，正是在这"为什么"的疑问中，知识分子突破了专业的限制，真正面向了现实，并由此走向向权势说真话的程度。

2. 作为"流亡者"的知识分子

萨义德指出，真正的知识分子始终处在一种流亡的状态，"流亡既是个真实的情景，就我的目标而言也是个隐喻的情景"④。对于萨义德来说，他所说的流亡显然更多的是后一种含

---

① 萨义德：《知识分子论》，第66—67页。
② 同上书，第71页。
③ 同上。
④ 同上书，第46页。

义，这种流亡在表面上看似乎与现实格格不入，别别扭扭，甚至永远无法与新情境合而为一，但也正在这种现实的别扭之中，流亡者以一种双重视角，即同时以抛在背后的事物以及此时此地的实况这两种方式来看事物，而不是以孤立的方式来看事物。这就使得流亡者能看到一般人看不到的东西，从而能更清醒地认识现实和批判现实。萨义德本人显然就是这样一个流亡者，而也正是他的流亡经历，使他始终以双重视角看待问题，从而写出了后殖民主义的不朽之作《东方学》。

另外，流亡所形成的那种远离中心与主流之外的状态，使之永远成为一种局外人或边缘人，而也正是这种局外或边缘，使流亡者能避免被主流所收编，从寻常生涯中解放出来，独立地进行分析问题和解决问题。这正如萨义德所说的："流亡意味着将永远成为边缘人，而身为知识分子的所作所为必须是自创的，因为不能跟随别人规定的路线。"[①] 萨义德的下面这句话典型地体现了他对流亡者的认识。他说：

　　知识分子若要像真正的流亡者那样具有边缘性，不被驯化，就得要有不同于寻常的回应：回应的对象是旅人过客，而不是有权有势者；是暂时的、有风险的事，而不是习以为常事；是创新、实验，而不是以权威方式所赋予的现状。流亡的知识分子回应的不是惯常的逻辑，而是大胆无畏；代表着改变、前进，而不是故步自封。[②]

总之，流亡与其说是一种被动的（最初是身体上的被动的），不如说是一种主动的自我放逐（精神上的主动流放），正是在这种自我放逐中，知识分子才获得自身的独立与自主，才可以更为全

---

① 萨义德：《知识分子论》，第56页。
② 同上书，第57页。

面地看清现实，从而进一步批判现实，走向"向权势说真话"的道路。

3. "向权势说真话"的知识分子

"向权势说真话"其实就是萨义德的知识分子的最终归途，业余与流亡只是说真话的前提与路途。只有走出专业化的困境，在一种流亡状态中，知识分子才可能保持真正的独立性，也才不会保持沉默，向权势说真话，这在萨义德看来是知识分子无法逃避的责任。可许多知识分子却逃避这种责任，一切都听命于老板或权威人物，明知是正确的、困难的、有原则的立场，也不予采取，不愿意显得太过政治化，害怕争议，想要保有平衡、客观、温和的美誉，希望能被人请教、咨询，成为有声望的委员会的一员，以留在负责可靠的主流之内；希望有朝一日能荣获荣誉学位、大奖，甚至担任驻外大使。萨义德说："对知识分子而言，腐化的心态莫此为甚。如果有任何事能使人失去本性、中立化，终至戕害热情的知识分子的生命，那就是把这些习惯内化。"① 专业化实际上就是一种习惯的"内化"，因此萨义德才极力地反对它。

在萨义德那里，向权势说真话，就是要"全身投入批评意识，不愿接受简单的处方、现成的陈词滥调，或迎合讨好、与人方便地肯定权势者的说法或作法。不只是被动地不愿意，而是主动地愿意在公众场合这么说"②。由此，向权势说真话，是知识分子的一种生活方式和原则，不是一时之举，只在被压制下才说真话，它必须被真正"内化"，这才是真正的向权势说真话。

向权势说真话表现在具体行动上，萨义德指出，就是"稳健的现实主义、斗士般的理性的活力以及复杂的奋斗"，"时时维持着警觉状态，永远不让似是而非的事物或约定俗成的观念带

---

① 萨义德:《知识分子论》，第85页。
② 同上书，第25页。

着走"①。由此，向权势说真话不是一种浪漫的理想主义，"对权势说真话是小心衡量不同的选择，选择正确的方式，然后明智地代表它，使其能实现最大的善并导致正确的改变"②。由此，真正要做到向权势说真话，单凭热情是远远不够的，必须要有智慧和不屈不挠的精神，只有这样，才有能力"'向'（to）公众以及'为'（for）公众来代表、具现、表明讯息、观点、态度、哲学或意见"③。这里又有一个代表与私人，或普遍与个体的问题。

4. 个性与普遍，私人与公共

所谓"普遍性"，就是知识分子要超越其自身特定的语言、传统和历史情境的限制，追求一种普遍性的真理和知识。萨义德指出："纯属个人的知识分子是不存在的，因为一旦形诸文字并且发表，就已经进入了公共世界。仅仅是公共的知识分子——个人知识作为某个理念、运动或立场的傀儡、发言人或象征——也是不存在的。"④ 因此，知识分子就必须代表公众说出事实的真相，说出普遍性的真理，"不管个别知识分子的政党隶属、国家背景、主要效忠对象为何，都要固守有关人类苦难和迫害的真理标准"⑤。这其实是一个矛盾。由此萨义德接着指出，"我的主题是普遍性与地方特色、主观、此时此地之间的互动"⑥。

那么，普遍与地方又如何结合与互动呢？首先，萨义德批评了后现代主义对普遍性的否定。萨义德指出，后现代主义认为宏大叙事被具有地方特色的情景和语言游戏所取代，后现代的知识分子看重的是能力（competence），而不是像真理或自由这类的普遍价值。对此萨义德认为，"利奥塔和他的追随者是在承认自

---

① 萨义德：《知识分子论》，第26页。
② 同上书，第86页。
③ 同上书，第16—17页。
④ 同上书，第17页。
⑤ 同上书，第4页。
⑥ 同上。

己的怠惰无能，甚至可能是冷漠，而不是正确评估即使在后现代主义的情况下，知识分子依然有着许许多多的机会。因为，事实上政府依然明目张胆地欺压人民，严重的司法不公依然发生，权势对于知识分子的收编与纳入依然有效地将他们消音，而知识分子偏离行规的情形依然屡见不鲜"[①]。因此知识分子仍可以以高度的热情和批判的精神作为普遍性和真理的代表。

其次，要求知识分子代表普遍性和真理并不是要求知识分子追求清高超脱，而是更要积极入世，介入具体的现实生活和权力斗争中去。这就是萨义德所说的，要做一个世俗的知识分子。"真正的知识分子是世俗之人，不管知识分子如何假装他们所代表的是属于更崇高的事物或终极的价值，道德都以他们在我们这个世俗世界的活动为起点——他们活动于这个世界并服务于它的利益；道德来自他们的活动如何符合连贯、普遍的伦理，如何区分权力和正义，以及这活动所展现的一个人的选择和优先序列的品质。"[②]

因此，世俗化并不是让知识分子沉浸到现实生活中的细枝末节，沦为另一个专业人士或人物，而是从这世俗中体会到普遍性和真理，没有这世俗的体验，所谓的普遍和真理也只能是空中楼阁。由此，世俗性是普遍与地方的具体结合。

5. 萨义德知识分子理论的来源

萨义德的知识分子理论有三个来源，一是班达。萨义德指出："班达的作品基本上很保守，但在他战斗性的修辞深处却能找到这种知识分子的形象：特立独行的人，能向权势说真话的人，耿直、雄辩、极为勇敢及愤怒的个人，对他而言，不管世间权势如何庞大、壮观，都是可以批评、直截了当地责难的。"[③]

另一个来源是葛兰西。葛兰西的有机知识分子强调了与特定

---

① 萨义德：《知识分子论》，第 22 页。

② 同上书，第 100 页。

③ 同上书，第 15 页。关于班达，可参见本达（即为班达，翻译不一样）的《知识分子的背叛》，孙传钊译，吉林人民出版社 2004 年版。

社会集团和大众的有机性，比班达的观点接近现实。由此萨义德综合了葛兰西"有机知识分子"面向公众的世俗性和班达"知识分子"的特立独行，敢于向权势说真话的特质，从而形成了他自己的知识分子观。也正是在这种综合认识下，萨义德始终面向社会大众对美国主流社会的经济霸权和文化霸权进行批评，对世界上一切形式的专制和不公正予以严厉的谴责，不管它们是来自西方或者是阿拉伯世界。

除了这两个人之外，对萨义德理论影响较大的就是福柯。福柯的"一切话语都是权力争夺的领域"的概念，对萨义德之类的批评家显然很有吸引力，他们都觉得对于帝国主义、殖民主义、阶级斗争、民族主义等问题，批评应该有些有用的、中肯的话要说。但对于萨义德来说，他在借鉴福柯的权力理论的同时，也清醒地认识到了他的缺陷，就是福柯采取的是一种被动的、缺乏创造性的观点，缺少葛兰西的对霸权分析那样的东西，从而也就缺少了葛兰西反霸权的可能性；而从一个负责的政治工作者的观点来看，关于权力实施的迷人的描述，绝不能代替改变社会内部权力关系的努力。[1] 对萨义德来说，他显然要求的是知识分子要真正拿出反霸权的实际行动。

三 文化研究与知识分子

通过前面我们对几种知识分子理论的阐述可以看出，几乎所有的学者都在坚持或呼吁知识分子的批判精神，要求知识分子从自己狭窄的学术圈子中走出来，走向广阔的公众世界，真正生活在公共领域中，从而坚实地承担起一名知识分子的责任与义务，这就是文化研究所要求的知识分子。亨利·保罗等人曾写过一篇

---

[1] 参见保罗·鲍威编《向权力说真话：赛义德和批评家的工作》，王丽亚等译，中国社会科学出版社 2003 年版，第 300 页。

文章：《文化研究的必要性：抵抗的知识分子和对立的公众领域》①，题目本身即明确显示了文化研究与知识分子之间的紧密关系。可以说，文化研究就需要的是真正具有批判精神的知识分子，而知识分子也只有进入到公共领域中，也才有可能实现其批判功能，与霸权和权力做斗争，从而真正成为一名具有批判精神的抵抗的知识分子。

（一）"公共领域"与学科边界的消解

什么是公共领域？② 根据哈贝马斯的阐述，"公共领域"（public sphere）是向所有公民开放，能形成像公共意见这样事物的公共活动空间或公共场所。公共领域独立于政治权力之外、并不受官方干预，由此社会公民可以于其中自由讨论公共事务、参与政治。公共领域是随着封建专制特权的衰落、资本主义的兴起和由此而导致的个人的解放而兴起的。哈贝马斯通过具体探讨欧洲的商会、俱乐部、咖啡馆、出版社、报纸和杂志，以及其他发表公众意见的场所的形成和发展过程，指出，由于越来越多的市民、商人、自由职业者，以及新的社会阶层在这些场所或出版物讨论各种与社会生活和公众利益有关的问题，由此而催生了公共领域并日益扩展。

公共领域是介于国家与社会之间进行调节的一个领域，在这个领域中，作为公共意见载体的公众得以形成，对社会及国家进

---

① Henry Girous et al., "The Need for Cultural Studies: Resisting Intellectuals and Oppositional Public Spheres", in Jessica Munns and Gita Rajan (eds), *A Cultural Studies Reader: History, Theory, Practice*, London and New York: Longman, 1995. 中文译文见罗钢、刘象愚编《文化研究读本》，第 77—91 页。

② "公共领域"这一概念比较复杂，既包括汉娜·阿伦特对这一问题的阐述，也包括哈贝马斯及后人对此的阐述。我们在这里只就哈贝马斯的公共领域做一简要阐述。可参阅哈贝马斯的《公共领域的结构转型》，曹卫东等译，学林出版社 1999 年版，以及哈贝马斯的单篇文章《公共领域》，汪晖译，载汪晖、陈燕谷编《文化与公共性》，生活·读书·新知三联书店 1998 年版。

行监督、批判。公共领域既是一个实体性的概念，如各种社会团体、俱乐部、沙龙等，但它也是一个隐喻性的概念，指的是一种社会环境，一种社会公众可以自由发表意见，批判现实的民主的社会环境。

对于哈贝马斯来说，"公共领域"是公众在公开讨论基础上形成的具有典型批判性特征的公众舆论，公共领域蕴涵着强烈的批判气息，批判功能，是国家强制性权力的对手，而不是它的一个部分。哈贝马斯指出，公众舆论"指的是有判断能力的公众所从事的批判活动"①，而这种批判能力显然来自于社会公众对社会积极介入与干预。

总之，在哈贝马斯那里，"公共领域"是一个松散但开放和弹性的交往网络，是在政府控制之外的区域，社会公众通过自由的、批判性的商谈、讨论，形成大众普遍承认的"公共意见"。这种公共意见虽然不能代表每一位公众的意见，但却实实在在地表达了公众的普遍意愿，从而会对行政权力产生深刻的影响，甚至会进一步形成反霸权的实践。

"公共领域"的概念要求我们需要对大学学科教学进行进一步的反思，这牵涉到知识分子职能的转变，并与文化研究紧密相关，因为大学里的教师是知识分子的主体，是文化研究所特别关注的。亨利·保罗等人在那篇《文化研究的必要性：抵抗的知识分子和对立的公众领域》的文章中指出，在北美大学中，由于根植于院系之间与学科之间的相互独立与分离的历史之久，从而产生了一种合法化的意识形态，这种意识形态所导致的直接后果，是使得知识分子只强调专业的发展，从而逐渐蜕变为相互隔绝的"专家"，并最终与公众领域相脱离，丧失了作为一名知识分子应有的介入现实生活、干预现实的积极性，压制了批评的思考。他们通过引用保罗·皮可纳（Paul Piccone）的话指出："除

---

① 哈贝马斯：《公共领域的结构转型》，第 108 页。

非脱离纯粹正式的、统计式的教育的衡量标准，很清楚，现代社会生产的只是异化的、私人化的，以及非文化的专家大军，他们只有定义明确的狭窄领域里显得渊博。这种专业的知识分子，与传统意义上的关心整体问题的思想家不同，他们正在大量出现，以操作日益复杂的官僚和工业的机器。而它的理性在品格上只是工具性的，因此只适合于完成部分任务而不能解决社会组织与政治方向中的根本性问题。"①

在这种情况下，他们进一步指出："知识分子不仅是文人，也不完全是思想生产者与传输者。知识分子同时也是仲裁者、立法者、思想生产者和社会实践者，他们天生就起着非常重要的政治作用。"② 也就是说，知识分子不能仅仅是知识分子的传授者，还必须积极介入现实，成为现实的监督者、批判者。这也就是他们所说的，"文化研究必须界定抵抗的知识分子，把它看作是可以避免和挑战霸权的一种反霸权实践"③ 的含义。为此，他们强调，知识分子不应把教学简单地看作是一种知识的传授，还必须运用所学的知识来重新考虑人类解放这样的政治性的问题，也就是知识传授的再政治化（repoliticize），积极参与表达他们自身在社会关系生产与合法化过程中批判角色的项目。

而要做到这些，知识分子必须突破学科和校园的限制，由校园内走向校园外，也就是由专业领域走向公共领域。这里有两层意思。一方面，突破学科和校园的限制不是要放弃或抛弃学科的学习，而从事政治或革命活动，而是以一种批判的眼光或视角去重新审视原来封闭的学科教学模式，从而拓宽教学的视野，这也就是他们所说的"抵抗的知识分子要做的不是放弃学术研究，而是将其重新政治化。学术性的公众行为用来区分业余人士组成

---

① 罗钢、刘象愚编：《文化研究读本》，第78页。
② 同上书，第85页。
③ 同上书，第86页。

的公众与专业观点的特性的学科准则，并未真正到达观众领域"①。另一方面就是放眼学科和校园外，关注社会现实，在限定的学科讨论会、奖励制度范围以外发展和工作，像葛兰西那样把社会视为一所大学堂。"如果文化研究被理解为一个对立的公众领域，它就不应被理解为是某个部门或划分职业与业余的界限。我们应该在对理论基础的重新审视中创造与之对立的实践，而不是用恰当的学科性的术语来看待它。"② 无论是哪一种情况，抵抗知识分子必须真正做到进入公共领域，介入活生生的现实，去真正实践反霸权的活动。他们指出：

> 文化研究因此假定了对于抵抗的知识分子的需要，他们可以在学院以内或以外建立起新的政治关系形式。这种理论背景下，文化研究响应了葛兰西呼唤激进的知识分子在新的历史集团周围建立联盟的号召。知识分子将在对立的公众领域赋予个人与团体的权力中扮演重要角色。③

那么，知识分子又如何才能从自身的专业领域走向公共领域呢？

（二）知识分子：从专业领域走向公共领域

学科边界的消解和公共领域对知识分子的呼唤，要求知识分子要从自己狭窄的专业领域走向广阔的公共领域，成为一名真正的公共知识分子或具有批判精神的知识分子。那么，知识分子如何才能真正从自己的专业领域走向公共领域呢？布迪厄（Pierre Bourdieu，也有的译为布尔迪厄）曾撰文《倡导普遍性的法团主义：现代世界中知识分子的角色》，对此问题做了阐述。

---

① 罗钢、刘象愚编：《文化研究读本》，第88页。
② 同上书，第87页。
③ 同上。

　　布迪厄在这篇文章中指出，一个文化的生产者，要成为知识分子，必须满足两个条件：

　　　　一方面，他们必须从属于一个知识上自主的、独立于宗教、政治、经济或其他势力的场域，并遵守这个场域的特定法则；另一方面，在超出他们知识领域的政治活动中，他们必须展示在这个领域的专门知识和权威。他们必须做专职的文化生产者，而不是政客。尽管自主和入世之间存在二律背反的对立，但仍有可能同时得到发展。①

也就是说，要成为一名知识分子，首先要坚持自身的独立性。独立性对知识分子之所以重要，就在于没有独立性也就根本不可能真正坚持批判立场，也就无法真正介入现实，走向公共领域。在现代这个社会，坚持知识分子的独立性显得尤为重要。布迪厄敏锐地指出，当今社会，金钱和权力日益深入生活的方方面面，知识分子如果不能坚持自身的独立，就很容易被腐蚀，因此知识分子要保持知识的独立，就必须"拒绝经济和政治的高高在上：拒绝金钱、权力、荣誉这些目标和价值在自主性场域的支配地位"②。

　　而知识分子只有捍卫了自身的自主性，才可能介入公共生活，成为公共知识分子。而知识分子捍卫自身自主性的目的，也在进入公共领域。布迪厄说："取得或重新取得保障、捍卫自主性的手段，应是任何知识分子行动的首要目标。但这种行动本身并不是目的。知识分子对政治的干预会把这种行动扩展到什么程

---

　　①　布尔迪厄：《倡导普遍性的法团主义：现代世界中知识分子的角色》，赵晓力译，载《学术思想评论》第 5 辑，辽宁大学出版社 1999 年版，第 173 页。
　　②　同上书，第 175 页。

度，这种干预又会有效到什么程度，对这些问题的考察至关重要。"① 实际上我们反过来说，知识分子也只有通过参与政治，介入公共领域，也才有可能最终捍卫知识的自主性。

由此，知识分子一方面要通过斗争确立自身的自主性，独立性，保证其自身的经济和社会条件；另一方面，知识分子更要摆脱象牙塔的诱惑，以便能够使用特定权威集体干预政治，介入公共领域，为保障自己控制文化生产方式和知识合法性的目标而奋斗。

对于现代社会的公共领域，布迪厄敏锐地指出，如果知识分子不能及时且积极的介入现实，参与公共领域的讨论，就很有可能被挤出公共领域，而被一些自诩为"知识分子"权威的新闻记者、技术官僚、公众意见调查者和营销顾问等充斥其间，从而排挤知识分子的真正介入。这种情况的出现有许多因素，其中最关键的因素是专家治国论者的兴起。这些专家治国论者过分强调国家管理与发展的技术因素，忽视了普遍的人文关怀和价值关注，并越来越多地直接干预文化。布迪厄举例指出，法国的生态保护运动特别是反核运动比较薄弱，就是这种所谓的治国方略所产生的后果。专家治国论者借助对大众传播的控制，运用其权威促成了一种普遍化的不负责任的态度，使公民不再关心公共事务。他们和他们组织严密的知识分子军团，垄断了公共论辩，并威胁到职业政治家和知识分子。在这种情况下，知识分子积极地介入公共领域显得非常必要和紧迫。

那么，知识分子如何进入公共领域？首先，从知识分子个体角度看，知识分子要突破自己的专业领域，把自己的专业知识放到广阔的社会背景加以考虑，为公众深入分析社会问题的症结之所在，阐释其内在的价值和意义，并以此反思社会公共问题，执

---

① 布尔迪厄：《倡导普遍性的法团主义：现代世界中知识分子的角色》，赵晓力译，载《学术思想评论》第5辑，第181页。

行其批判精神，这就从专业走向了公共，专业领域的权威就转变为公共领域的权威。如果知识分子只把自己的专业知识仅仅限制或封闭在专业领域内部，他还只是一个专业知识分子，而不会是一个公共知识分子。这一点与我前面所阐述的福柯的思想是相通的，但对福柯来说，他只强调知识分子个体的解构，知识分子之间的联系是很弱的，更谈不上建立什么联盟或历史集团，而对布迪厄来说，他强调知识分子之间的联系，这就是他所说的"法团主义"①（corporatism）行为。

　　布迪厄指出，知识分子介入公共领域要真正发挥作用，单纯靠自己是不够的，知识分子的斗争"必须是集体斗争，因为那些骑在知识分子头上的力量（比如新闻界的力量）之所以有效，就是因为知识分子没有组织起来，互相之间还存在竞争关系（同时也因为，任何动员的企图，一旦被怀疑服务于个人或团体目的，就注定要失败）"②。由此布迪厄希望发明一种组织形式，"这种组织形式可能产生一种代表知识分子大集体的声音，并能把特殊知识分子全体的聪明才智都结合进去"。③ 这一组织形式在现在（过去有"百科全书学派"）按照布迪厄的设想，就是通过国际互联网络连接在一起的知识分子团体，这一团体采取"一个圆心无所不在又无处存在的圆"的形式，"其中所有地方都是中心，也就没有地方是中心"④。这样，所有公共知识分子都可以借助这一国际网络，讨论国内和国际公共事务，并对所有

----

　　① "法团主义"这一概念比较复杂。它是一种关于国家与社会结构的学说，被视为一种对国家和社会功能组织间常规性互动体系的概括。法团主义重视组织、结构和制度层面的关系，重心在集团行为和体制的关系。在这里，法团主义指的是知识分子作为一个团体与体制或国家权力之间的关系，这就是知识分子要形成一个合作团体，积极介入公共领域、干预政治。可参阅张静的《法团主义》，中国社会科学出版社 1998 年版。

　　② 布尔迪厄：《倡导普遍性的法团主义：现代世界中知识分子的角色》，赵晓力译，载《学术思想评论》第 5 辑，第 174 页。

　　③ 同上书，第 182 页。

　　④ 同上。

建构良好的公共干预行动提供符号支援。这样，知识分子就形成了一个具有整体利益的共同体，并以法团主义的方式参与政治，介入公共生活。

可以说，布迪厄这种建立知识分子利益团体的设想，突破了福柯的过分强调知识分子的专业化而忽视知识分子之间的联合的问题，为知识分子介入公共领域提供了新的途径。对于文化研究来说，就需要和培养这样的知识分子，借用葛兰西的概念，就是知识分子要生产"有机知识分子"。

（三）文化研究与有机知识分子的生产

亨利·保罗等人在文章中指出，葛兰西对于有机知识分子的阐述"有助于我们确立文化研究的一个中心目标：创造我们所谓的'抵抗的知识分子'"[1]。实际上，我们在此可以以葛兰西的有机知识分子为中心，进一步概括我们在本章中所阐述的批判的或抵抗的知识分子。我们在前面已经阐述过，在葛兰西那里，有机知识分子有两层含义，一是与特定阶级或党派的有机性，一是与大众的有机性，这两个有机性保证了知识分子对社会现实的真正介入。不过在这里我们需要注意的是，在葛兰西那里，他的有机性更多的是从政治革命的角度考虑的，因此其知识分子与党派，实际上主要就是无产阶级政党有着紧密的联系，而在这里，我们需要更为宽泛地理解这种有机性，不要把这种与党派的有机性简单地看作是党派思想的宣传者或喉舌。因为在葛兰西那里，"有机"的根本目的是与党派一起进行反霸权的实践，因此带有对社会现实的强烈的批判或反抗意识，而这一点在宽泛意义上理解是有着重要价值与意义的。因此在这里，我们把有机知识分子看作是对社会现实强烈的介入，与社会现实的强烈的有机性，这是其与大众有机的强烈体现。因为只有真正关注大众，才能真正

---

[1]　罗钢、刘象愚编：《文化研究读本》，第85页。

介入现实，批判乃至反抗抵抗现实的霸权与权力压制。由此亨利·保罗等人确信抵抗性的知识分子"应当来自并活跃在任何群体中：他们反抗形成他们自己的社会的令人窒息的知识和实践。抵抗的知识分子可以为将对于被压迫情境的改革性批评作为出发点的人们提供道德的、政治的、教学的领导权。我们所指的'有机的'这个词不光指那些将工人阶级作为唯一的革命能动力量的知识分子"①。

　　也正是在这一意义上，霍尔指出，文化研究要生产自己的有机知识分子。他说，文化研究要生产自己的有机知识分子，而有机知识分子要在两个方面发挥其突出的作用，一是要占据知识理论工作的前沿，要比传统知识分子了解更多的理论知识，而且要更深刻，更丰富。这是基于反霸权的需要。因为你要取得反霸权的胜利，你就必须要比对方知道得更多。第二就是知识分子不能回避或推脱传播这些知识观念的责任，也就是不能抛弃大众而沉溺于自己的象牙塔或安乐窝中。由此，创造具有批判意识或对抗性的有机知识分子，是文化研究发展的一项带有根本性的任务②，而批判性或抵抗的知识分子的最根本的任务就是要不断地"挑战、探索、正视和瓦解——也就是说，构成对权力结构的一种重要的意识形态反抗力"③，他们对权威、传统和价值观总是抱有敌意，具有强烈的反抗性，总是对合法的或者被普遍接受的思想和行为模式有关的话语模式提出质疑，这是知识分子进行反霸权所必需的。知识分子如果失去了这种批判意识，则将或者回到传统知识分子自我的封闭的世界中去，或者很容易被权力集团所俘获，成为权力集团的一员，这必将使得知识分子的反霸权实

　　①　罗钢、刘象愚编：《文化研究读本》，第85—86页。

　　②　Stuart Hall, "Cultural Studies and It's Theoretical Legacies", in Lawrence Grossberg et al. (eds), *Cultural Studies*, p. 281.

　　③　卡尔·博格斯：《知识分子与现代性的危机》，李俊等译，江苏人民出版社2002年版，第226页。

践变得更为艰难。

　　总之，文化研究在突破学科界限中，也把知识分子从封闭的学科象牙塔中解放了出来，为知识分子介入公共领域打下了基础，而知识分子积极介入现实、干预政治，则是文化研究所要求的，是文化研究获得极大发展的必要条件。

结　语

走向后霸权抑或重返葛兰西？

　　随着世界全球化进程的迅速推进，以及世界范围内"新社会运动"（New Social Movements，NSMs）的蓬勃发展，许多学者开始对葛兰西的霸权理论提出了质疑和反思。有的就认为："霸权逻辑已经耗费殆尽。"甚至明确提出"葛兰西已死"的论断①；也有学者明确提出了"后霸权"（post-hegemony）的概念，以此来超越葛兰西的霸权理论。在本书的结论部分，我们将在考察近年来人们对霸权理论批判的基础上，进一步反思和评价葛兰西的霸权理论及其当代意义。

一　霸权之后与国际政治新秩序

　　早在 1984 年，美国国际关系理论家罗伯特·基欧汉（Robert Keohane）就出版了《霸权之后：世界政治经济中的合作与纷争》一书，明确指出国际关系已经走向"霸权之后"时代，曾经的霸权理论已经不适合当今世界国际关系的现状和发展。

　　基欧汉在这部著作中首先肯定了以前国际关系中占据主导地位的"霸权稳定论"（Hegemonic Stability Theory）。所谓霸权稳

---

① Richard J. F. Day, *Gramsci is Dead: Anarchist Currents in the Newest Social Movements*, London: Pluto Press, 2005, p. 203.

定论，指的是这样一种观点，即世界政治中的秩序是由一个主导国家创立的，国际机制的形成一般要依赖霸权国家的存在；而国际秩序的维持需要霸权国家的持续存在。基欧汉认为，国际合作完全可能通过霸权的存在而培育起来，霸权与合作并不矛盾；相反，霸权国家的存在会给国际关系带来积极的作用，比如降低交易成本、减少不确定性等。基欧汉还举例阐述了美国霸权对国际关系的重要作用，比如通过设计一个稳定的国际货币体系以促进国际贸易和金融的自由流通，为整个世界提供各种商品的开放市场，保持石油价格的稳定等。①

在肯定霸权稳定论后，基欧汉又从现实出发，指出了这一论调的不足。基欧汉指出，霸权国家能够促进某种程度的合作，虽然具有一定的道理，但是我们并没有足够的理由相信，霸权国家的存在是国家间合作性关系出现的必要或者充分条件。合作并不必然需要一个霸权领导者的存在；霸权后合作是可能的。② 基欧汉之所以强调霸权之后，是因为他看到了曾经的霸权国随着国际关系的发展，其霸权地位在逐步衰落乃至丧失，这就无法保障霸权国起到维护国际秩序的作用了。

那么，霸权国的霸权地位是如何丧失的呢？在基欧汉那里，霸权国霸权地位的丧失并不是来自从属国的反霸权运动，而是当今世界的现状使然。在基欧汉看来，大国之间对霸权的传统争夺方式正在消逝。在传统的斗争方式中，胜利者占据国际秩序的霸权巅峰，支配所有其他国家，决定全球体系的方向，比如说，维多利亚时期的英国常常被认为是处于这个如日中天的位置。基欧汉认为这种意义上的霸权已经过时，在当代世界，国际关系不再是一个争夺军事和领土优势的零和博弈，

---

① 基欧汉：《霸权之后：世界政治经济中的合作与纷争》，苏长和等译，上海人民出版社 2001 年版，第 169—170 页。

② 同上书，第 37 页。

它们从根本上已经成为一个正和的经济交换体系。在这个体系中，各国就关税和管制相互协商，以达成互惠的交易，这些交易时间长了，稳定下来，就成为他所说的"国际机制"。所谓国际机制，就是指在国际关系的议题领域中所形成的"一系列隐含的或明确的原则、规范、规则以及决策程序"，比如国际货币机制、贸易机制、石油机制等。[1] 基欧汉认为，霸权的衰落可能使得建立国际机制的需求增加，在霸权之后，国际机制作为限制不确定性和增进达成相互获益的协议来说，其潜在的重要性越来越大。[2]

由于国际机制是和平的和基于合意的，因此没有一个国家能够对其他国家颐使气指。在"二战"以后的金本位体制下，美国也许曾经是西方的霸主，但是自从 70 年代早期布雷顿森林体系崩溃之后，美国现在只不过是一个建立在理性的经济交换和合作基础之上的新的多边秩序的合伙人之一，尽管是比较大的一个。[3] 总之，在基欧汉那里，霸权在当今世界已经消失或正在消失，取而代之的是各个国家之间的相互依赖与相互合作，国际机制取代了霸权国在国际秩序中的作用，世界进入"后霸权时代"。

2000 年，美国人哈特和意大利学者奈格里出版了影响深远的著作《帝国——全球化的政治秩序》，详细阐述了新世纪的国际政治秩序。他们认为，这一秩序的核心特点，就是当今世界开始超越传统的帝国主义和民族国家的限定，进入帝国时代。那么何为帝国？哈特他们认为，帝国是一种"新的主权形式"，"新的全球的主权形式"，是一种"新的规则的逻辑和结构"，"是一个政治对象，它有效地控制着这些全球交流。它是统治世界的最

---

[1] 基欧汉：《霸权之后：世界政治经济中的合作与纷争·前言》，第 8 页。
[2] 基欧汉：《霸权之后：世界政治经济中的合作与纷争》，第 215 页。
[3] 参阅佩里·安德森《霸权之后？——当代世界的权力结构》，《文化纵横》2010 年第 1 期。

高权力"。在这里我们可以看到，哈特他们的帝国实际上也正是
一种新的霸权，但这一霸权并没有明确的施动者，它根本就不建
立权力的中心，不依赖固定的疆界和界限。"它是一个无中心、
无疆界的统治机器。"①

那么帝国是如何形成的呢？简单地说，帝国是伴随着全球市
场和生产的全球流水线而形成的。在哈特他们看来，随着全球化
的深入发展，生产和交换的主要因素——金钱、技术、人力、商
品等——越来越容易地越过国界，也越来越少有力量去制约以上
因素的流动，向经济施加它的权力。任何国家都不再被认为具有
至高无上的权威。由此，在这一全球化的过程中，民族—国家的
主权尽管有效，但已不断地衰落。正是随着民族国家主权的衰落
和它们对经济、文化交流不断减弱的控制力，新的全球主权形式
诞生，这就是帝国。帝国概念的提出在消解乃至否定民族—国家
概念的同时，也消解乃至否定了曾经建立在这一概念基础之上的
霸权理论。世界走向后霸权。

二　后霸权与新社会运动

"新社会运动"是与传统的社会运动相比而言的，主要是指
20 世纪 80 年代以来在西方社会伴随着学生反叛而出现的一系列
大众抗议运动，如生态运动、女权主义运动、和平运动、反核运
动、反堕胎运动、同性恋运动等。② 我们前面所分析的后马克思
主义理论，在很大程度上也是基于对新社会运动的考察和思考提
出来的。根据劳伦斯·威尔德的分析，一般说来，生态运动、女
权运动、和平运动、第三世界反经济帝国主义的斗争、反种族主

---

① 哈特、奈格里：《帝国——全球化的政治秩序·序言》，杨建国、范一亭译，
江苏人民出版社 2003 年版，第 1—2 页。
② 参阅郇庆治《80 年代中期以来的西欧新社会运动》，《欧洲》2001 年第 6
期。

义运动构成了新社会运动的五种最基本的运动形态。其中又以生态运动和女权运动为最成熟、最主要的两大运动形态。[①] 新社会运动的出现也同样影响了人们对霸权理论的重新认识。新社会运动具有以下几方面的特点。

首先，新社会运动区别于旧社会运动在于它有着更为广泛的对抗性，而这一对抗又不能还原为阶级斗争。理查德·代义（Richard J. F. Day）指出，对新社会运动最为准确的描述不在于它们没有对社会进行结构性的对抗分析，而是并没有把阶级作为压制性的基础性的中轴来分析。[②] 也就是说，新社会运动并不追求宏大的或普遍性的革命，不以阶级对抗乃至建立新的民族国家为核心目标。这是新社会运动最为重要的特征。由我们前面关于葛兰西理论的阐述中可以看到，葛兰西霸权理论的最终目标显然是要通过尖锐的阶级斗争来推翻资产阶级的统治，建立新的民族国家。这也是马克思主义革命理论最根本的目标。但对于新社会运动来说，其根本的目标并不如此，其斗争也并不以阶级斗争为基础。正是在此基础上，许多学者批判了葛兰西的霸权理论。代义认为这一模式建立在统治（阶级）与被统治（阶级）二元对立的基础之上，是在这一框架中思考问题，强调自下而上的进行反霸权的斗争，以推翻霸权统治，建立新的民族国家。这一思维模式被他称之为"霸权的霸权"（hegemony of hegemony）。马克思主义的革命理论在夺取国家政权中也沿用着这样的霸权逻辑，试图去颠覆统治者与被统治者的关系。对于以拉克劳为代表的后马克思主义者们，代义也认为他们执行了这样的霸权逻辑，只是模式不同而已，不是在强调夺取国家政权，而是强调通过民粹主义的合作与冲突来影响国家的运作。可在当代社会，许多集团

---

① 转引自周穗明《当代新社会运动对西方政党执政方式的影响及其启示》，《科学社会主义》2006 年第 2 期。

② Richard J. F. Day, *Gramsci is Dead: Anarchist Currents in the Newest Social Movements*, p. 69.

则通过非霸权的而不是反霸权的运作来行动。① 比如女权主义运动、环境保护主义以及反核运动等。这其实也与新社会运动多样化的政治诉求有关。

新社会运动在抛弃了传统霸权理论的单一民族革命目标后，呈现出了多样化的政治诉求。在《帝国》中，哈特和奈格里曾分析了“诸众”（multitude，详见下）三方面的政治诉求：一是全球公民权。对于大量流动的外籍劳工来说，他们认为，资本本身已经要求有跨越边界的不断增加的劳动力流动和持续的迁移，因此这些外籍劳工也就有获取居住国公民权的权利。这是将权利与劳动相结合的现代基本的宪法原则。争取全球公民权挑战了帝国对民众的生产与生活加以控制的基本机制，是诸众重夺空间控制，进而涉及新的制图学的权力体现。二是要求社会报酬的权利。这是所有为资本的生产所必需的。三是再占有的权利。再占有意味着自由地接近和控制知识、信息、交际和情感。再占有的权利真正地是民众自我控制和自主的自我生产的权利。②

多样的政治诉求正是新社会运动的一个基本特点，它使我们更为复杂地去看到当今社会的反霸权运动。传统意义上的以推翻资本主义统治，建立新的民族国家为目的的反霸权运动，虽说依然存在，但却不是，也不应是唯一的目标。

再次，与上相关，新社会运动并不以获取权力为核心，但同样可以实现其政治诉求，乃至影响着国家或世界的运行。由前面几章的分析我们完全可以看出，权力是霸权的基础，霸权运动以夺权为核心（虽然不以暴力为手段），甚至可以说霸权之外无政治。但新社会运动并不以夺权为最终目标，但霸权之外同样有政

① Richard J. F. Day, *Gramsci is Dead: Anarchist Currents in the Newest Social Movements*, p. 8.

② 哈特、奈格里：《帝国——全球化的政治秩序·序言》，第375—390页。

治。约翰·豪勒维（John Holloway）在《如何不夺权而改变世界》（*How to Change the World without Taking Power*，Pluto Press，2002）中对此进行了分析。他把拒绝夺权看作是试图消解权力关系的革命议程的一部分。本雅明·阿迪提（Benjamin Arditi）也明确指出存在霸权形式之外的政治。他以 2001 年阿根廷社会动荡为例进行了分析。2001 年 9 月的阿根廷社会动荡是由经济危机引发的社会危机与政治危机。示威人群包括失业者、极端贫穷的人到中产阶级。阿迪提指出这就是政治行为，但却不是霸权形式。他认为，聚集在大街上、临近区域以及被占领的工厂中的各种群体，并不是明显的霸权接合实践的结果，并没有接合的能动性，甚至也没有一种明确的政治规划，这与霸权斗争的形式，比如建立具有明确斗争目标的历史集团显然是不同的。① 因此，这些人群的斗争并不是一种霸权斗争，也并不以夺取权力为目的，但却以其行动影响了阿根廷的国内政治形势，导致总统下台。

最后，新社会运动的组成主体具有极强的个体独特性。我们看到，新社会运动的组成成分是极为复杂的，由相当散漫的社会阶层构成，如绿党、和平主义者、性别主义者、同性恋者、青年、学生或专业人员，等等，大致包括新中间阶级和处于边缘化状态的反体制人士这两部分人。这些组成人员在《帝国》那里称之为"诸众"（multitude，详见下）。新社会运动的参与者有非常突出的个人主义倾向，崇尚个性解放而不是改造社会，没有明确的行为规范和目的，没有严密的组织和固定的角色，也没有永久性地址，没有固定的办公室，甚至仅仅通过手机和互联网彼此联系。② 这与强调组织严密的马克思主义革命理论显然是不同

① Benjamin Arditi, "Post-hegemony: Politics Outside the Usual Post-Marxist Paradigm", *Contemporary Politics*, Vol. 13, No. 3, 2007.

② 何平立：《认同感政治：西方新社会运动述评》，《探索与争鸣》2007 年第 9 期。

的，与葛兰西强调的历史集团也并不相同，虽然历史集团强调其中组成成员的异质性，但最终还是必须形成一个有着相同目标和一致行动的集团，而就是根据后马克思主义者拉克劳的理论，异质性成员也必须根据等同逻辑形成一个团体。新社会运动整个就是一个分散的没有统一目标、统一行动的运动。①

有学者列表总结了传统的马克思主义社会运动理论与新社会运动理论的区别，如下：

	古典马克思主义的社会运动理论	新社会运动理论
社会形态	工业资本主义社会	后工业化资本主义社会
运动主题	资本、劳工之间在经济利益上的阶级矛盾	政治、文化、意识形态、生活方式上的权力关系
运动主体	工人阶级及其代表机构（工会、政党）	"社会行动者"
运动场域	生产领域和政治领域（阶级结构）	政治、社会和文化领域（种族、性别、性取向、年龄、公民身份、价值观、信仰等）
运动目标	反抗剥削与异化；劳工的经济利益和在国家政治体系中的权力	反抗统治与霸权：政治、文化、生活方式、价值观的自主性与民主化
组织方式	正规性的、科层式的	网络式的、平等的、基层导向的、参与式的
总体特征	"阶级政治"	"身份政治"、"生活方式的政治"、"文化或符号意义的行动"

图表来源：陆海燕：《欧洲新社会运动理论述评》，《上海行政学院学报》2008年第4期。

---

① 本小节除了注释之外，还参阅了刘颖《反全球化运动：新社会运动理论的视角》，《欧洲研究》2005年第2期；黄汝接《新社会运动的兴起》，《国外理论动态》2006年第11期等文章，特此致谢。

三 后霸权与文化研究

正是基于以上对国际关系及社会运动的新认识，许多学者对霸权理论提出了质疑和批评，贝斯利·穆雷（Jon Beasley-Murray）等人认为霸权与接合理论是理解文化或国家的首要绊脚石。[①] 他甚至提出了一个标语口号："本没有霸权而且从来没有过。"认为葛兰西的霸权理论已无助于揭示当前的社会秩序。"激进一点地说，它只曾经出现过。"为此，他坚持"后霸权"概念[②]，并认为后霸权"已经成为我们活生生的经验"[③]。

那么，后霸权又具有哪些特征呢？穆雷提出了四点：

1. 意识形态的消退是后霸权的显见症候。穆雷认为霸权是强调意识形态的社会效用的，但根据许多学者的分析，冷战之后，国际上已没有对抗的意识形态，只有美国的自由民主，霸权并不是社会组织的必需要素。很显然，后霸权理论与 20 世纪末期兴起的意识形态终结论有着一定的关联。

2. 后霸权强调从（有意识）话语转向（无意识的）情感（affect，或译为"影响"）。根据齐泽克，穆雷认为虚假意识形态已经不能解释被压迫者为什么会与压迫者合谋。社会控制已经发生了变化，由意识形态的话语控制转向了情感控制。社会控制和社会秩序由此是外在于话语的。穆雷指出："后霸权表明了一种转变，就是由一种劝说修辞转向一种体制，其中重要的是经由情感投入社会所生产和配合形成的影响，如果我们把情感看作是身

[①] Jon Beasley-Murray and Alberto Moreiras, "After Hegemony: Culture and the State in Latin America", *Journal of Latin American Cultural Studies*, Vol. 8, No. 1, 1999.

[②] 至于后霸权这一概念是由谁最先提出的，已无从考证，但穆雷是积极倡导这一概念的代表性学者，这一点是毫无疑问的。

[③] Jon Beasley-Murray, "On Posthegemony", *Bulletin of latin American Research*, Vol. 22, No. 1. 2003. 此文最初在 2001 年的拉丁美洲研究联合大会上以 "Subaltern Politics: Solidarity and Critique"（又名 "Four Theses on Posthegemony"）在大会宣读。

体的秩序而不是意义的秩序话。"他认为，情感与社会秩序之间
的关系必须得以强调，与其说是情感关系维持着社会的整体统
一，不如说社会本身是这些（情感）关系的总体。在这里，"控
制社会"（society of control）和"生命政治"（biopolitics）① 成为
其理论的基石，这同样也是哈特他们建构"帝国"理论的基石。

　　根据福柯和德勒兹（Gilles Deleuze），哈特他们指出当前社
会已经从"规训社会"（disciplinary society）转向"控制社
会"②。在规训社会中，社会通过各种规训机关，如监狱、工厂、
收容所、医院、大学、学校，等等，建立起了一个由各种设施结
成的庞大、复杂的网络体系，这一网络体系产生、规范风俗、习
惯及生产行为。它预设正常行为，禁止反常行为。他们概括指
出，整个资本主义原始积累时期（在欧洲，或其他任何地方）
都处在这种规训权力范式之下。③

　　与之形成对照，他们认为，控制社会发展于现代性的顶点，
开启了通向后现代的门户。行使权力的机器直接组织人的大脑
（通过通讯交往系统、信息网络等）和人的身体（通过社会福利
系统、活动监控系统等），把人们驱入与生命感受和创造欲望无
意识的间离之中。这种社会内在地激励我们的日常行为，控制实
现于灵活多变的网络系统之中，从而使它的效力范围远超出由各
种社会机构构成的构架严整的场所。正是在这一点上，控制与规
训形成对比。

　　控制社会的这种权力控制手段，被称为"生命政治"。哈
特他们指出，在规训社会中，权力与个体的关系就始终是静止

---

　　① 关于福柯的"生命权力/生命政治"的阐述，可参阅汪民安《生命权力/生
命政治》，见汪民安主编《文化研究关键词》，江苏人民出版社 2007 年版，第 297—
300 页。
　　② 关于德勒兹的"控制社会"理论，参阅德勒兹《哲学与权力的谈判——德
勒兹访谈录》，刘汉全译，商务印书馆 2003 年版，第 193—208 页。
　　③ 哈特、奈格里：《帝国——全球化的政治秩序》，第 24 页。

不动的，表现为权力戒律对个体的入侵以及与此相应的个体反抗。但在控制社会，整个社会机体都由权力机器所构成，权力已经融入到社会的发展过程之中，伸展到社会结构的每一个神经末梢，包括民众的意识和肉体的最深处，同时也跨越了社会关系的全部。① 生命政治还有个重要特征，就是其生产性。哈特他们指出："巨大的工业和金融力量不仅生产出商品，也生产出主体。它们生产出生命政治环境中的行动主体。它们生产出需求、社会关系、肉体和心灵——也就是说，它们生产出生产者。在生态政治领域中，生命以生产为目的，生产也以生产为目的。"② 在这样一种生产中，霸权已不复存在，整个世界被看作是一个整体，其运行不再受某一个或几个霸权国家的控制，而是其自身运行结构的内在力量转变的结果。

3. 在反霸权的主体上，后霸权强调"诸众"（multitude）主体。在后霸权理论那里，是诸众而不是阶级已经成为社会的优势主体。在这里，马克思的那句历史就是阶级斗争的历史是不对的，应该是历史是生产阶级的斗争史。诸众既是一个跨历史的主体，也是一个随着后霸权出现而完全显现出的主体。是随着政治社会的消退而出现的。在哈特他们的《帝国》那里，诸众是可以自治的。

由前面几章我们可以清楚地看到，反霸权革命主体随着社会的发展被逐步解体、分散化，由主体到主体位置，由阶级集团（或历史集团）到人民—大众，而在《帝国》那里，反霸权主体则被赋予了"诸众"。③ 那么何为诸众？哈特曾特地把诸众概念与几个相近的概念作了区分。首先，诸众与"人民"概念不同。

① 哈特、奈格里：《帝国——全球化的政治秩序·序言》，第25页。
② 同上书，第32页。
③ 有的把"multitude"翻译为"大众"，当不够妥当，与大众文化中的大众容易混淆，因此还是翻译为"诸众"更为恰当，体现这一词的众多，既是数量上的，也是种类上的。

传统上，人民主权这一概念，是建立在人民的统一和人民的抽象的基础上的，是一种有代表性的整体或"一"；而诸众思考的则是社会的多样性，一个由不同身份构成的社会，民主不是由一个单一的主体，而是许多人做出的决定。其次，大众是相对于"工人阶级"这个概念而言的。哈特认为，"工人阶级"这一概念在世界许多地方主要集中于工业工人阶级，其他主体是由工业工人阶级或工人阶级成员代表的。诸众强调的是劳动主体的多样性，而不是一种代表所有其他劳动形式的劳动形式，没有报酬的妇女家庭劳动，在服务业工作的人们，等等，这些多种多样的劳动形式可以作为一种劳动主体性发挥作用。最后，诸众与"政党"相区别。"诸众"是要命名一种政治组织：它不是一个自发的主体，它像政党一样需要某种政治组织，它只是试图将政治组织从政治政党所采取的中央集权化和等级体制进行扩展，将政治组织的可能性设想为另一种政党，它是水平的、民主的、多元的。总之，哈特认为，诸众是要表示另一个多样的人民的概念，另一个工人阶级的概念，另一个党派概念，并且试图扩展所有这三个概念。①

从哈特他们对诸众的分析中我们可以看到，他们极力强调的是主体身份的多样性与差异性，与此相对应的是反霸权行动的多样性，这在当今世界的确是存在着的，比如各种民间组织：绿色和平组织、环境保护组织、女性主义组织等，如果再坚持统一的革命主体，既不现实，也是不可能的。②

4. 与上相关，后霸权强调政治与权力具有自创生（Autopoiesis）的特点。自创生理论是由哈姆伯图·马图拉纳（Humberto

---

① 亦可参阅《帝国与大众（下）——奈格里论全球化的新秩序》，《国外理论动态》2004 年第 1 期。

② 也有论者（刘晗）曾就网民构成指出，当今的网民也并不就是统一的，并没有形成单一的"大众文化"，而是形成了"小众文化"，存在众多的知趣偏好并不相同乃至完全相反的小集团或小型同盟，换句话说，网络空间日益"部落化"。见《关于"文化研究"之"文化研究"（讨论会纪要）》，《北京大学研究生学志》2007 年第 1 期。

Maturana）和弗兰西斯科·瓦里拉（Francisco Varela）等人于 20 世纪 70 年代所提出的关于生命发生、演化的理论。该理论认为，自创生系统具有三个特点：一是自我设界，即生命系统自己为自己设置边界，从而使自己与环境或其他生物区分开；二是自我产生，即生命的所有组成部分，包括它的内容物和边界都是由系统自己转化产生的；三是自我维持，即生命内部的活动在时间中是持续不间断的。自创生系统的一个标准例子就是生物细胞，因为生物细胞就是自我生产、自我演化的。

总之，自创生理论认为，生命就是一个自我维持和自我创造的生产组织，这个组织在空间上是整体的、不可分的，在时间上又是连续运作的。一个活生命就是一个能连续地自我生产其本身结构的自组织系统。[①] 后霸权理论认为政治权力就是一个自我生产的生命系统。也有学者更为形象地把后霸权的政治称之为病毒政治（viral politics），认为当前的政治与权力扩散就像病毒一样，并没有一个完整而明确的目标，是无方向性的扩散。但病毒又具有自我复制自我生长性。[②] 强调后霸权政治与权力的自我创生的特点，在很大程度上否定了霸权理论所强调的为获取权力而对大众进行教育的作用。

四　重返葛兰西？

由上所述，后霸权似乎已经成为国际关系和文化研究的一个关键词，是超越旧霸权的新理论。

2007 年，世界著名人文学科杂志《理论、文化与社会》杂志（*Theory, Culture & Society*）第 3 期（第 24 卷）发表了一组文

---

① 参阅李建会《与真理为友：现代科学的哲学追思》，上海科技教育出版社 2002 年版，第 31—32 页。

② Benjamin Arditi, "Post-hegemony: Politics Outside the Usual Post-Marxist Paradigm", *Contemporary Politics*, Vol. 13, No. 3, 2007.

章，反思文化研究（理论）及其未来的发展趋势。其中拉什（Scott Lash）在《霸权之后的权力：变化中的文化研究》（Power after Hegemony：Culture Studies in Mutation?）① 一文中，明确提出社会已经走向了"后霸权时代"，文化研究也因此走向"后霸权时代"。拉什认为，文化研究在霸权主义范式下，更多地把权力理解为通过话语符号化运行，通过有逻辑的表述或言说运行，是认识论的，霸权秩序是二元论的，它预设了"合法化统治"，预设了主权，主权又预设了统治（者）的二元论，即统治（者）和被统治（者）的模式。

但在后霸权时代，权力则是本体论的，它是不可言说的，它更多地关注"存在"问题而不是认知性判断问题。拉什指出，本体论的存在已不再只是对于抽象权力的抵抗，而是统治自身的工具。它直接穿透了存在本身。权力，曾经是外延性的、自外而内地运转，现在变成内涵性的、自内而外地发生作用。统治秩序也不再是二元论的，而是一元论的、内在固有的，并经由交流而实现。

拉什对霸权的这一认识实际上也是基于对控制社会和生命政治的理解（有很大部分来自哈特和奈格里的《帝国》），他通过对霸权和力量的区分指出，力量更多地通过生命而不是机械论来运行，因此后霸权文化研究就有了一个重要的"新生机论者"（neovitalist）的维度。权力主要形成于认识论中，而力量则完全是本体论的，它是原动力，是无蔽，是成为事物本身，而不论它是人类、非人类或者其联合体。

在这种情况下，拉什认为，后霸权文化研究较少关注社会阶级。"阶级被重塑，或多或少地被瓦解。"它更多地指向艺术、科学、技术，应该参与文化工业，如艺术、媒体、建筑、设计、

---

① 此文有节略的中文译文《后霸权时代的权力——变化中的文化研究》，程艳译，发表于《江西社会科学》2009 年第 8 期。此部分参阅了程艳的译文。

信息与通讯技术、软件与网络协议设计、都市化等。

与拉什的观点相通，托伯恩（Nicholas Thoburn）在《生产模式：霸权之后的文化研究》（Patterns of Production：Cultural Studies after hegemony）中指出，霸权概念在 80 年代的文化研究中还是一个核心概念，但在控制社会，权力从意义与含义转向了交流和影响。"交流处于控制社会的核心。毋宁说，在符号的交流的今天，意义的再生产倾向于转向**操控的**机能——其关注的是在特殊的连贯性、影响与形式中的流动之间的多变关系之一的图景。"

托伯恩认为，信息、合法化的观点以及建议性的言谈的主体和意义藉此得以建构的线性的叙述形式，让位于非线性的、比特度量的、信息的碎片化。现代研究表明，影响（affect）是基于信息与形象基础上的资本主义文化的核心维度，它最为清晰地表明了文化研究远离作为意义实践的文化概念的运动过程。

后霸权理论的提出，促使我们对曾经的霸权理论进行反思。

首先我们必须要承认，社会在发展，世界在变化，当今世界与葛兰西当时的时代已大不相同，其中重要的一点就是当今世界的权力关系变得复杂异常。这种复杂性一方面来自霸权方式的多元化，如福柯所言的生命政治，权力分散性更强，像毛细血管一样渗透到我们生活的方方面面，因此也就使得对这种权力的预防与抵制性差；而更为糟糕的是，我们本身往往也会成为霸权权力的实施者（代理人），这就使得我们成了"双面人"，反霸权的任务就变得更为艰巨。也正由此，我们就必须更为细致地分析现代社会的权力构成及其运作过程，这也就必然使我们的研究范围要扩大，不仅仅在政治领域，也需要深入经济领域，文化领域当不必说了。拉什所强调的文化研究更多地指向艺术、科学、技术，应该参与文化工业，如艺术、媒体、建筑、设计、信息与通讯技术、软件与网络协议设计、都市化等，是有一定道理的。就反霸权一方而言，也需要我们多方位分析反霸权革命主体的构成及其中的复杂关系（见上），而不能一味把反霸权主体捆绑在阶级身份上，同时全面分析反霸权主体的政治诉求。

但我们也必须特别强调，所有以上我们所分析的霸权与反霸权的复杂性和多样性，都不能忽视一个根本性的问题，就是当今世界并没有真正和完全超越霸权，霸权依然存在于这个世界。

针对《帝国》中的理论，巴夏尔·阿布－曼尼在《〈帝国〉的幻像》（《国外理论动态》2005 年第 2 期）一文提出了质疑和批判。他在文中明确指出，帝国理论具有乌托邦色彩，哈特他们天真地把全球化界定为"一个无主过程"，错误地建构了全球化进程，错误地得出结论：帝国主义已经被克服了。"实际上，它只是在美国的霸权下被完善了。"新的世界秩序与《帝国》所描述的秩序是根本不同的。帝国主义的确继续存在。全球化对世界其他地方来说是全球化，对美国来说则是美国化。"美国帝国是全球化的真正目标。"通过"9·11"之后美国的全球反恐战略，阿布－曼尼指出，"反恐战争"只是给美国提供了使一系列新帝国主义措施合法化的手段（包括"体制变革"和"先发制人的打击"），以便增加其全球渗透力。美国将对内不断增强的威权主义与对外日益加剧的干涉活动结合起来，利用"9·11"恐怖袭击巩固并扩大了美国的全球霸权。因此，霸权并没有在世界消失，帝国仅仅是"一个理论上的可能而从不是一个现实——而且它也绝不可能成为美国所要求的那种现实"。事实上我们也看到，在当今世界，尽管全球化发展迅速，但民族国家依然存在，帝国并没有完全超越民族国家和霸权，世界并未就此进入后霸权时代。

约翰生（Richard Johnson）就针对"后霸权"之论明确表达了自己的质疑。在题为《后霸权？我不这样认为》（Post-hegemony?: I Don't Think So）① 一文中，约翰生指出，葛兰西关于统治与政治组织的思想并非与当今世界无关，也并非与当今复杂的全

---

① *Theory*, *Culture & Society*, Vol. 24, No. 3, 2007.

球—地方权力变迁无关。葛兰西关于作为阵地战的反霸权思想依然是一种策略性的资源。

针对拉什和托伯恩的观点，约翰生指出，他们的霸权并不是葛兰西本来的，而是 20 世纪 80 年代中后期对葛兰西的特定解读，是结合了后阿尔都塞的话语理论和福柯的权力理论的。宽泛的说，这是一种"后现代的"解读。权力的扩散，政治的碎片化以及身份的多样化成为社会分析的基本原则。霸权在这里实际上成为一种话语的接合、解接合与再接合的理论。

约翰生说，拉什和托伯恩化约了复杂性，消解了社会形构的不同层次，以及在面对交流与权力的全球化时民族国家的消退。"两位学者把我们曾经称之为'文化'的实践——从艺术生产到传播媒介的'内容'——消解成了一种原始的'事实性'（facticity）以及情感和暴力的体制。这一观点是完全反结构主义的，拒绝基础（base）与上层建筑的区分，也拒绝经济与文化的区分。"

对于"9·11"事件，约翰生认为这其实是一个"新的霸权时刻"。他指出，"9·11"之后，全球政治强化了这样一种声音，就是只有一个世界，政治包含整个人类，一个全球社会和生态系统正经受着毁灭性的破坏。以前的独立与紧张关系日趋缓和，人类都有权使用人类的共同资源——土地、水、食物、石油，甚至环境。即便如此，但约翰生认为："全球化还没有**取代**地方性。如果文化研究在今天必定是全球性的，它也仍然必须研究民族性，以及所有地方社会生活的其他形式。大部分商品化的和中介性的形式——比如那些典型的青年消费文化——仍然被紧紧地嵌入进了地方与民族情势中。只有在这里，他们才能发现他们的社会用处、他们的文化差异以及人类的意义。这也是在坚持一种大写的 P 的政治。"在约翰生看来，权力并不是无穷扩散的，美国占领伊拉克现实的正是美国领导（US-led）的权力。

总之，对于约翰生来说，新自由主义和全球化并没有导致体制的彻底垮台，而是被改写了。反霸权也已显现，比如围绕着另类的生活方式，它对抗服务于市场资本主义的总体化权力所带来的影响。

　　汪晖在《去政治化的政治：短 20 世纪的终结与 90 年代》中就指出了当代全球化时代霸权的三重构成：一是存在于民族国家内部的、阶级间的政治斗争的霸权；二是国家间的关系；三是霸权不仅仅与国家和国际关系有关，而且也与超国家的和跨国的资本主义密切相关。现代市场关系是一种内在于我们的日常生活世界却不能以民族国家的边界和权力加以界定的力量。汪晖指出，在全球化的语境中，我们需要在国家的、国际的（国家间的）和全球性的（超国家的和市场的）三重范畴及其互动关系内讨论霸权和意识形态的作用。三重霸权是相互渗透、相互缠结的权力网络，它们内在于当代社会的各种机制和网络之中，内在于人们的行动和信仰之中。① 在这种情势下，单纯强调世界一体化乃至一元化，否定霸权的存在，既不客观，也不利于我们思考社会。我们需要在多方面、多角度的分析社会中，发现其中复杂的权力关系，在批判霸权统治中，争取打破霸权统治，建构更为合理的世界。在这其中，坚持葛兰西式的批判精神，做一名有机知识分子，积极地介入现实，将是必不可少的。这正是我们强调重返葛兰西的意义所在。

---

　　① 　汪晖：《去政治化的政治：短 20 世纪的终结与 90 年代》，生活·读书·新知三联书店 2008 年版，第 48—51 页。

参考文献

一　中文

安东尼奥·葛兰西：《狱中札记》，葆煦译，人民出版社1983年版。

安东尼奥·葛兰西：《狱中札记》，曹雷雨等译，中国社会科学出版社2000年版。

安东尼奥·葛兰西：《实践哲学》，徐崇温译，重庆出版社1990年版。

安东尼奥·葛兰西：《葛兰西文选1916—1935》，中共中央马克思恩格斯列宁斯大林著作编译局、国际共运史研究所编译，人民出版社1992年版。

朱佩塞·费奥里：《葛兰西传》，吴高译，人民出版社1983年版。

约尔：《葛兰西》，石智青校，桂冠图书公司1992年版。

约尔：《"西方马克思主义"的鼻祖——葛兰西》，郝其睿译，湖南人民出版社1988年版。

毛韵泽：《葛兰西：政治家、囚徒和理论家》，求实出版社1987年版。

陶里亚蒂：《陶里亚蒂论葛兰西》，袁华清译，人民出版社1983年版。

萨尔沃·马斯泰罗内：《一个未完成的政治思索：葛兰西的

〈狱中札记〉》，社会科学文献出版社 2001 年版。

　　阿尔都塞：《保卫马克思》，商务印书馆 1984 年版。

　　陈越编：《哲学与政治：阿尔都塞读本》，吉林人民出版社 2003 年版。

　　雷蒙德·威廉斯：《现代主义的政治》，阎嘉译，商务印书馆 2002 年版。

　　斯图亚特·霍尔编：《表征——文化表象与意指实践》，徐亮等译，商务印书馆 2003 年版。

　　斯图亚特·霍尔等：《文化、社会与媒体》，唐维敏等译，远流出版事业股份有限公司 1994 年版。

　　胡芝莹：《霍尔》，生智文化事业有限公司 2001 年版。

　　大卫·莫里：《电视、观众与文化研究》，冯建三译，远流出版事业股份有限公司 1995 年版。

　　恩斯特·拉克劳、查特尔·墨菲：《领导权与社会主义的策略：走向激进民主政治》，尹树广、鉴传今译，黑龙江人民出版社 2003 年版。

　　拉克劳、莫菲：《文化霸权和社会主义的战略》，陈璋津译，远流出版事业股份有限公司 1994 年版。

　　约翰·费斯克：《解读大众文化》，扬全强译，南京大学出版社 2001 年版。

　　约翰·费斯克：《理解大众文化》，王晓珏、宋伟杰译，中央编译出版社 2001 年版。

　　约翰·费斯克：《传播符号学理论》，张锦华等译，远流出版事业股份有限公司 2001 年版。

　　阿雷恩·鲍尔德温等：《文化研究导论》，陶东风等译，高等教育出版社 2004 年版。

　　陶东风：《文化研究：西方与中国》，北京师范大学出版社 2002 年版。

　　陶东风等主编：《文化研究》丛刊（1），天津社会科学院出版社 2000 年版。

罗钢、刘象愚编：《文化研究读本》，中国社会科学出版社 2000 年版。

萧俊明：《文化转向的由来》，社会科学文献出版社 2004 年版。

陆扬、王毅编：《大众文化研究》，上海三联书店 2001 年版。

多米尼克·斯特里纳蒂：《通俗文化理论导论》，阎嘉译，商务印书馆 2003 年版。

约翰·斯道雷：《文化理论与通俗文化导论》（第二版），扬竹山等译，南京大学出版社 2001 年版。

吉姆·麦克盖根：《文化民粹主义》，桂万先译，南京大学出版社 2001 年版。

徐贲：《走向后现代与后殖民》，中国社会科学出版社 1996 年版。

安吉拉·默克罗比：《后现代主义与大众文化》，田晓菲译，中央编译出版社 2001 年版。

约翰·多克：《后现代主义与大众文化：文化史》，吴松江、张天飞译，辽宁教育出版社 2002 年版。

斯蒂文·贝斯特、道格拉斯·凯尔纳：《后现代理论：批判性的质疑》，张志斌译，中央编译出版社 1999 年版。

陈光兴、杨明敏编：《内爆麦当奴》，岛屿边缘杂志社 1992 年版。

尼克·史蒂文森：《认识媒介文化——社会理论与大众传播》，王文斌译，商务印书馆 2001 年版。

武桂杰：《霍尔与文化研究》，中央编译出版社 2009 年版。

二　英文

Adamson, Walter L. (1980) *Hegemony and Revolution: A Study of Antonio Gramsci's Political and Cultural Theory*, Berkeley: University of California Press.

Baldwin, E. et al. (2000) *Introducing Cultural Studies*, Athens: University of Georgia Press.

Barker, M. and Beezer, A. (eds) (1992) *Reading Into Cultural Studies*, London: Routledge.

Barker, C. (2000) *Cultural Studies: Theory and Practice*, London: Sage.

—— (2002) *Making Sense of Cultural Studies: Central Problems and Critical Debates*, London: Sage.

Bennett, T. et al. (eds) (1976) *Popular Culture and Social Relation*, Milton Keynes: Open University Press.

Blundell, V. et al. (eds) (1993) *Relocating Cultural Studies: Developments in Theory and Research*, London: Routledge.

Bocock, R. (1986) *Hegemony*, Chichester: Ellis Horwood Ltd.

Borg, C., et al. (eds) (2002) *Gramsci and Education*, Oxford: Rowman & Littlefield.

Buci-Glucksmann, C. (1980) *Gramsci and the State*, London: Lawrence and Wishart.

CCCS (1978) *On Ideolory*, London: Hutchinson.

—— (1980) *Culture, Media, Language: Working Papers in Cultural Studies, 1972 – 79*, London: Hutchinson.

Couldry, N. (2000) *Inside Culture: Re-imagining the Method of Cultural Studies*, London: Sage.

Crehan, K. (2002) *Gramsci, Culture, and Anthropology*, Berkeley: University of California Press.

Critchley, S. and Marchart, O. (2004) *Laclau: A Critical Reader*, New York: Routledge.

Cruz, J. and Lewis, J. (eds) (1994) *Viewing, Reading, Lis-*

tening: *Audiences and Cultural Reception*, Boulder: Westview Press.

Davies, I. (1995) *Cultural Studies and Beyond*: *Fragments of Empire*, London: Routledge.

Davidson, A. (1977) *Antonio Gramsci*: *Towards an Intellectual Biography*, Atlantic Highlands: Humanities Press.

Davis, H. (2004) *Understanding Stuart Hall*, London: Sage.

Dick Hebdige "Subculture: The mesning of Style [1979]", in Chris Jenks (ed.) (2003) *Culture*: *Critical Concepts in Sociology* (VIII), London: Routledge.

Durham, Meenakshi G. and Kellner, D. (eds) (2001) *Media and Cultural Studies*: *Keyworks*, Malden, Mass: Blackwell Publishers.

During, S. (1993) *The Cultural Studies Reader*, London: Routledge.

Dworkin, D. (1997) *Cultural Marxism in Postwar Britain*, Durham and London: Duke University Press.

Femia, Joseph V. (1981) *Gramsci's Political Thought*: *Hegemony*, *Consciousness*, *and the Revolutionary Process*, Oxford: Clarendon Press.

Fiske, J. and Hartley, J. (1978) *Reading Television*, London: Methuen.

Fiske, J. (1987) *Television Culture*, London: Methuen.

—— (1989) *Understanding Popular Culture*, Boston: Unwin Hyman.

Gramsci, A. (1971) *Selections from the Prison Notebooks of Antonio Gramsci*, edited and translated by Quintin Hoare and Geoffrey Nowell Smith, London: Lawrence & Wishart.

—— (1975) *History*, *Philosophy and Culture in the Young Gramsci*, edited by Cavalcanti, P. , Saint Louis: Telos Press.

—— (1985) *Selection from Cultural Writings*, edited by Forgas, D. et al. , Cambridge: Harvard University Press.

—— (1988) *Gramsci's Prison Letters*, edited by Henderson, H. , London: Zwan Publication.

Grossberg, L. (1992) *We Gotta Get Out of this Place: Popular Conservatism and Postmodern Culture*, New York: Routledge.

Grossberg, L et al. (eds) (1992) *Cultural Studies*, New York: Routledge.

Hall, S. (1977) "Culture, the Media and the 'Ideological Effect'", in James Curran et al. (eds) *Mass Communication and Society*, London: Edward Arnold in association with the Open University Press.

—— (1980) "Cultural Studies and the Centre: Some Problematics and Problems", in CCCS *Culture, Media, Language: working papers in cultural studies, 1972 – 79*, London: Hutchinson.

—— (1988) *The Hard Road to Renewal: Thatcherism and the Crisis of the Left*, London: Verso.

—— (1988) "The Toad in the Garden: Thatcherism among the Theirists", in Cary Nelson and Lawrence Grossberg (eds) *Marxism and the Interpretation of Culture*, Urbana: University of Illinois Press.

—— (1991) "Signification, Representation, Ideology: Althusser and the Post-structuralist Debates", in Robert K. Avery and David Eason (eds) *Critical Perspectives on Media and Society*, New York: Guilford Press.

Hall, S. and Jefferson, T. (eds) (1976) *Resistance through Rituals: Youth Subcultures in Post-war Britain*, London: Hutchinson.

Hall, S. et al. (1978) *Policing the Crisis: Mugging, the State and Law and Order*, London: Macmillan.

Hall, S. and Jaques, M. (eds) (1983) *The Politics of Thatch-*

erism, London: Lawrence and Wishart.

Harris, D. (1992) *From Class Struggle to the Politics of Pleasure: The Effects of Gramscianism on Cultural Studies*, London and New York: Routledge.

Hartley, J. (2003) *A Short History of Cultural Studies*, London: Sage.

Holub, R. (1992) *Antonio Gramsci: Beyond Marxism and Postmodernism*, London: Routledge.

Kilminster, R. (1979) *Praxis and Method: A Sociological Dialogue with Lukács, Gramsci and the Early Frankfurt School*, London: Routledge & Kegan Paul.

Laclau, E. (1977) *Politics and Ideology in Marxist Theory: Capitalism, Fascism, Populism*, London: NLB.

—— (1990) *New Reflections on the Revolution of Our Time*, London: Verso.

Laclau, E, and Mouffe, C. (1985, second edition 2001) *Hegemony and Socialist Strategy: Towards a Radical Democratic Politics*, London: Verson.

Levy, C. (1999) *Gramsci and the Anarchists*, Oxford: Berg.

Martin, J. (1998) *Gramsci's Political Analysis: A Critical Introduction*, Houndmills: Macmillan Press.

Martin, J. (ed.) (2002) *Antonio Gramsci: Critical Assessments of Leading Political Philosophers* (V. 1 – 4), London: Routledge.

McRobbie, A. (ed.) (1997) *Back to Reality?: Social Experience and Cultural Studies*, New York: Manchester University Press.

Miller, T. (2001) *A companion to Cultural Studies*, Malden: Blackwell.

Milner, A. (2002) *RE-imagining Cultural Studies: The Promise of Cultural Materialism*, London: Sage.

Misra, A. (1991) *The Political Philosophy of Antonio Gramsci*, New Delhi: Commonwealth Publication.

Morera, E. (1990) *Gramsci's Historicism: A Realist Interpretation*, London: Routledge.

Morley, D. (1983) "CulturalTransformations: the Politics of Resistance", in Davis, H. and Walton, P. (eds) *Language, Image, Media*, Oxford: Basil Blackwell.

Morley, D. and Kuan-Hsing Chen (eds) (1996) *Stuart Hall: Critical Dialogues in Cultural Studies*, London: Routledge.

Munns, J. and Rajan, G. (eds) (1995) *A Cultural Studies Reader: History, Theory, Practice*, London: Longman.

Nelson, C. and Grossberg, L. (eds) (1988) *Marxism and the Interpretation of Culture*, Urbana: University of Illinois Press.

Olson, Gary A. and Worsham, L. (eds) (1999) *Race, Rhetoric, and the Postcolonial*, Albany: State University of New York Press.

Peters, M. (1999) *After the Disciplines: The Emergence of Cultural Studies*, Westport: Bergin & Garvey.

Pickering, M. (1997) *History, Experience, and Cultural Studies*, New York: St. Martin's Press.

Procter, J. (2004) *Stuart Hall*, London: Routledge.

Ransome, P. (1992) *Antonio Gramsci: A New Introduction*, New York: Harvester & Wheatsheaf.

Rojek, C. (2003) *Stuart Hall*, Cambridge: Polity in association with Blackwell.

Sassoon, Anne S. (ed.) (1982) *Approaches to Gramsci*, London: Writers and Readers.

—— (1987) *Gramsci's Politics*, London: Hutchinson (the first edition published by St. Martin's Press, New York: 1980).

Schech, S. and Haggis, J. (eds) (2002) *Development: A Cultural Studies Reader*, Malden: Blackwell.

Simon, R. (1982) *Gramsci's Political Thought: An Introduction*, London: Lawrence and Wishart.

Smith, A. Marie (1998) *Laclau and Mouffe: The Radical Democratic Imaginary*, London: Routledge.

Steele, T. (1997) *The Emergence of Cultural Studies: Adult Education, Cultural Politics, and the "English" Question*, London: Lawrence & Wishart.

Storey, J. (ed.) (1996) *What Is cultural studies?: A Reader*, London: Arnold.

Torfing, J. (1999) *New Theories of Discourse: Laclau, Mouffe, and Žižek*, Oxford: Blackwell Publishers.

Tudor, A. (1999) *Decoding Culture: Theory and Method in Cultural Studies*, London: Sage.

Turner, G. (2003, first edition 1990, second edition 1996) *British Cultural Studies: An Introduction*, New York: Routledge.

Warren, K. (ed.) (2002) *Culture and Identity*, Houndmills: Palgrave.

Willis, P. (1977) *Learning to Labor: How Working Class Kids Get Working Class Jobs*, New York: Columbia University Press.

Williams, R. (1961) *The Long Revolution*, London: Chatto & Windus.

—— (1963, firist edition 1958) *Culture and Society 1780 – 1950*, Harmondsworth: Peguin.

—— (1977) *Marxism and Literature*, Oxford: Oxford University Press.

—— (1980) *Problems in Materialism and Culture: Selected Essays*, London: Verso.

—— (1985) *Keywords：A Vocabulary of Culture and Society*，New York：Oxford University Press.

—— (1989) *Resources of Hope：Culture*，*Democracy*，*Socialism*，London：Verso.

后　　记

　　这是我在博士论文的基础上修改完成的，也是我独立出版的第一本专著（此前曾跟导师陶东风先生合作出版过三本著作，一本待出），因此我格外珍惜，希望能够把它修改完善，也算是对我的博士生涯作一个交代。

　　2002 年，我考入恩师陶东风先生的门下，这应该说是我学术生涯中的一大幸。陶先生是一个勤奋、严谨，目光敏锐的学者，他总是能够不断地启发我们，引领我们进入到学术的深微之处，领略学术的魅力。我的这篇博士论文题目正是陶先生给出的，凝聚着陶先生的心血。现在每每想起陶先生当年在大年三十还在埋头批阅、修改我们的论文，心中即涌现无限的崇敬之情，也因自己没有写好论文而深深地愧疚。正是陶先生引领我走进文化研究这一广阔领域，而这必将成为我今后很长时间乃至一生的学术土壤。但毕业五年来，种种事由使我无法真正静下心来修改论文，很多想法无法得到充分的展现，这是我深感遗憾的地方，也于心不安。我希望也相信在今后的研究中会不断完善本书的诸多主题。

　　文化研究在当今世界虽然只有不足 50 年的发展史，而传入中国也还不足 20 年，但它在中国已经扎下了根，许多学校开设了专门的文化研究课程，也有很多的研究生、博士生在做这方面的论文。可以说，在今天，文化研究已经成为了一种新的思维方式或视野渗透进了人文学科的诸多研究领域之中，推动着人文学科的继续前行，这足可见其巨大的理论生命力，不管人们对它还有着多大的争议和批判。当我们以文化研究的视野去思索当今的许多问题时，我们总会发现其中隐藏着的众多"事实"，而事实的发现有时比我们去解决问题甚至更为重要。对于一名知识分子来说，也许并没有多大的能力去解决问题，但发现别人发现不了的问题，应当成为知识分子应承担的责任乃至道德义务，这在当今的中国似乎显得尤为重要。

这本书能够得以出版，还得要感谢导师陶先生的引荐，当然也要感谢首都师范大学文学院的大力支持。

博士毕业一晃五年有余，有时深夜想起博士生活，想起曾经的东校区，想起曾经写论文时的辛酸，想起那时的课堂和那时的校园，会有一种恍如隔世又仿佛就在眼前的幻觉。感谢那些曾经在一起度过欢乐时光的博士同学，更感谢我的无所不谈的师弟师妹们，因为你们，使我多了一份美好的回忆。

和　磊

2010 年 11 月 16 日凌晨于千佛山下